종말의 타임 테이블

마지막 시대 예레미야의 외침 시리즈 2

종말의 타임 테이블

지은이 | 방월석
펴낸이 | 원성삼
표지디자인 | 김경석
펴낸곳 | 예영커뮤니케이션
초판 1쇄 발행 | 2014년 10월 23일
초판 3쇄 발행 | 2018년 2월 19일
등록일 | 1992년 3월 1일 제2–1349호
주소 | 04018 서울시 마포구 동교로 55 2층(망원동, 남양빌딩)
전화 | (02)766–8931
팩스 | (02)766–8934
홈페이지 | www.jeyoung.com
ISBN 978–89–8350–888–1 (04230)
       978–89–8350–972–0 (세트)

값 15,000원

이 도서의 국립중앙도서관 출판예정도서목록(CIP)은 서지정보유통지원시스템 홈페이지
(http://seoji.nl.go.kr)와 국가자료공동목록시스템(http://www.nl.go.kr/kolis-
net)에서 이용하실 수 있습니다.(CIP제어번호: CIP2014012685)

모든 인간은 하나님의 형상을 닮은 존귀한 존재입니다. 사람은 인종, 민족, 피
부색, 문화, 언어에 관계없이 모두 다 존귀합니다. 예영커뮤니케이션은 이러한
정신에 근거해 모든 인간이 존귀한 삶을 사는 데 필요한 지식과 문화를 예수 그리스도의
사랑으로 보급함으로써 우리가 속한 사회에 기여하고자 합니다.

종말의 타임 테이블

방월석 지음

예영커뮤니케이션

잠자는 한국 교회여, 성도들이여! 깨어나십시오. 일어나십시오!

지금이 왜, 성경이 말하는 '마지막 때'입니까? 지금 이 세대는 성경의 시간표에서 어디쯤 와 있는지 혹시 알고 계십니까?

"주 여호와의 말씀이니라 보라 날이 이를지라 내가 기근을 땅에 보내리니 양식이 없어 주림이 아니며 물이 없어 갈함이 아니요 여호와의 말씀을 듣지 못한 기갈이라 사람이 이 바다에서 저 바다까지, 북쪽에서 동쪽까지 비틀거리며 여호와의 말씀을 구하려고 돌아다녀도 얻지 못하리니 그날에 아름다운 처녀와 젊은 남자가 다 갈하여 쓰러지리라"(암 8:11-13).

지금은 말씀이 목마른 시대입니다. 말씀은 넘쳐나지만, '참 복음'은 거의 찾기 어렵다는 의미입니다. 그럴 만한 이유가 있습니다. 지금은 사탄 마귀가 자기에게 허락된 얼마 남지 않은 시간 동안에 하나님께서 이미 선택한 사람마저도 넘어뜨리려고 하는, 마지막 때 중에서도 마지막 때이기 때문입니다.

그동안 세상에 빠져 사느라고 지금 전 세계에서 일어나고 있는 사건과 사고에 대하여 늘 있었던 일로 치부하며 태평하게 세월을 보내고 있다면, 이제 정신을 차리고 깨어서 세상의 흐름을 관찰하십시오.

미디어에서 무엇이라고 이야기하든지 앞으로 세계 경제는 점점 나빠질 것입니다. 기독교인은 아니지만, 프리메이슨을 연구하고 있는 많은 사람들이, 머지않아 자유국가였던 미국에 일어날 여러 엄청난 일을(예를 들어 달러 가격 하락과 전 세계적인 달러 붕괴, 실업률 상승, 잦은 납치와 총기 사건, 각종 무차별 테러 등) 미리 내다보고 있습니다. 만일 이러한 어려움을 미국이 겪게 된다면 결국 미국의 주 정부와 연방 정부, 혹은 개인과 연방 정부 사이에 전쟁이 벌어지고 민란이 일어나게 될 것입니다. 나라 안에서 내란이 일어나고, 그 사건을 계기로 구세대의 질서가 붕괴되며, 새로운 세계 화폐의 도입으로 '새로운 경제 질서'가 생겨날 것입니다. 이 새로운 경제 질서를 바탕으로 새로운 정치 질서가 일어나게 될 것입니다. 지금은 UN 사무총장이 상징적인 존재(현재 우리나라 반기문 사무총장의 경우)이지만, 앞으로 실권을 가진 UN 사무총장, 곧 세계 대통령이 등장하게 되면 그가 바로 '적그리스도'가 될 것이라고 많은 사람이 예측하고 있습니다. 시대를 알고 깨어서 전하는 전문가들이 말하는 시나리오대로 정말 세상이 흘러가는지를 눈여겨보십시오. 세상의 마지막 때에 관심을 둔 적지 않은 사람들이 이렇게, 곧 일어날 미래의 사건을 거의 같은 내용으로 예측할 수 있는 이유는 저들(세계 정부를 세우려는 세력)이 모든 시나리오를 짜 놓고 그 각본대로 진행하고 있기 때문입니다.

전문가들은 한결같이 앞으로 미국 사회가 감시통제 사회로 가게 될 것이라고 이야기합니다. 부시 정부 때부터 미국은 집단 포로수용소인 600

개의 피마(FEMA) 캠프를 만들어 두었습니다. 그 이유는 무엇일까요? 경제가 무너지면 미국 안에서 소요와 민란이 일어날 것을 예측하고, 한 10여 년도 전부터 이러한 사태를 대비해 미리 만들어 둔 것입니다.

　미국의 경제 사태가 있기 전부터 이미 침체에 빠져 있던 유럽은 물론, 앞으로 닥칠 세계 모든 나라의 경제 침체에 대하여 해결의 실마리가 없습니다. 타이타닉 호와 같이 전 세계의 경제가 침몰의 길, 붕괴의 길로 가고 있는 것입니다. 따라서 세계 경제가 붕괴하는 것은 단지 시간 문제입니다. 같은 운명 공동체로서 수년 안에 일어날 아주 긴박한 위기 상황에 우리는 모두 처해 있습니다. 그러므로 세상이 보여 주는 쇼에 현혹되지 말기를 부탁합니다. 예를 들면, 주가 또한 오르락내리락하기를 반복하며 올라가는 듯해 보이지만, 실상 그것은 일시적인 현상에 불과할 뿐 결과적으로 주가는 내려갈 것입니다. 경기가 침체한다는 것입니다. 이것이 의미하는 것이 무엇입니까? 세계 경제가 붕괴하고 세계 전체가 새로운 경제 질서인 뉴월드 이코노믹 오더(New World Economic Order), 이 하나의 경제 체제로 가기 위해 움직이고 있다는 엄청난 사실입니다.

　새로운 경제 질서 체제로 결국 세계 경제는 통합의 길로 갈 것이고, 이 어려운 경제 문제를 해결해 줄 사람이 등장하게 되는데, 그가 바로 세계의 영웅으로 떠오르게 될 '적그리스도(=가짜 그리스도)'입니다. 적그리스도의 출현을 바탕으로 결국 세계 정부를 세우게 될 것입니다. 따라서 세계 경제의 붕괴는 적그리스도의 출현을 유도하고 세계 정부를 세우게 되는 신호탄이 될 것입니다. 그(적그리스도)가 다스리는 나라가 바로 성경에서 예언하는 마지막 제국, 즉 세계 정부가 될 것으로 성서학자들은 예측하고 있습니다. 그런데 그들(성서학자와 세계 정부를 세우려는 세력 양쪽)이 말하는 시나리오대로 세상은 진행되고 있습니다. 이는 곧 예수님의 다시 오심을 말하는 것이기도 합니다. 그러나 사람들은 세상에 넘쳐나는 마지막 때의 징조를 보면서도 지금 이 세대가 예수님의 재림이 임할 시대임을 깨닫지 못하고 있습니다. 주님의 다시 오심이 곧 일어날 것임을 믿지 않습니다. 믿고 싶어 하지 않습니다. 그런데 이러한 반응은 과거 예수님이 초림하셨을 때도 마찬가지였습니다.

예수님 당시에 유대인들은 예수님이 하나님께서 보내신 메시아임을 알 수 있는 시대의 표적을 자주 보고 들으면서도 이를 깨닫지 못하고 예수님께 여전히 또 다른 표적을 보여 달라고 요구했습니다. 이들을 향해 예수님은 "악하고 음란한 세대가 표적을 구하나 요나의 표적 밖에는 보여 줄 표적이 없다(마 16:4)"라고 하셨습니다. 여기에서 '요나의 표적'이란 요나가 밤낮 사흘을 물고기 배 속에 갇혀 있다가 살아난 것처럼, 예수님이 십자가에서 돌아가신 뒤에 음부에 갇혀 계시다가 사흘 후에 다시 살아나신 '부활의 표적'을 의미합니다. 요나의 표적과 유사한 예수님의 이 부활의 표적이 완악한 그 시대를 향해 주셨던 예수님의 '마지막 표적'이었습니다.

초림의 사건 때와 마찬가지로, 주님의 오심이 임박한 이 시대에도 지금이 종말의 시대임을 깨달을 수 있는 표적이 자주 나타나고 있습니다. 그 예로 처처에서 전쟁과 기근, 지진과 온역의 소식이 들려오고 하늘에서 여러 징조가 나타나고 있습니다. 그런가 하면 현재 중동에서는, 곧 다가올 7년 대환난을 이끌 마지막 전쟁이 될 것이라고 여겨지는 '곡과 마곡의 전쟁(겔 38-39장)'이 임박해 보입니다. 또 이 땅에 적그리스도의 나라를 세우려고 애쓰는 '불법한 세력들(일루미나티: 정치, 프리메이슨: 경제, 예수회: 종교통합집단)'이 이제는 자신들의 정체를 본격적으로 드러내며 활동하고 있습니다(2012년을 시발점으로 특히 2013년부터가 유난히 그러한 현상이 두드러짐니다). 이 모두가 지금이 바로 종말의 시대임을 보여 주는 '시대의 징조들'입니다.

하지만 예수님 당시와 마찬가지로, 이 시대를 사는 많은 사람도 하나님이 보여 주시고 계신 이 명백한 시대의 징조들을 보면서도 깨닫지 못하고, 또 다른 징조를 요구하고 있습니다. 이런 이들에게 예수님은 초림의 사건 때와 마찬가지로 재림의 사건에서도 마지막 표적인 요나의 표적에 해당하는 표적을 보여 주실 것입니다. 즉, 부활의 첫 열매되신 예수님처럼, 그리스도 안에서 잠자는 자들과 성도들의 몸이 변화되어 휴거 사건에 참여하는 성도(교회)의 부활 사건이 종말의 시대를 향해 보여 주시는 또다른 형태의 요나의 표적이 될 것입니다. 따라서 교회의 휴거 사건이 환난과 심판을 앞둔 이 시대의 마지막 표적이 될 것입니다.

성경은 교회의 휴거 사건 이후에도 회개와 구원의 역사는 지속될 것이라고 말합니다. 먼저는 7년 대환난(한 이레; 단 9:27)의 기간에 이스라엘이 민족적으로 회개하여 2,000년 전에 저들이 십자가에 못 박은 예수님을 메시아로 영접하게 될 것이라 했고(슥 12:10), 이렇게 회개한 이스라엘 민족 가운데 택함받은 144,000명이 하나님의 인을 받고 전 세계로 흩어져 복음을 전할 때, 이방인들 가운데도 허다한 무리가 구원받는 역사가 나타난다고 했습니다(계 7장). 하지만 이때에 가서라도 뒤늦게 구원을 얻으려면 환난과 핍박과 순교를 각오해야 하기에 이들은 '환난성도'라고 불리게 될 것입니다.

이러한 환난과 심판이 시작될 때 요한계시록은 환난성도들이 의지하고 묵상해야 할 가장 중요한 말씀이 될 것입니다. 문제는 많은 사람이 요한계시록을 난해하고 복잡한 말씀으로 생각한다는 점입니다. 이는 대부분 "예언의 말씀(계 1:3)"이라고 밝히는 요한계시록을 문자적으로 이해하지 않고, 상징적이고 자의적으로 해석하기 때문에 생긴 것이라고 할 수 있습니다. 예수님의 초림 사건이 정확히 문자적으로 성취된 것처럼, 재림의 사건을 묘사하는 요한계시록의 말씀도 정확히 문자적으로 성취될 것입니다.

지금 전 세계가 돌아가고 있는 흐름이 정말 심상치가 않습니다. 전문가들은 앞으로 미국 경기가 침체의 길, 세계 경기가 붕괴의 길로 갈 수밖에 없는 이유에 대하여 몇 가지 구체적인 근거를 제시하며 이야기합니다. 2011년 8월에 조사한 자료에서는, 당시 미국이 정부에서 주는 푸드 스템프(식권)를 받아서 한 끼 끼니를 해결하는 인구가 전체 약 3억 중 육분의 일에 해당하는 무려 4800만 명(대략 남한 인구 전체)이나 되었습니다. 디트로이트 시가 파산 선고까지 한 지금에 와서는 아마 이 인구가 더 늘어났을 것입니다. 그런데 줄을 서서 타 낸 식권으로 하루 한 끼를 해결하던 사람 중에는 바로 그 며칠 전까지만 해도 중산층으로 살던 사람도 제법 많이 있었습니다. 그들은 대출을 받아서 구한 집의 대출금을 갚지 못해 하루아침에 집을 잃고 걸인 신세가 되어 거리에 나앉은 사람들입니다. 전문가들은 앞으로 경제 상황이 갈수록 더욱 심각해질 것이라고 말합니다.

1992년에 러시아가 붕괴하고 난 뒤에 저는 선교사로 파송을 받아 러시아에 갔었습니다. 그때 국가경제가 붕괴하면 얼마나 비참한 일들이 벌어지는가를 몸소 체험하면서 그 상황을 직접 목격했습니다. 한 가지 단적인 예로, 그렇게 자존심이 강하던 러시아(구소련) 사람들이 쓰레기통을 뒤져가며 삶을 연명해 가는 처참한 모습을 보았습니다. 경제 붕괴로 은행도 무너지고 먹을 것도 없이 모두 실업자가 되었기 때문입니다. 그러한 때에 은행에 저축해 둔 수십억 원의 연금이 무슨 의미가 있을까요? 경제가 붕괴하고 1년이 지난 시점에서 러시아의 화폐 가치가 얼마나 하락했는지

혹시 들어보셨습니까? 아니면 짐작하실 수는 있으신가요? 놀라지 마십시오. 그들이 그렇게 믿었던 은행에 예치해 둔 돈, 그 수십억 원의 연금은 1년이 지난 시점에서 밥 한 끼를 먹으면 끝나는, 한 끼 밥값으로 전락해 버리고 말았습니다. 이러한 사실만 보더라도 러시아의 경제가 붕괴한 이후에 사람들의 삶이 어떠했는지, 대략 짐작되지 않으십니까?

지금은 심지어 교회 밖의 믿지 않는 사람들까지도 이러한 시대의 징조에 관심을 두고 이야기합니다. 각오하셔야 합니다. 신세계의 경제 질서 체제로 가게 되면 이 땅에 말로 형용할 수 없는 끔찍한 일들이 벌어질 것입니다. 하나님이 개입하시지 않으면 저들(이 땅에 세계 정부를 세우려고 하는 유대자본가-일루미나티, 프리메이슨)의 계획대로 이 땅에 모든 일이 일어날 것입니다. 진지한 마음과 삶의 자세로 앞으로 이 땅에 어떠한 일이 닥칠지를 요한계시록을 비롯한 예언서들을 통해 공부하시기 바랍니다.

성경은 우리에게 주님을 섬기는 자에게는 구원의 길이 있지만, 끝까지 하나님을 대적하고 적그리스도를 따르는 자에게는 결국 멸망과 심판이 찾아오게 될 것이라고 말씀하십니다. 말씀을 공부하시면서 피 흘리기까지 죄와 힘써 싸우며 주님의 날을 대비하시기 바랍니다.

이제부터 소개하는 『종말의 타임 테이블』은 요한계시록의 개관이자 짤막한 강해서로서 "하나님은 한번 말씀하신 것은 반드시 이루신다(마 5:18)"는 필자의 믿음 위에 기록한 신앙고백과 같은 글입니다. 부디 이 책이 종말의 시대를 사는 많은 성도, 특별히 요나의 표적(교회의 휴거 사건)이 일어난 뒤에도 이 땅에 남겨질 많은 이들에게, 견디기 힘든 핍박과 환난 속에서도 믿음을 지켜 내야 할 이유가 무엇인지를 깨닫게 해 주는 글이 되기를 바랍니다.

"이 예언의 말씀을 읽는 자와 듣는 자와 그 가운데에 기록한 것을 지키는 자는 복이 있나니 때가 가까움이라"(계 1:3).

인천에서,

마지막 시대의 예레미야

방월석

차례

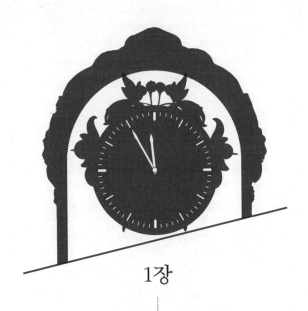

1장

요한계시록이
보여 주는
종말의 타임 테이블

● 마지막 때의 시나리오

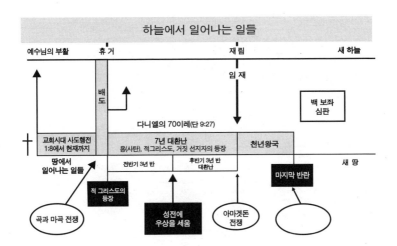

하늘에서 일어나는 일들

예수님의 부활　　휴 거　　　　　　　　　재 림　　　　　　새 하늘

임 재

배
도

백 보좌
심판

다니엘의 70이레(단 9:27)

교회시대 사도행전
1:8에서 현재까지

7년 대환난
용(사탄), 적그리스도, 거짓 선지자의 등장

천년왕국

땅에서
일어나는 일들

전반기 3년 반

후반기 3년 반
대환난

새 땅

적 그리스도의
등장

마지막 반란

곡과 마곡 전쟁

성전에
우상을 세움

아마겟돈
전쟁

1. 예언의 말씀

"이 예언의 말씀을 읽는 자와 듣는 자와 그 가운데에 기록한 것을 지키는 자는 복이 있나니 때가 가까움이라"(계 1:3).

요한계시록은 크게 세 부분으로 나눌 수 있습니다. 요한계시록 1장 19절에서 사도 요한은 일곱 금 촛대 사이에 계신 주님으로부터 "그러므로 네가 본 것과 지금 있는 일과 장차 될 일을 기록하라"고 하는 말씀을 듣습니다. NASB(New American Standard Bible)에서는 이 말씀이 "Therefore write the things which you have seen, and the things which are, and the things which will take place after these things"라고 되어 있습니다. "네가 본 것" 즉 과거의 사건과, "지금 있는 일"인 현재의 사건 그리고 "장차 될 일"로 묘사된 미래의 사건을 기록하라는 말씀입니다.

그렇다면 사도 요한이 본 것은 무엇입니까? 그는 영광스러운 모습으로 변하신 예수님이 일곱 금 촛대 사이에 계신 것을 보았습니다(1:12-13). "지금 있는 일"은 일곱 금 촛대로 상징되고 있는 일곱 교회에 주신 편지들로 확인할 수 있습니다(2-3장). 사도 요한은 밧모 섬에서 받은 계시를 "예언의 말씀"이라고 소개하고 있는데(1:3), 요한계시록의 주요 부분이 바로 "장차 될 일" 즉 미래적 사건을 기록한 것입니다.

4장과 5장에는 종말에 있을 사건을 기록한 일곱 인으로 봉인(봉한 자리에 도장을 찍음)된 책이 등장합니다. 6장부터 19장까지는 이 봉인들이 떼어질 때마다 찾아오는 세 가지 재앙(일곱 인, 일곱 나팔, 일곱 대접)이 소개되고, 이 재앙과 심판의 끝에 예수님의 재림이 있을 것을 예언합니다. 20장에는 천년왕국과 백 보좌 심판이, 그리고 21장과 22장에는 구원받은 성도들이 얻게 될 궁극적인 하나님의 나라(신천신지 새 예루살렘)가 등장합니다.

그렇다면 이에 대해 좀더 구체적으로 살펴보겠습니다.

2. 교회의 시대

요한계시록 2장과 3장에 등장하는 일곱 교회가 이 세상의 '모든' 교회의 모습을 대표한다는 데에는 성서 학자들 사이에 다른 의견이 없습니다. 하지만 일곱 교회의 한 교회 한 교회가 '무엇'을 대표하는가에 대해서는 다소 의견차가 있습니다. 이 일곱 교회를 각 시대에 등장하는 대표적 교회의 모습이라고 해석하기도 하고,[1] 일곱 교회 모두가 모든 시대마다 등

---

[1] 소설 『레프트 비하인드(Left Behind)』를 쓴 팀 라헤이(Tim LaHaye)를 대표적 인물이라고 볼 수 있다.

장하는 교회의 모습을 부분적으로 보여 준다고 해석하기도 합니다.[2]

일곱 교회를 각 시대에 등장하는 대표적 교회의 모습이라고 주장하는 학자들은 에베소, 서머나 교회는 초대교회의 모습을 그리고 버가모, 두아디라, 사데 교회는 중세 교회를, 빌라델비아와 라오디게아 교회는 종말의 때에 나타날 교회의 모습을 보여 주고 있다고 주장합니다.

흥미롭게도 일곱 교회 가운데 빌라델비아 교회는 칭찬만 받은 교회요, 라오디게아 교회는 책망만 들은 교회입니다. 이 두 교회가 마지막 때에 등장할 교회의 모습이라면 마지막 때는 교회들이 칭찬받는 교회나 책망받는 교회 둘 중 하나로 나눠지게 될 것입니다.

"네가 나의 인내의 말씀을 지켰은즉 내가 또한 너를 지켜 시험의 때를 면하게 하리라(3:10)"고 하신 약속을 받은 교회와 "네가 이같이 미지근하여 뜨겁지도 아니하고 차지도 아니하니 내 입에서 너를 토하여 버리리라"(3:16)고 하는 책망을 받는 교회로 나뉘게 될 것입니다.

3. 교회의 휴거 사건

교회 시대가 끝나고 펼쳐질 미래적 사건을 다룬 4장은 "이 일 후에(Μετα ταυτα)"라는 단어로 시작됩니다. 요한계시록은 예언의 내용이 전환되는 순간마다 이 표현을 사용합니다.[3] 교회 시대가 끝나고 그리스도의 신부인 교회가 휴거된 뒤, 이 땅에 펼쳐질 7년 대환난의 사건을 예언하는

---

2 환난적 휴거설을 학문적으로 완성한 존 월부어(John F. Walvoord)가 대표적인 인물이라고 볼 수 있다.
3 본문 외에도 7장 1절, 9장 15절, 18장 1절, 19장 1절에 사용되고 있다.

것입니다.

마치 휴거 사건을 경험하게 될 교회처럼 "이리로 올라오라"는 나팔소리와 같은 음성을 듣고 하늘로 올라간(4:1) 사도 요한은, 그곳에서 교회를 대표하는 24장로들이 흰옷을 입고 금 면류관을 쓰고 있는 모습을 보게 됩니다(4:4).

4장부터 19장까지 펼쳐질 7년 대환난의 사건은 사실, 이스라엘에게 허락된 '한 이레(단 9:27)'의 기간입니다. 이 기간에 하나님의 사역은 떠나간 교회(휴거성도들)가 아니라, 회복된 이스라엘을 중심으로 펼쳐지게 됩니다.[4]

이때도 복음전파와 구원의 역사는 지속될 것이지만, 그 사역의 중심은 교회가 아니라 이스라엘이 될 것이요, 이때 구원받은 성도들도 '교회'로 불리는 것이 아니라 "큰 환난에서 나오는 자들(7:14)"로 불리게 될 것입니다.

4. 두 증인과 144,000명

7년 대환난 동안에 이스라엘 백성이 민족적으로 회심하고 떠나간 교회를 대신해서 선교의 사명을 감당하게 되는데, 이때 요한계시록 11장에 소개된 두 증인이 이스라엘 민족이 회개하여 예수님을 메시아로 받아들이는 데 결정적인 역할을 하게 될 것입니다.

모세와 엘리야로 추정되는 두 증인은 하나님께로부터 받은 권세로 7

---

4 2-3장에 집중적으로 등장하는 '교회'라는 단어가 6장부터 19장까지는 등장하지 않는다. 대신에 이스라엘에 대한 언급이 집중되고 있다.

년 대환난의 전반기 1,260일 동안에 예언의 사명을 감당하게 됩니다. 구약성경을 대표하는 두 인물인 모세(율법서)와 엘리야(선지서)가 1,260일 동안 성전에서 이스라엘 백성이 2,000년 전 십자가에 못 박은 예수님이 바로 성경이 예언하고 있는 메시아이며, 세상을 심판하고 이스라엘을 구원하기 위해 다시 오실 것이라고 증거하게 될 것입니다.

이들이 전하는 말씀을 듣고 회개하는 이스라엘 백성 가운데 특별히 선택받은 144,000명이 하나님의 인치심을 받은 종들로서(7:3-4), 이들이 만방에 나가 복음을 전할 때 이방인 가운데도 허다한 무리가 구원받는 역사가 나타날 것입니다(7:9-14). 돌감람나무 가지(교회)가 떠나간 자리에, 원래 붙어 있던 참감람나무 가지(이스라엘)가 다시 접붙임을 받고 선교적인 열매를 맺게 되는 것입니다(롬 11장).

1,260일 간의 사역을 마칠 무렵, 두 증인은 순교를 당하고 그들의 시신은 사흘 반 동안 방치되는데, 그때 전 세계 사람이 이 과정을 모두 지켜보게 될 것이고(11:9),[5] 저들이 지켜보는 가운데 다시 살아 구름을 타고 하늘로 올라갈 것입니다(11:12).

5. 7년 대환난

요한계시록 6장부터는 7년 대환난 때에 벌어질 사건들을 구체적으로 기록합니다. 학자마다 견해차가 있기는 하지만, 대체로 전반부 3년 반 (1,260일)[6]의 기간에 일곱 인과 일곱 나팔의 재앙이, 적그리스도가 성전에

---

5 위성중계를 통해 전 세계 사람들이 두 증인의 시신을 보게 될 것이다.
6 7년 대환난의 기간 산정은 현재 우리가 사용하는 달력인 그레고리력(Gregory 曆. 1582년에 로

우상을 세우고 짐승의 표를 강요하면서 이스라엘과 환난성도들을 향해 본격적으로 핍박을 가하는 후반부 3년 반(1,260일)의 기간 동안 일곱 대접의 재앙이 있을 것으로 봅니다.

6. 일곱 인의 재앙

1) 첫째 인 재앙

'막는 자'인 교회가 떠나간 뒤, 적그리스도가 등장하여 이스라엘과 7년간의 언약을 맺고, 본격적인 활동을 시작할 것입니다.

2) 둘째 인 재앙

7년 대환난 초창기에 곳곳에서 나라가 나라를 민족이 민족을 대적하는 전쟁이 일어날 것입니다.

3) 셋째 인 재앙

전 세계가 극심한 기근으로 어려움을 겪게 될 것입니다.

4) 넷째 인 재앙

전염병으로도 해석되는 죽음의 사자인 청황색 말 탄 자의 재앙이 전 세계를 휩쓸어 이 재앙이 끝날 때쯤이면 인류의 사분의 일이 죽게 될 것

마 교황 그레고리우스 13세가 종래의 율리우스력을 고쳐 만든 태양력)이 아니라, 한 달을 30일
^ 1년을 360일로 계산(그레고리력에 따라 계산하면 1년은 365일)하는 성경적인 계산법을 따라
야 한다.

입니다.

5) 다섯째 인 재앙

7년 대환난 초창기 때 순교한 성도들이 하나님의 제단 아래에서 "심판하여 우리의 피를 갚아 달라(6:10)"고 외치는 소리가 들려옵니다.

6) 여섯째 인 재앙

전 세계적으로 큰 지진이 일어나고 하늘의 별들이 떨어지며, 지구의 축이 바뀌는 일들이 일어날 것입니다.

7. 일곱 나팔의 재앙

1) 일곱째 인 재앙

일곱 나팔의 재앙이 시작됩니다. 일곱 인의 재앙은 일곱 나팔의 재앙으로, 또 일곱 나팔의 재앙은 일곱 대접의 재앙으로 이어지는데 "재난(birth pains)의 시작(마 24:8)"이라고 하신 예수님의 말씀처럼 인과 나팔과 대접의 재앙으로 갈수록 재난의 강도가 세질 것입니다.

2) 첫째 나팔 재앙

피 섞인 우박과 불이 땅에 쏟아져 땅의 삼분의 일과 수목의 삼분의 일과 초목의 삼분의 일이 불탈 것입니다.

3) 둘째 나팔 재앙

큰 화산이 터지고 해일이 일어남으로 바다의 배와 생물 중에 삼분의 일이 죽고 깨어질 것입니다.

4) 셋째 나팔 재앙

하늘에서 큰 별(운석)이 떨어져 물의 삼분의 일을 오염시켜 그 물을 먹는 자들이 죽게 될 것입니다.

5) 넷째 나팔 재앙

해와 달과 별들이 어두워지게 될 것입니다.

6) 다섯째 나팔 재앙

무저갱에서 지금까지 인류가 한 번도 본 적이 없는 황충(메뚜기)이 등장하여 하나님의 인침받지 않는 자들을 5개월 동안 괴롭힐 것입니다.

7) 여섯째 나팔 재앙

유브라데(바벨론 지역)에 결박된 네 천사(타락천사)가 부리는 2억의 마병대(영적인 존재로 생각됨)가 풀려 나와 인류의 삼분의 일(불신자들일 것으로 보임)을 죽일 것입니다.

8) 여섯째 나팔까지가 7년 대환난의 전반기 때 일어날 재앙으로 추정됩니다. 곡과 마곡의 전쟁 뒤에 이스라엘과 7년간의 평화 협상을 이끌어 내 이 기간에 세계적인 지도자로 부상한 적그리스도가 전 세계의 권력을 장악하여, 이후 본격적으로 통치를 시작할 것입니다.

8. 적그리스도와 거짓 선지자

전반기 3년 반의 기간에 전 세계의 권력을 장악한 적그리스도(바다에서 올라온 짐승)는 거짓 선지자(땅에서 올라온 짐승)와 함께, '곡과 마곡'의 전쟁 직후에 세워질 이스라엘 성전(환난성전)에 자신의 우상을 세워 전 세계 사람들에게 경배를 강요함으로써(단 9:27) "야곱의 환난(렘 30:7)"으로 불리는 후반부 3년 반의 환난을 본격적으로 시작할 것입니다.

이때 요한계시록 12장에서 '아이(그리스도)를 낳은 여자'로 묘사된(1-2절) '이스라엘'은 광야로 도망하여[7] 예수님이 감람산으로 재림하시기까지 1,260일 동안 하나님의 특별한 보호를 받게 될 것입니다.

천하만국의 권세를 잡은 적그리스도는 거짓 선지자를 앞세워 온 세상 사람들에게 자신의 우상에게 경배하고 베리칩이 될 것이 확실시되는 '짐승의 표'를 받게 할 것입니다. 이때 종이 화폐가 사라진 세상에서 매매 기능을 대신할 짐승의 표(베리칩)를 받지 않는 자들은 모진 핍박과 박해의 대상이 될 것이나, 이 박해를 피해보겠다고 짐승의 표를 받은 자들은 하나님의 진노와 영원한 심판(지옥판결)을 받아야 할 것입니다. 따라서 하나님을 따를 것인지, 적그리스도를 따를 것인지에 대하여 분명하게 선택해야 하고, 순교를 각오하지 않으면 믿음을 지킬 수 없는 어려운 시기가 시작될 것입니다.

---

7   이스라엘 가운데 삼분의 일이 광야로 도망하여 화를 피할 것이다(슥 13:8-9). 마지막(예수님이 감람산으로 재림하시는 순간)까지 예루살렘에 남아 적그리스도에게 저항하는 자들도 있을 것이다(슥 14:4).

9. 일곱 대접의 재앙

적그리스도의 통치가 본격화되면서 세상을 향한 하나님의 진노와 심판도 본격적으로 시작될 것입니다. 또한 일곱째 천사의 나팔 소리와 함께 (11:15) 일곱 대접의 재앙이 시작될 것입니다. 일곱 대접의 재앙에 대하여 살펴보겠습니다.

1) 첫째 대접 재앙

짐승의 표를 받은 자들에게 악하고 독한 종기가 날 것입니다. 지금도 베리칩을 받은 반려동물들에게 악창이 생기는 부작용이 일어나고 있는데, 그때가 되면 하나님이 작정하시고 짐승의 표를 받은 자들을 종기(암으로 추정되고 있음)의 재앙으로 심판하실 것입니다.

2) 둘째 대접 재앙

모든 바다가 피 같이 되어 그 가운데 사는 모든 생물이 죽을 것입니다.

3) 셋째 대접 재앙

강과 물의 근원이 피가 되어 성도들의 피를 흘린 자들이 그 피를 마시게 되는 심판을 받을 것입니다.

4) 넷째 대접 재앙

해가 권세를 받아 사람들을 태울 것입니다.

5) 다섯째 대접 재앙

짐승의 왕좌, 짐승이 통치하는 세계 정부 본부가 있는 곳에 어둠과 고통의 재앙이 임할 것입니다.

6) 여섯째 대접 재앙

천하의 왕들을 미혹하여 아마겟돈 전쟁을 일으키도록 할 것입니다.

7) 일곱째 대접 재앙

큰 성 바벨론(세계 정부의 수도일 가능성이 높음)이 큰 지진과 우박의 재앙을 겪게 될 것입니다.

일곱 대접의 재앙이 어찌나 큰지 "그 날들을 감하지 아니하면 모든 육체가 구원을 얻지 못할 것(마 24:22)"이라고 하십니다. 1,260일이라는 날짜 자체를 줄일 수는 없어도, 전 우주적인 환난과 심판 때문에 지구의 자전 주기가 빨라져 하루라는 시간이 24시간에서 훨씬 더 짧아지기에 날수는 1,260일로 변화가 없어도 절대적인 시간은 줄어들 수 있을 것입니다.

10. 어린 양의 혼인 잔치

7년 대환난의 마지막 순간, 즉 예수님이 지상재림하시기 직전에 7년간 예비한 처소에서 예수님과 밀월의 시간을 나누었던 교회(그리스도의 신부)는 혼인 예식의 마지막 순서인 '혼인잔치(19:9)'를 치루고 예수님과 함께 재림하여(슥 14:5), 천년왕국의 기간에 에스더와 같이 왕후(그리스도의 신부)의 권세를 가지고 통치에 참여하게 될 것입니다.

11. 아마겟돈 전쟁과 지상 재림

용과 짐승과 거짓 선지자에게 역사하는 세 더러운 영(16:13)에게 미혹 당하여 적그리스도와 함께 예루살렘을 치기 위해 아마겟돈에 모인(16:16) 온 천하만국의 왕들과 군대들이, 백마를 타고 감람산으로 재림하실 예수 님의 심판을 받아 진멸할 것입니다(19:11-15). 마지막 순간까지 하나님을 대적하기 위해 전쟁을 일으킨 적그리스도와 거짓 선지자는 그때 산 채로 유황불 못에 던져질 것이고(19:20), 용은 천 년(주님의 재림 이후에 이 땅에서 펼쳐질 천년왕국) 동안 무저갱에 결박되어 마지막으로 사역을 기다리게 될 것입니다(20:1-3).

다니엘 12장에서는 야곱의 환난으로 일컬어지는 1,260일간의 대환 난의 기간 뒤에 주어질 30(1,260+30 ⇒ 1,290)일과 또 다른 45(1,260+45 ⇒ 1,335)일에 관한 기록이 등장합니다.

"매일 드리는 제사를 폐하며 멸망하게 할 가증한 것을 세울 때부터 천 이백구십 일을 지낼 것이요, 기다려서 천삼백삼십오 일까지 이르는 사람 은 복이 있으리라"(단 12:11-12).

1,260일 이후 주어지는 30일과 45일의 기간에는 환난을 통과하고 세 상에 남은 자들 가운데 '양과 염소를 나누는 심판(마 25:31-46)'이 있을 것 입니다. 또 예수님이 천년왕국의 통치를 시작하기 전에 땅과 하늘을 회복 하고 준비하시는 기간으로 쓰일 것입니다. 환난을 통과한 자들 가운데 이

심판을 이기고 주님이 통치하실 천년왕국에 이르는 자(참여하는 자)가 복이 있다고 하신 것입니다.

12. 천년왕국과 백 보좌 심판

천년왕국은 '천 년'이라는 한정된 시간 동안 이 땅에 펼쳐질 왕국입니다. 이 기간은 교회 시대를 사는 성도들이 "나라가 임하시오며 뜻이 하늘에서 이루어진 것 같이 땅에서도 이루어지이다(마 6:10)"라고 한 기도의 응답이 주어지는 시간이요, 이스라엘에게 주셨던 '메시아 왕국'에 대한 언약이 실현되는 기간입니다.

천년왕국은 성도들이 얻게 될 궁극적인 하나님의 나라인 '신천신지 새예루살렘'이 주어지기까지 존재하는 중간적인 기간으로 메시아의 통치를 온 세상에 공개적으로 드러내는 시간이 될 것입니다. 요한계시록 20장을 보면, 메시아가 통치하는 이 기간에도 무저갱에서 풀려 나온 사탄 마귀의 미혹을 좇아 만왕의 왕이신 그리스도를 대적하는 자들이 일어날 것이라고 했습니다. 통치자로서 이 땅에 다시 오신 예수님에 대한 이러한 우리 인간의 반역 사건을 통해 인간이 하나님을 대적하고 반역한 이유가 수 천 년 동안 우리에게 주어진 세상의 열악한 환경 때문이 아니라, 사실 인간들 스스로가 가진 부패한 마음 때문임을 보여 주게 될 것입니다.

천년왕국의 마지막 순간에 있을 백 보좌 심판을 통해 그동안 세상에서 하나님을 대적하고 메시아의 통치를 거부했던 인류의 모든 인생들은 심판을 받아 영원한 불 못에 던져질 것이고(20:15), 믿음의 시험을 통과한 성도들은 궁극적인 하나님의 나라인 '신천신지 새예루살렘'을 얻게 될 것입니다.

13. 신천신지 새 예루살렘

믿음의 길을 거부한 자들이 백 보좌 심판의 결과로 둘째 사망인 불 못에 던져진 뒤, 구속받은 하나님의 자녀들을 위한 궁극적인 하나님의 나라 "신천신지 새 예루살렘"이 펼쳐질 것이라고 하십니다. 그날에는 하나님께서 범죄한 인간들 때문에 오염되고 파괴된 "처음 하늘과 처음 땅"을 모두 불로 태우시고 지금 우리가 보고 있는 세상과는 완전히 다른 "새 하늘과 새 땅"을 지으실 것입니다(20:15-21:1).

현재 우리가 살고 있는 처음 하늘과 처음 땅과는 완전히 다른 새 하늘과 새 땅을 지으신 후 이곳에, 또 다시 구속받은 하나님의 백성과 함께 머무르실 특별한 장소인 "거룩한 성 새 예루살렘(21:2)"을 지으실 것입니다.

황금과 보석으로 만들어진 이곳은 눈물과 사망과 애통하는 것과 곡하는 것과 아픈 것이 다시 있지 아니하고(21:4), 죄가 없는 거룩한 도성입니다(21:8,27). 요한계시록 21장을 보면 새 예루살렘에는 이스라엘의 12지파의 이름이 새겨진 12문이 있고(21:12), 열두 사도의 이름이 기록된 열두 기초석이 있었다(21:14)고 했습니다. 구속사의 두 기둥인 이스라엘과 교회를 통해 구원받은 성도들이 새 예루살렘에 들어가게 될 것입니다.

"보라 내가 속히 오리니 이 두루마리의 예언의 말씀을 지키는 자는 복이 있으리라"(계 22:7).

2장

요한계시록
개관

개관 1
이는 예수 그리스도의 계시라

/

계 1:1-11

[1]예수 그리스도의 계시라 이는 하나님이 그에게 주사 반드시 속히 일어날 일들을 그 종들에게 보이시려고 그의 천사를 그 종 요한에게 보내어 알게 하신 것이라 [2]요한은 하나님의 말씀과 예수 그리스도의 증거 곧 자기가 본 것을 다 증언하였느니라 [3]이 예언의 말씀을 읽는 자와 듣는 자와 그 가운데에 기록한 것을 지키는 자는 복이 있나니 때가 가까움이라 [4]요한은 아시아에 있는 일곱 교회에 편지하노니 이제도 계시고 전에도 계셨고 장차 오실 이와 그의 보좌 앞에 있는 일곱 영과 [5]또 충성된 증인으로 죽은 자들 가운데에서 먼저 나시고 땅의 임금들의 머리가 되신 예수 그리스도로 말미암아 은혜와 평강이 너희에게 있기를 원하노라 우리를 사랑하사 그의 피로 우리 죄에서 우리를 해방하시고 [6]그의 아버지 하나님을 위하여 우리를 나라와 제사장으로 삼으신 그에게 영광과 능력이 세세토록 있기를 원하노라 아멘 [7]볼지어다 그가 구름을 타고 오시리라 각 사람의 눈이 그를 보겠고 그를 찌른 자들도 볼 것이요 땅에 있는 모든 족속이 그로 말미암아 애곡하리니 그러하리라 아멘 [8]주 하나님이 이르시되 나는 알파와 오메가라 이제도 있고

전에도 있었고 장차 올 자요 전능한 자라 하시더라 ⁹나 요한은 너희 형제요 예수의 환난과 나라와 참음에 동참하는 자라 하나님의 말씀과 예수를 증언하였음으로 말미암아 밧모라 하는 섬에 있었더니 ¹⁰주의 날에 내가 성령에 감동되어 내 뒤에서 나는 나팔 소리 같은 큰 음성을 들으니 ¹¹이르되 네가 보는 것을 두루마리에 써서 에베소, 서머나, 버가모, 두아디라, 사데, 빌라델비아, 라오디게아 등 일곱 교회에 보내라 하시기로.

요한계시록은 로마 황제 도미티안 통치 말년인 AD 95년경에 에게 해의 밧모 섬에서 사도 요한이 기록한 것으로 추정됩니다. 하나님의 말씀과 예수님의 증거 때문에 밧모 섬에 유형당해 있던 어느 주일, 사도 요한은 성령의 감동을 받아 신비로운 경험을 합니다. 요한에게 나타나신 예수님은 요한이 본 것을 기록하여 교회들에 보내라는 지시를 합니다.[8]

사도 요한은 요한계시록의 서문이라고 할 개관 1의 본문에서, 요한계시록을 어떻게 이해해야 할 것인지에 대하여 직접 설명합니다. 그는 이 글, 요한계시록의 성격을 크게 세 가지로 나누어 '계시(1절)', '예언(3절)', '서신(4절)'으로 소개합니다. 처음 장인 개관 1에서는 이에 대하여 좀 더 자세히 살펴보겠습니다.

1. 계시(1절)

요한계시록의 첫 구절에서 "예수 그리스도의 계시"라고 함은 '예수 그

---

8   이국진 편찬, 『아가페 열린 노트 성경』(서울 : 아가페출판사, 2000), p.399.

리스도에 관한(about) 계시'라는 의미가 아니라, '예수 그리스도로 말미암아(by) 주어진 계시', 즉 예수님이 직접 말씀하신 계시라는 뜻입니다. 요한계시록이라는 말씀의 기원이 신적 존재인 예수님으로부터 나온 것임을 명백히 선포한 내용입니다.[9] 여기에서 "계시"에 해당하는 헬라어 ἀπο καλυψις는 '거두어내다'라는 뜻을 가진 ἀπο와 '장막'이라는 뜻을 가진 καλυψις라는 단어가 합해진 것입니다.[10] ἀποκαλυψι는 장막을 거두어낸다는 뜻입니다. 다시 말해, 지금까지 베일 속에 감추어진 비밀을 드러낸다는 뜻입니다.

요한계시록은 이 마지막 때와 죽음 이후의 심판 등 우리가 궁금해하는 것에 대하여 그 놀라운 비밀을 드러냅니다. 믿음을 지킨 성도들이 얻게 될 하나님의 나라가 구체적으로 어떤 곳인지, 또 끝까지 하나님을 대적하던 어둠의 세력들과 그를 추종하던 자들이 받게 될 궁극적인 심판은 어떤 것인지 등 앞으로 살펴볼 요한계시록의 말씀을 통해 우리는 지금까지 감추어진, 하늘의 놀라운 비밀을 깨달을 수 있을 것입니다.

2. 예언(3절)

'예언(προφητειας; prophecy)'이란 미래에 일어날 사건들을 미리 알려 주는 것입니다. 성경에는 여러 예언의 말씀이 등장하는데, 이 예언의 말씀들이 역사적으로 성취된 여러 증거가 있습니다. 대표적으로 구약성경에

---

9   William Barclay, *the Revelation of John vol.1*(Philadelphia, Pennsylvania : The Westminster Press, 1976), p21
10   Ibid..

서는 300가지 정도의 예수님에 대한 예언이 등장하는데, 이 예언의 말씀들이 한결같이 역사적으로 정확하게 성취되었습니다. 한 치의 오류 없이 말씀에 적힌 대로 정확하게 성취된 이유는 예언을 주신 분이 바로 인간의 역사를 주관하시는 하나님이시기 때문입니다.

요한계시록은 바로, "반드시 속히 일어날 일들(1절)"을 알려 주신 예언의 말씀입니다. "예언의 말씀"이라는 선포에 주목할 때에라야만 요한계시록을 비로소 바르게 해석할 수 있습니다. 지난 2,000년의 교회 역사 속에서 '요한계시록을 어떻게 이해하고 해석할 것인가?'에 대하여 신학적인 논쟁이 많이 있어 왔습니다. 우리가 어떠한 신학적인 입장, 혹은 해석법을 선택하느냐에 따라 요한계시록이 지닌 의미와 가치가 완전히 달라질 수 있습니다. 지금까지 요한계시록은 신학적 입장에 따라 대체로 다음의 네 가지 해석 방법을 시도해 왔습니다. 그 내용을 잠시 살펴보겠습니다.[11]

1) 비유적(allegorical) 해석법입니다.

이 해석법이 말하려고 하는 내용은 요한계시록의 말씀들이 역사적 사건을 염두에 두고 쓴 글이 아니라는 점입니다. 그저 성도들에게 영적인 교훈을 주기 위해 기록한 '비유적 말씀'이라는 것입니다. 그래서 비유적 해석법은, 요한계시록을 해석할 때 역사적인 사건과 연관 지어 말씀을 해석하면 안 된다고 주장합니다. 이는 예언의 역사성을 부인하는 태도입니다.

---

11   John F. Walvoord, *the Revelation of Jesus Christ*(The Moody Bible Institute, 1989), pp. 16-23.

2) 과거적(preterit) 해석법입니다.

요한계시록이 이미 과거에 일어난 사건, 즉 초대 교회 당시의 상황을 기록한 글이라는 주장입니다. 이러한 주장을 하는 사람들은 요한계시록에 묘사된 영적 전쟁에 대한 기록이 '초대 교회와 유대주의자' 또는 '초대 교회와 이방 종교' 사이의 영적 전쟁을 묘사한 것이라고 주장합니다. 그리고 20장부터 22장까지 묘사한 천국의 모습도 이 영적 전쟁에서 '승리한 교회'의 모습이라고 말합니다. 과거적 해석법 또한 요한계시록의 예언적 특성을 부인하는 해석법입니다.

3) 역사적(historical) 해석법입니다.

이것은 요한계시록에 기록된 말씀들이 교회 시대 전체 기간에 교회가 겪게 될 영적 싸움을 상징적으로 묘사한 내용이라고 보는 해석법입니다. 이들의 주장으로는 현재 우리가 요한계시록의 예언 속에 이미 살고 있다는 것입니다. 그런 의미에서 역사적 해석법을 '현재적 해석법'이라고 표현하기도 합니다. 이들은 이 영적 싸움이 예수님이 재림하실 때까지 지속될 것이라고 주장합니다.

역사적 해석법을 주장하는 사람들은 중요한 역사적 사건이 생길 때마다 이것을 요한계시록의 예언과 끊임없이 연관지어 해석하려고 애써왔습니다. 그들은 나폴레옹이 등장하여 유럽을 정벌할 때에는, 그를 적그리스도라 해석했고, 2차 대전의 와중에는 히틀러를 적그리스도라고 생각했습니다. 그런가 하면 중세 가톨릭 교회에 핍박을 받던 개혁주의자들은 교황을 적그리스도로 부르기도 했습니다. 이들은 '역사적 해석법'이라는 이름과는 다르게 시대가 바뀔 때마다 요한계시록의 내용에 대하여 끊임없이 새롭게 해석함으로써, 오히려 말씀의 역사성을 훼손하는 오류를 낳았습니다.

4) 미래적(futuristic) 해석법입니다.

이는 요한계시록에 기록된 말씀들이 종말에 있을 '미래적 사건을 계시'한다고 보는 해석법입니다. 요한계시록의 서론에 해당하는 1장과, 아시아 일곱 교회에 보낸 개별적인 말씀인 2-3장을 제외한 4장부터의 말씀은, 이 땅에서 교회의 시대가 끝난 뒤에 펼쳐질 종말과 심판에 대한 예언이라고 봅니다.

미래적 해석법을 주장하는 사람들은 요한계시록 외의 다른 성경 말씀들과 마찬가지로, 요한계시록의 말씀 또한 철저히 문자적으로 해석하려는 태도를 견지합니다. 비유적·영적인 성경 해석을 지양하고, 성경의 예언들을 실제로 일어날 미래적 사건으로 보고 문자적으로 해석하려고 합니다. 물론, 요한계시록에서는 여러 상징이 사용되기는 합니다. 하지만 이 상징들조차도 그것이 나타내고자 하는 구체적인 실체가 따로 있다고 봅니다.[12]

미래적 해석법은 '정상적 해석법'으로 불리기도 하는데, 요한계시록의 말씀도 다른 성경과 마찬가지로 문자적이고 정상적인 방법으로 해석해야 한다는 주장입니다. 이러한 정상적인 해석을 등한시하고 대신 비유적·영적·역사적 해석만을 자꾸 시도하다 보니 오히려 요한계시록의 말씀이 더 복잡해지고 해석할 수 없는 책으로 여겨지고 있는 것입니다.

사도 요한이 요한계시록을 예언의 말씀이라고 분명히 선포했기에, 우

---

[12] 예를 들어, 요한계시록 13장에 묘사된 '두 짐승'을 미래에 등장할 실제적인 정치적^종교적 인물로 보고, 또 '짐승의 표'를 저들이 사람들을 통제하기 위해 사용하는 실제적인 표식으로 이해한다.

리 또한 요한계시록에 기록된 말씀을 미래에 일어날 예언적 사건으로 보고 미래적으로 해석해 내야 합니다. 다시 말해 요한계시록의 말씀을 해석할 때, 문자를 해석하는 방법이 과거의 사건이나, 현재의 일들을 보여 주는 상징이나 비유가 아니라, 미래의 사건을 알려 주신 예언으로 보고 해석해야 한다는 뜻입니다.

3. 서신(4절)

4절에서 사도 요한은 이 글을 아시아에 있는 일곱 교회에 보낸 '편지'로 소개합니다. 11절에 소개한 아시아의 일곱 교회는 에베소, 서머나, 버가모, 두아디라, 사데, 빌라델비아, 라오디게아 교회입니다. 아시아에는 이 일곱 교회만 있었던 것은 아니지만,[13] 대표적으로 일곱 교회를 선택하여 이 교회들에 보낸 서신이라고 표현합니다.

물론, 본문에 소개한 일곱 교회는 역사 속에 존재했던 지역 교회(local church)입니다. 2-3장에는 이 교회들 하나하나에게 보낸 권면의 말씀이 등장하는데, 초대 교회에 존재했던 여러 교회 가운데 이 교회들을 택하여 말씀을 주신 이유는 무엇이겠습니까? 바로 요한계시록에서 소개한 이 일곱 교회가 어떠한 상징성과 대표성을 갖기 때문이라고 봅니다. 신학자 대부분은 본문에 소개한 일곱 교회가 역사 속에 등장할 모든 교회를 상징한다고 보고 있습니다.[14] 요한계시록은 이런 교회들에 보낸 개별적인 '서신'

---

13 당시에는 일곱 교회 외에도 골로새, 히에라폴리스, 밀레도, 마그네시아, 크랄레스 교회 등이 있었다.

14 물론, 일곱 교회가 역사 속에 등장할 교회들을 차례로 보여 준다는 견해와, 순서와는 상관없이 모든 교회의 특징을 보여 준다는 견해로 나뉘지만, 일곱 교회가 모든 교회를 대표한다는 의견만

입니다. 요한계시록의 수신자가 '교회'라는 것입니다.

요한계시록이 비록 계시의 말씀이기는 하지만, 교회 밖에 있는 사람들은 여전히 이해하지 못하는 개별적인 '서신'입니다. 일반적으로 편지 안에는 그 글을 주고받는 당사자들만 이해하는 경험이나 사건이 포함되어 있습니다. 글을 쓰고 읽는 당사자가 아닌 제3자가 이런 내용들을 이해하는 데는 한계가 있습니다. 교회에 주신 서신이기 때문에 그리스도의 신부인 교회가 아니면 이해할 수 없는 글입니다. 한마디로, 요한계시록은 부활의 주님이 그리스도의 신부된 교회에 보내신 권면과 위로와 사랑의 편지입니다.

마지막으로 "이 예언의 말씀을 읽는 자와 듣는 자와 그 가운데 기록한 것을 지키는 자는 복이 있다"고 하십니다(3절).

왜 입니까? 때가 가깝기 때문입니다. 유비무환이요, 무비유환이라고 했습니다. 미래를 알고 준비하는 자에게는 환난이 없고, 준비하지 않는 자에게는 환난이 닥친다는 뜻입니다. 지금 눈앞에 엄청난 재앙이 다가오고 있는데도 이를 깨닫지 못해 준비하지 못한다면, 결국 재앙으로 멸망할 수밖에 없습니다.

몇 년 전 일본에서 대지진의 여파로 쓰나미가 밀려올 때, KBS에서 구사일생으로 살아남은 사람들이 그때의 일들을 회상하며 인터뷰하는 내용을 방영한 적이 있습니다. 사람들 대부분이 집 앞에 물이 들이닥칠 때까지, 쓰나미가 밀려온다는 사실을 전혀 모르고 있다가 피해를 입었다는 것입니다. 그나마 인터뷰에 응한 사람들은 구사일생으로 생명을 건졌지만, 주변에 있던 많은 가족과 이웃들이 죽어 가는 모습을 넋 놓고 그저 지

큼은 일치한다.

켜볼 수밖에 없었다는 것입니다. 재앙이 밀려온다는 사실을 미리 알 수만 (예측할 수만) 있었다면, 재앙을 얼마든지 피할 수 있었을 것입니다.

우리가 재앙이 언제 닥칠지 알 수만 있어도 얼마나 다행이겠습니까? 그러나 종말과 심판은 우리의 생각과는 상관없이 갑자기 찾아올 것입니다. 그러기에 종말의 심판을 예언하는 요한계시록의 말씀을 읽고 듣고, 그 경고의 말씀대로 실천하는 자가 복이 있음을 깨달아야 합니다.

개관 2
나는 알파(A)와 오메가(Ω)라

계 1:8-20

> [8]주 하나님이 이르시되 나는 알파와 오메가라 이제도 있고 전에도 있었고 장차 올 자요 전능한 자라 하시더라 [9]나 요한은 너희 형제요 예수의 환난과 나라와 참음에 동참하는 자라 하나님의 말씀과 예수를 증언하였음으로 말미암아 밧모라 하는 섬에 있었더니 [10]주의 날에 내가 성령에 감동되어 내 뒤에서 나는 나팔 소리 같은 큰 음성을 들으니 [11]이르되 네가 보는 것을 두루마리에 써서 에베소, 서머나, 버가모, 두아디라, 사데, 빌라델비아, 라오디게아 등 일곱 교회에 보내라 하시기로 [12]몸을 돌이켜 나에게 말한 음성을 알아 보려고 돌이킬 때에 일곱 금 촛대를 보았는데 [13]촛대 사이에 인자 같은 이가 발에 끌리는 옷을 입고 가슴에 금띠를 띠고 [14]그의 머리와 털의 희기가 흰 양털 같고 눈 같으며 그의 눈은 불꽃 같고 [15]그의 발은 풀무불에 단련한 빛난 주석 같고 그의 음성은 많은 물 소리와 같으며 [16]그의 오른손에 일곱 별이 있고 그의 입에서 좌우에 날선 검이 나오고 그 얼굴은 해가 힘있게 비치는 것 같더라 [17]내가 볼 때에 그의 발 앞에 엎드러져 죽은 자 같이 되매 그가 오른손을 내게 얹고 이르시되 두려워하지 말라 나는 처음이요 마지막이

니 [18]곧 살아 있는 자라 내가 전에 죽었었노라 볼지어다 이제 세세토록 살아 있어 사망과 음부의 열쇠를 가졌노니 [19]그러므로 네가 본 것과 지금 있는 일과 장차 될 일을 기록하라 [20]네가 본 것은 내 오른손의 일곱 별의 비밀과 또 일곱 금 촛대라 일곱 별은 일곱 교회의 사자요 일곱 촛대는 일곱 교회니라.

앞 장에서 우리는 요한계시록이 어떠한 책인지에 대하여 살펴보았습니다. 우리가 어떠한 글을 읽고 분석할 때에 그 글이 누구를 대상으로 어떻게 쓰였는지를 파악하는 것은 중요합니다. 글의 성격을 먼저 알아야만 어떻게 그 글을 읽고 해석해야 할지를 알 수 있기 때문입니다.

사도 요한은 요한계시록의 성격을 '계시(1절)', '예언(3절)', '편지(4절)'로 소개합니다. '계시'란 감추었던 것을 드러낸다는 뜻입니다. 요한의 때까지 감추어 온 하나님의 나라와 종말과 심판의 비밀이 요한계시록에 계시되었다는 것입니다. '예언'이란 장차 될 일에 대한 기록입니다(19절). 그래서 요한계시록을 해석할 때는 이것이 과거나 현재의 사건이 아니라, 장차 종말의 때에 일어날 미래적 사건으로 이해하고 해석해야 합니다. 4절에서는 요한계시록을 아시아에 있는 일곱 교회에 보낸 '편지'로 소개합니다. 앞에서 언급한 것처럼 요한계시록에서 소개한 아시아의 일곱 교회는 교회 시대에 등장할 모든 교회를 대표하는 것으로 이해됩니다. 교회에 보낸 편지이기 때문에 이 글을 교회 밖에 있는 세상 사람이 이해하는 데는 한계가 있습니다. 여기까지가 개관 1에서 살펴본 요한계시록의 특징입니다.

개관 2에서는 요한계시록의 발신자로 소개되는(1절), 예수님에 대하여 살펴보겠습니다.

1. 하늘의 영광을 얻으신 분

요한계시록을 제외한 신약의 다른 성경은 예수님의 낮아지심에 초점을 맞추고 있습니다. 그 말씀들에서는 예수님이 하늘의 영광과 보좌를 버리고 이 땅에 비천한 인간의 모습으로 찾아오셔서 십자가에 돌아가시기까지 자신을 낮추셨다고 선언합니다(요 1:1,14; 빌 2:5-8). 하지만 본문에서 소개하는 예수님은 죽었다가 다시 살아나셔서 성자 하나님으로서 본래 가지고 계시던 하늘의 영광과 권세를 회복하신 분으로 묘사합니다.

흥미로운 사실은 요한계시록에서 소개하는 영광을 받으신 예수님의 모습이 구약성경에서 여호와 하나님을 묘사할 때 사용하던 표현과 일치한다는 점입니다.

14절에서 "그의 머리와 털의 희기가 흰 양털 같고 눈 같다"라고 했는데, 이는 다니엘 7장 9절[15]에서 보좌에 앉으신 하나님의 모습을 묘사한 말씀과 일치합니다.

15절에서는 "그의 음성은 많은 물소리와 같다"고 했습니다. 이것은 에스겔 43장 2절[16]에 묘사된 하나님의 음성과 일치합니다.

16절에서는 "그의 오른손에 일곱 별이 있다"고 묘사합니다. 이는 욥기 38장 31-32절[17]에서 하늘의 별들을 이끌고 인도하시는 여호와 하나님의 모습을 연상시킵니다.

17절에서는 "나는 처음이요 마지막이라"고 했는데, 이는 이사야 44장 6절에서 "나는 처음이요 나는 마지막이라 나 외에 다른 신이 없느니라"고

---

15 "내가 보니 왕좌가 놓이고 옛적부터 항상 계신 이가 좌정하셨는데 그의 옷은 희기가 눈 같고 그의 머리털은 깨끗한 양의 털 같고 그의 보좌는 불꽃이요 그의 바퀴는 타오르는 불이며."

16 "이스라엘 하나님의 영광이 동쪽에서부터 오는데 하나님의 음성이 많은 물 소리 같고 땅은 그 영광으로 말미암아 빛나니."

17 "네가 묘성을 매어 묶을 수 있으며 삼성의 띠를 풀 수 있겠느냐 너는 별자리들을 각각 제 때에 이끌어 낼 수 있으며 북두성을 다른 별들에게로 이끌어 갈 수 있겠느냐."

하신 하나님의 선포와 일치합니다.

18절에서 "살아 있는 자"라고 하신 말씀은 시편 42편 2절에 등장하는 "살아 계시는 하나님"이라는 표현과 일치합니다.

또 18절 후반부에는 "사망과 음부의 열쇠를 가졌다"는 말씀이 등장합니다. 구약 말씀을 연구하는 랍비들은 하나님께서는 그 누구와도 공유하지 않으시는 세 개의 열쇠(출생의 문을 여는 열쇠, 비를 오게 하는 열쇠, 죽은 자를 살리는 열쇠)를 가지신 분이라고 주장합니다.[18] 이는 예수님께서 "사망과 음부의 열쇠를 가졌다"고 하신 본문의 말씀과 맞닿아 있습니다.

이처럼 부활하신 예수님은 성자 하나님으로서 성부 하나님과 같은 영광과 권세를 가지고 다시금 세상을 심판하시기 위해 오실 것입니다.

2. 심판하시는 분

'초림'의 주님이 세상과 죄인들을 '구원'하기 위해 오셨다면(요 3:16), '다시 오실 주님'은 구원의 은혜를 거절한 세상과 죄인들을 '심판'하기 위해서 오신다는 것입니다. 찾아오시는 목적이 다르기에 찾아오시는 모습도 다른 것입니다. 심판 주로 오시는 예수님의 모습을 구체적으로 살펴봅시다.

---

[18] William Barclay, *the Revelation of John vol.1* (Philadelphia : The Westminster Press, 1976), p.48.

1) 그의 눈은 불꽃 같다고 합니다(14절)

눈이 불꽃 같다는 것은 인간의 모든 행위를 꿰뚫어 보시는 예수님의 '전지성'을 상징합니다. 우리의 모든 행위, 심지어 어두운 곳에서 행한 우리의 죄된 모습까지 다 살펴보시고 아신다는 것입니다. 그 누구도 우리의 행실과 마음까지 두루 살피시는 예수님의 불꽃 같은 눈을 피할 수 없습니다.

또 불꽃 같은 눈은 '죄악으로 가득 찬' 세상을 향한 주님의 분노를 상징합니다. 예수님은 하나님을 대적하고, 하나님의 백성을 핍박하던 세상을 향하여 불꽃 같은 눈으로 분노를 나타내실 것입니다. 그 어떤 죄인도 이러한 주님의 눈을 똑바로 쳐다볼 수 없을 것입니다.

2) 그의 입에서 좌우에 날선 검이 나온다고 합니다(16절)

본문에서 묘사한 "좌우에 날선 검"이라는 단어 ῥομφαια는 로마의 병사들이 접근전에서 사용하던 양쪽에 날이 선 작은 검을 의미합니다. 그런데 그 모양이 사람의 혀를 많이 닮아 있다고 합니다. 히브리서 4장 12절에서는 하나님의 말씀을 "좌우에 날선 검"으로 묘사하는데, 예수님의 입에서 나오는 좌우의 날선 검이 바로 "혼과 영, 관절과 골수를 찔러 쪼개기까지 하는" 하나님의 말씀입니다. 요한계시록 19장 15절에서도 "그의 입에서 예리한 검(양날 달린 날카로운 검)이 나오니 그것으로 만국을 칠 것"이라고 합니다. 예수님께서 말씀으로 세상을 심판하신다는 것입니다. 심판의 기준이 말씀이고, 심판의 수단이 말씀이라는 것입니다. 세상을 창조하신 그 말씀의 능력으로 하나님의 법을 외면한 자들을 심판하실 것입니다.

3) 사망과 음부의 열쇠를 가지신 분이라고 합니다(18절)

누가복음 12장 4-5절에서 예수님은 "내가 내 친구 너희에게 말하노니 몸을 죽이고 그 후에는 능히 더 못하는 자들을 두려워하지 말라 마땅히 두려워할 자를 내가 너희에게 보이리니 곧 죽인 후에 또한 지옥에 던져넣는 권세 있는 그를 두려워하라 내가 참으로 너희에게 이르노니 그를 두려워하라"고 하셨습니다. "사망과 음부의 열쇠를 가졌다"는 것은 바로 이런 의미입니다.

요한계시록 19장 20절에는 재림하신 예수님께서 하나님과 그의 백성을 대적하던 두 짐승과 세상 나라를 심판하여 불 못에 던지실 것이라고 했습니다. 20장 15절에서는 "누구든지 생명책에 기록되지 못한 자는 불 못에 던져지더라"고 하십니다. 이 구절은 죄인을 심판하여 그 생명을 멸하실 뿐 아니라, 지옥에 던질 권세를 가지신 그분을 두려워하고 경건한 믿음으로 살아야 한다는 의미입니다.

3. 교회를 돌보고 붙드시는 분

요한계시록은 일곱 교회에 보낸 편지입니다(4절). 그것도 신랑되신 예수님께서 그리스도의 신부된 교회에 보낸 연애 편지입니다. 이 편지를 통하여 교회에 대하여 관심과 사랑을 표현하시고, 종말과 심판을 피할 비결을 알려 주고 계십니다. 2-3장에서는 이런 교회들을 향하여 하시는 구체적인 사랑과 위로와 권면의 말씀이 등장하는데, 그 전에 예수님은 본문을 통해 '교회의 수호자'로서의 자신의 사역을 소개하고 있습니다.

1) 발에 끌리는 옷을 입고, 일곱 금 촛대 사이를 거니시는 이(13절, 2:1).

"일곱 금 촛대"는 "일곱 교회"를 상징합니다(20절). 교회가 촛대, 정확히 말하면 세상을 밝히는 등대의 역할을 감당해야 한다는 의미에서 교회를 "금 촛대"로 묘사합니다.

"발에 끌리는 옷을 입고, 금 촛대 사이를 다니신다"는 표현은 구약 시절에 제사장들이 성전 안에 있는 "등대"를 살피기 위해 돌아다니던 모습을 연상시킵니다.[19]

"발에 끌리는 옷"은 바로 제사장들이 입는 옷입니다. 성막을 돌볼 책임을 맡은 제사장들은 성소 안에 있는 등대의 불이 꺼지지 않게 항상 기름을 채워 놓고 심지를 갈아 주며 살필 책임이 있었습니다. 교회 안에 은혜의 기름, 성령의 기름이 떨어지지 않게 늘 채워 주시고, 또 교회가 세상에서 등불의 사명을 감당하도록 격려하시고 살펴 주시는 예수님의 세심한 관심과 손길이 느껴지는 듯한 모습입니다.

실제로 2-3장에는 예수님이 일곱 교회에 보낸 개별적인 서신을 기록하고 있는데, 여기에서 예수님은 각 교회마다 가진 문제와 어려움들을 지적하시면서 그에 대한 적절한 해답과 권면의 말씀을 주시는 것을 보게 됩니다. 은혜의 시대, 교회의 시대를 지나는 동안 예수님은 당신의 몸된 교회가 바로 서서 사명을 감당하도록 늘 살피시고 도와주십니다.

2) 오른손에 일곱 별을 붙드신 분(16절, 20절, 2:1)

일곱 별은 일곱 교회의 사자(20절)라고 설명합니다. '사자(使者)'라고 번

---

19 "아론은 회막안 증거궤 휘장 밖에서 저녁부터 아침까지 여호와 앞에 항상 등잔불을 정리할지니 이는 너희 대대로 지킬 영원한 규례라 그는 여호와 앞에서 순결한 등잔대 위의 등잔들을 항상 정리할지니라"(레 24:3-4).

역된 헬라어 ἄγγελοι는 '천사' 혹은 '메신저'로 번역할 수 있습니다. 천사로 번역하는 해석자들은 교회마다 하나님이 보내신 수호천사가 있어서, 이들을 주님께서 붙드시고 주관하신다고 주장합니다. 이것은 무리한 해석으로 보입니다. 일반적으로는 이 ἄγγελοι는 단어의 뜻을 하나님이 교회마다 세우신 메신저나 말씀을 전하고 치리하는 사역을 맡은 교회의 대표로 이해합니다. 부활의 주님께서 이런 사자들을 오른손에 붙들고 계신다(2:1)고 하십니다.

오른손은 능력을 상징합니다. 주님께서 주의 일꾼들에게 사명을 감당하도록 능력을 주신다는 것입니다. 오른손에 붙들고 계신다는 것은 이들을 주관하는 권세가 주님께 있다는 뜻입니다. 예수님을 대신해서 교회를 가르치고 치리할 책임을 맡은 일꾼들은 반드시 주님의 뜻대로 교회를 이끌어야 한다는 의미입니다.

오른손에 붙들었다는 것은 주님이 쓰시는 도구라는 뜻입니다. 교회를 책임진 일꾼이 아무리 훌륭해도 그는 주님이 쓰시는 도구에 불과합니다. 도구로 쓰임받는 일꾼이 아니라, 그(도구)를 들어 쓰시는 주님을 보아야 합니다.

부활과 재림의 주님은 하늘의 영광과 권세로 세상을 심판하기 위해 다시 오실 것입니다. 그때까지 이 땅의 교회들이 바로 서서 빛 된 사명을 감당하도록 늘 살피시며, 능력 주시는 제사장의 사명을 감당하실 것입니다. 이 땅에서 지금 우리가 예수님을 구원의 주로 영접하지 않는다면, 마지막 종말의 날에는 그분을 심판의 주로 맞이하게 될 것입니다.

개관 3
아시아의 일곱 교회에 편지하노니

/

계 2:1-11

¹에베소 교회의 사자에게 편지하라 오른손에 있는 일곱 별을 붙잡고 일곱 금 촛대 사이를 거니시는 이가 이르시되 ²내가 네 행위와 수고와 네 인내를 알고 또 악한 자들을 용납하지 아니한 것과 자칭 사도라 하되 아닌 자들을 시험하여 그의 거짓된 것을 네가 드러낸 것과 ³또 네가 참고 내 이름을 위하여 견디고 게으르지 아니한 것을 아노라 ⁴그러나 너를 책망할 것이 있나니 너의 처음 사랑을 버렸느니라 ⁵그러므로 어디서 떨어졌는지를 생각하고 회개하여 처음 행위를 가지라 만일 그리하지 아니하고 회개하지 아니하면 내가 네게 가서 네 촛대를 그 자리에서 옮기리라 ⁶오직 네게 이것이 있으니 네가 니골라 당의 행위를 미워하는도다 나도 이것을 미워하노라 ⁷귀 있는 자는 성령이 교회들에게 하시는 말씀을 들을지어다 이기는 그에게는 내가 하나님의 낙원에 있는 생명나무의 열매를 주어 먹게 하리라 ⁸서머나 교회의 사자에게 편지하라 처음이며 마지막이요 죽었다가 살아나신 이가 이르시되 ⁹내가 네 환난과 궁핍을 알거니와 실상은 네가 부요한 자니라 자칭 유대인이라 하는 자들의 비방도 알거니와 실상은 유대인이 아니요 사탄의 회당

이라 [10]너는 장차 받을 고난을 두려워하지 말라 볼지어다 마귀가 장차 너희 가운데에서 몇 사람을 옥에 던져 시험을 받게 하리니 너희가 십 일 동안 환난을 받으리라 네가 죽도록 충성하라 그리하면 내가 생명의 관을 네게 주리라 [11]귀 있는 자는 성령이 교회들에게 하시는 말씀을 들을지어다 이기는 자는 둘째 사망의 해를 받지 아니하리라.

요한계시록 2-3장에서 소개한 아시아의 일곱 교회는 사도 요한이 이 글을 쓸 당시에 존재하던 지역 교회입니다. 요한계시록은 이런 지역 교회에 보낸 편지 형식으로 쓴 글입니다(1:4). 물론, 사도 요한이 이 글을 쓸 당시, 아시아에 이 일곱 교회만 있었던 것은 아닙니다.[20] 그럼에도 이 일곱 교회를 선택하여 요한계시록의 수신자로 분명하게 밝힌 이유는, 이 교회들이 가진 대표성과 상징성 때문입니다. 그렇다면 이 일곱 교회는 과연 무엇을 대표하고 무엇을 상징할까요? 신학자들 대부분이 아시아의 일곱 교회가 교회의 역사 속에 등장할 모든 교회를 대표하고 상징한다는 점에서는 같은 의견을 보입니다.

이런 의미에서 볼 때, 요한계시록 2-3장에 기록된 말씀은 우선 역사적으로 존재한 일곱 교회가 당시에 드러낸 구체적인 문제들을 해결하도록 주신 것이지만, 궁극적으로는 모든 역사 속에 등장할 모든 교회에 주신 권면이요, 책망이요, 칭찬의 말씀이라고 볼 수 있습니다.

종말을 연구하는 학자들 사이에서 "아시아의 일곱 교회가 오순절 마가 다락방에서 시작하여 휴거 사건으로 지상에서 사라질 모든 교회를 대표한다"는 큰 틀에서는 의견이 다르지 않습니다. 하지만 일곱 교회의 한 교

---

20 일곱 교회 외에 골로새, 히에라폴리스, 밀레도, 마그네시아, 크랄레스 교회 등이 있었다.

회 한 교회가 대표하는 것이 구체적으로 무엇인지에 대해서는 다소 의견 차가 있습니다. 이 점에서는 학자들 간에 "각 시대마다 등장할 교회들의 모습"이라고 해석하는 견해와,[21] "모든 시대에 등장할 교회들의 모습을 부분적으로 보여 준다"[22]는 견해로 나뉩니다.

일곱 교회를 "시대마다" 등장할 교회의 모습이라고 주장하는 학자들은 에베소와 서머나 교회는 초대 교회의 모습을, 버가모, 두아디라, 사데 교회는 중세 교회를, 또 빌라델비아와 라오디게아 교회는 종말의 때에 나타날 교회의 모습을 보여 준다고 주장합니다. 요한계시록 2-3장에 소개된 교회의 모습을 하나씩 살펴보면 이러한 의견에 어느 정도 공감할 수 있습니다.

개관 3에서는 요한계시록 2-3장에 소개한 교회들의 개략적인 특징과, 또 이 교회들에게 주신 말씀, 특별히 모든 교회에게 주신 반복적인 말씀을 살펴보면서 교훈을 얻고자 합니다.

---

21 책 『레프트 비하인드(Left Behind)』를 쓴 팀 라헤이가 대표적 인물이라고 볼 수 있다.
22 환난전 휴거설을 학문적으로 완성한 존 월부어가 대표적인 인물이라고 볼 수 있다.

요한계시록 : 아시아의 일곱 교회

교회명	시대	본문 말씀	특징	관련 말씀
에베소	초대	계 2:1-7	첫사랑을 잃음	2:4
서머나	초대	계 2:8-11	목숨을 걸고 모진 핍박을 견딤	2:10
버가모	중세	계 2:12-17	회개를 요구받음	2:16
두아디라	중세	계 2:18-29	거짓 여 선지자 이세벨을 용납함	2:20
사데	중세	계 3:1-6	잠자는 교회, 죽은 교회	3:2
빌라델비아	종말	계 3:7-13	인내하는 믿음으로 시험의 때를 면할 것이라는 약속을 받음	3:10
라오디게아	종말	계 3:14-22	미지근한 신앙	3:16

1) 에베소 교회(2:1-7)를 처음 사랑을 잃어버린 교회로 소개합니다(2:4).[23]

2) 서머나 교회(2:8-11)는 목숨을 걸고 모진 핍박을 견뎌 내야 했던 교회입니다(2:10).[24]

3) 버가모 교회(2:12-17)는 회개하라고 하신 교회입니다(2:16).[25]

4) 두아디라 교회(2:18-29)는 자칭 선지자라고 하는 여자, 이세벨을 용납한 교회입니다(2:20).[26]

5) 사데 교회(3:1-6)는 잠자는 교회, 죽은 교회입니다(3:2).[27]

6) 빌라델비아 교회(3:7-13)는 인내하는 믿음으로 시험의 때를 면할 것이라는 약속을 받은 교회입니다(3:10).[28]

---

23 "그러나 너를 책망할 것이 있나니 너의 처음 사랑을 버렸느니라."
24 "… 네가 죽도록 충성하라 그리하면 내가 생명의 관을 네게 주리라."
25 "그러므로 회개하라 그리하지 아니하면 내가 네게 속히 가서 내 입의 검으로 그들과 싸우리라."
26 "그러나 네게 책망할 일이 있노라 자칭 선지자라 하는 여자 이세벨을 네가 용납함이니…"
27 "너는 일깨워 그 남은 바 죽게 된 것을 굳건하게 하라 내 하나님 앞에 네 행위의 온전한 것을 찾지 못하였노니."
28 "네가 나의 인내의 말씀을 지켰은즉 내가 또한 너를 지켜 시험의 때를 면하게 하리니 이는 장차 온 세상에 임하여 땅에 거하는 자들을 시험할 때라."

7) 라오디게아 교회(3:14-22)는 미지근한 신앙을 가진 교회입니다 (3:16).[29]

이렇듯 각기 특징이 있는 일곱 교회에 개별 서신을 보내는 과정에서, 편지마다 몇 가지 형식을 반복합니다.

1. 편지의 발신자인 예수님에 대한 소개(1,8절)

이러한 예수님의 '자기 계시'는 일곱 교회마다 각기 다른 모습으로 소개되는데, 고난당하는 교회를 향해서는 위로하시는 분으로(8절),[30] 죄를 짓고도 회개하지 않는 교회를 향해서는 심판의 주로(2:18)[31] 자기를 계시하십니다. 요한계시록 2-3장에서 교회마다 등장하는 예수님의 자기 계시의 말씀들은, 1장에서 계시된 예수님의 모습들(1:8-18)이 반복된 것입니다. 하지만 각 교회의 특성과 상태에 따라 각기 다른 모습으로 예수님 자신을 드러내고 계십니다.

우리가 이 일곱 교회의 모습을 통해서 깨달아야 하는 것은 우리 각자가 장차 오실 주님을 위로자의 모습으로 맞이하게 될지, 아니면 심판자의 모습으로 맞이할 것인지는 '지금 우리의 믿음이 어떤 상태인가'에 따라 달라진다는 사실입니다. 다시 말해 주님이 오시기 직전에 우리가 주님이 원하시는 신부로서 단장을 했는지에 따라 그날은 기쁨의 날이 되든지 아니

---

29 "네가 이같이 미지근하여 뜨겁지도 아니하고 차지도 아니하니 내 입에서 너를 토하여 버리리라."
30 "… 처음이며 마지막이요 죽었다가 살아나신 이가 이르시되."
31 "… 그 눈이 불꽃같고 그 발이 빛난 주석과 같은 하나님의 아들이 이르시되."

면 애통의 날, 이 둘 중의 하나가 될 것입니다.

2."내가 안다(I know)는 말씀의 반복(2,9절)

"네 행위와 수고와 네 인내를 안다"(2절)고 하십니다. 또 "네 환난과 궁핍을 안다(9절)"고도 하십니다. 다시 말해, 예수님께서 교회마다 겪고 있는 고통과 수고, 인내와 환난을 알고 계신다는 것입니다. 저들이 남모르게 행한 선행도 아신다는 것입니다. 문제는 이렇듯 칭찬받을 만한 행위뿐 아니라, 우리가 숨기고 싶은 부끄러운 일까지도 주님께서는 알고 계신다는 사실입니다. "자칭 선지자 이세벨을 용납한 일(2:20)"과, "발람의 교훈을 좇은 일(2:14)", "차지도 뜨겁지도 않은 행위(3:15)"도 아신다는 것입니다.

"내가 안다"는 이 말씀은 어려움 속에서도 믿음을 지킨 자들에게는 위로의 말씀이 되겠지만, 부끄러운 일을 저지르고도 회개하지 않은 자들에게는 무서운 경고와 심판의 말씀이 될 수 있습니다. 사람들은 몰라도 우리의 어떠함을 주님은 모두 알고 계십니다. 그분은 불꽃 같은 눈으로 매 순간 우리의 모든 행위를 살피고 계시기 때문입니다.

3. 성령이 교회들에게 하시는 말씀(7,11절)

들어야 합니다. 들어야 믿음이 생기고, 들어야 나의 상태를 알 수 있고, 들어야 준비할 수 있고, 들어야 회개할 수 있고, 들어야 환난을 피할 수 있고, 들어야 구원받을 수 있기 때문입니다. 특별히 종말의 때가 가까워지고 있기에 귀를 기울여 들어야 합니다. 듣는 자가 복이 있습니다 (1:3).

공생애 기간에 종종 예수님도 "들을 귀 있는 자는 들으라(막 4:23; 마 11:15)"고 하시는 말씀으로 설교를 마무리 짓기도 하셨습니다. 아무리 좋은 말씀을 전해 주어도 듣지 않는 자에게는, 영의 귀가 닫힌 자에게는 그 말씀이 아무런 유익을 줄 수 없습니다. 이처럼 공생애 기간에는 우리에게 예수님께서 직접 말씀을 주셨지만, 오늘날 교회 시대를 사는 성도들에게는 성령을 통해 말씀을 주십니다. 이처럼 "성령이 교회들에게 하시는 말씀"을 우리는 들어야 합니다.

여기에서 한 가지 유의할 점은 성령이 주시는 말씀이라고 해서, 또 다른 '계시'의 말씀을 주신 것으로 '오해'하면 안 된다는 사실입니다. 따라서 성령의 계시 사역은 요한계시록으로 이미 끝났습니다. 교회 시대를 사는 성도들에게 주시는 성령의 말씀은 "이미 계시된 말씀들"을 이해하도록 도우시는 '조명의 사역'으로 보아야 합니다. 성령의 조명을 받아 말씀을 상고할 때, 그때마다 주시는 성령의 음성을 들을 수 있습니다. 종말에 대한 계시의 말씀이 없는 것이 아니라, 그것을 이해하고 분별할 수 있는 영적인 안목이 부족하기에 깨닫지 못하는 것입니다. 예언의 말씀들을 깨닫게 해 달라고, 성령의 조명하시는 은혜를 구해야 합니다. 그래야 오늘날 이 시대의 교회들을 향해서 성령이 말씀하시는 음성을 들을 수 있고, 들어야 깨닫고 준비하여 환난을 피할 수 있습니다.

4. 이기는 자에게 주시는 약속(7,11절)

　일곱 교회에게 주시는 말씀 속에는 "이기는 자"에게 주시는 구체적인 상급과 축복이 소개됩니다. "…이기는 그에게는 내가 하나님의 낙원에 있는 생명나무의 열매를 주어 먹게 하리라(7절)", "…이기는 자는 둘째 사망의 해를 받지 아니하리라(11절)", "이기는 자는 내 하나님 성전에 기둥이 되게 하리라…(3:12)"고 하십니다. 각 교회에 '이기는 자에게 주시는 상급과 축복'을 소개하면서 우리에게 영적 싸움에서 승리하라고 독려하십니다.

　이 말씀들을 통해 우리는 교회 시대를 사는 성도 모두가 '영적 싸움'에 노출되어 있다는 사실을 다시금 확인하게 됩니다. 아무리 교회의 시대가 성경이 약속한 '은혜의 시대'라고 하더라도, 동시에 믿음을 지키고 영혼 구원의 사명을 감당하기 위해 끊임없이 싸워야 하는 '영적 전쟁의 시대'이기도 하다는 사실을 우리는 매일 기억하며 살아야 합니다. 이 싸움은 예수님이 오셔서 세상 나라를 심판하실 때까지 계속될 것입니다. 이 사실을 반드시 기억하고 매일의 삶에서 승리해야 합니다. 이기는 자만이 구원과 상급을 얻을 수 있습니다.

　일곱 교회에 주신 말씀 가운데에는 칭찬과 함께 책망의 말씀들이 있었습니다. 이 교회들 가운데에는 칭찬과 책망을 동시에 들었던 교회도 있었고, 책망 없는 칭찬 또는 칭찬 없는 책망만 들었던 교회들도 있었습니다. 아시아의 일곱 교회를 연대기적으로 해석하는 학자들은 특별히 '빌라델비아 교회'와 '라오디게아 교회'를 마지막 때에 등장할 교회의 모습이라고 설명합니다. '빌라델비아 교회'는 서머나 교회와 함께 책망 없는 칭찬을 받은 교회입니다. '라오디게아 교회'는 유일하게 칭찬 없이 책망만 받은 교회입니다. 빌라델비아와 라오디게아, 이 두 교회가 마지막 때에 등장할 교회의 모습이라면 마지막 때에는 교회들이 칭찬받는 교회와 책망받는 교회, 이 두 종류로만 나뉜다는 사실을 우리는 짐작해 볼 수 있습니다. 세상을 심판하시기 전에 먼저 교회(믿는 자) 안에서 알곡과 가라지, 양과 염소를 나누는 심판을 행하실 것이라고 합니다.

과연 나의 믿음이 혹은 우리가 몸담은 교회의 믿음이 심판의 주님이 오실 때에 어떠한 평가를 받게 될지 다시 한 번 생각해 볼 필요가 있습니다.

"귀 있는 자는 성령이 교회들에게 하시는 말씀을 들을지어다…"(계 2:7).

개관 4
이 일 후에 내가 보니

/

계 4:1-11

¹이 일 후에 내가 보니 하늘에 열린 문이 있는데 내가 들은 바 처음에 내게 말하던 나팔 소리 같은 그 음성이 이르되 이리로 올라오라 이 후에 마땅히 일어날 일들을 내가 네게 보이리라 하시더라 ²내가 곧 성령에 감동되었더니 보라 하늘에 보좌를 베풀었고 그 보좌 위에 앉으신 이가 있는데 ³앉으신 이의 모양이 벽옥과 홍보석 같고 또 무지개가 있어 보좌에 둘렸는데 그 모양이 녹보석 같더라 ⁴또 보좌에 둘려 이십사 보좌들이 있고 그 보좌들 위에 이십사 장로들이 흰 옷을 입고 머리에 금관을 쓰고 앉았더라 ⁵보좌로부터 번개와 음성과 우렛소리가 나고 보좌 앞에 켠 등불 일곱이 있으니 이는 하나님의 일곱 영이라 ⁶보좌 앞에 수정과 같은 유리 바다가 있고 보좌 가운데와 보좌 주위에 네 생물이 있는데 앞뒤에 눈들이 가득하더라 ⁷그 첫째 생물은 사자 같고 그 둘째 생물은 송아지 같고 그 셋째 생물은 얼굴이 사람 같고 그 넷째 생물은 날아가는 독수리 같은데 ⁸네 생물은 각각 여섯 날개를 가졌고 그 안과 주위에는 눈들이 가득하더라 그들이 밤낮 쉬지 않고 이르기를 거룩하다 거룩하다 거룩하다 주 하나님 곧 전능하신 이여 전에도 계셨고 이

제도 계시고 장차 오실 이시라 하고 ⁹그 생물들이 보좌에 앉으사 세세토록 살아 계시는 이에게 영광과 존귀와 감사를 돌릴 때에 ¹⁰이십사 장로들이 보좌에 앉으신 이 앞에 엎드려 세세토록 살아 계시는 이에게 경배하고 자기의 관을 보좌 앞에 드리며 이르되 ¹¹우리 주 하나님이여 영광과 존귀와 권능을 받으시는 것이 합당하오니 주께서 만물을 지으신지라 만물이 주의 뜻대로 있었고 또 지으심을 받았나이다 하더라.

요한계시록 1장 19절에서 부활의 주님은 사도 요한에게 "그러므로 네가 본 것과 지금 있는 일과 장차 될 일을 기록하라"는 말씀을 주십니다. 요한계시록이 과거(본 것)와 현재(지금 있는 것)와 미래(장차 될 일)에 대한 비밀스러운 '계시'를 담고 있음을 짐작할 수 있습니다. 이 말씀을 주신 요한계시록 1장 19절의 앞부분에서는 계시의 전달자인 예수님의 모습을 소개합니다. 이것은 요한이 본 것에 대한 기록입니다. 2-3장에서는 아시아의 일곱 교회에 주신 말씀을 소개합니다. 이 교회들은 역사 속에 등장할 모든 교회를 상징하고 대표하는 것입니다. 이것을 현재에 대한 기록으로 볼 수 있습니다. 그리고 교회에 주신 '권면'의 말씀이 모두 끝나고 새롭게 시작되는 4장 1절부터의 말씀은 장차 될 일, 즉 미래에 대한 '예언'으로 볼 수 있습니다.[32]

"이 일 후에 내가 보니 하늘에 열린 문이 있는데 내가 들은 바 처음에 내게 말하던 나팔 소리 같은 그 음성이 이르되 이리로 올라오라 이 후에 마땅히 일어날 일들을 내가 네게 보이리라 하시더라"(계 4:1).

John F. Walvoord, *the Revelation of Jesus Christ*(The Moody Bible Institute, 1989), p.41.

"이 일 후에(Μετα ταυτα)"라는 말은 요한계시록에서 예언의 내용이 전환되는 순간마다 사용되고 있는 표현입니다.[33] 따라서 2-3장에서 일곱 교회를 향한 예언의 말씀이 모두 끝난 뒤에, 예언의 주제가 새롭게 바뀜으로 이 표현이 사용된 것을 볼 수 있습니다. 그렇다면 4장부터 다루는 구체적인 예언의 내용은 무엇입니까? 1절 후반부 말씀에서는 "이 후에 마땅히 일어날 일들을 내가 네게 보이리라"고 설명합니다. 이는 4장부터 다루는 말씀들이 "마땅히 일어날 일" 즉 미래적 사건에 대한 예언임을 알려 줍니다. '환난 전 휴거설(pre-tribulation rapture)'을 주장하는 학자들은 요한계시록 2-3장이 '교회 시대'에 대한 예언의 말씀들이고, 4장부터는 지상에 있던 교회가 천상으로 옮겨진 뒤(휴거된 뒤)에 이 땅에 펼쳐지게 될 미래적 사건 즉, '환난과 심판'에 대한 예언이라고 이해합니다. 이 시간은 이런 주장을 하게 된 몇 가지 근거를 본문을 중심으로 살펴보려고 합니다.

1. 교회에 대한 언급

1장에서 3장까지의 말씀을 살펴보면 "교회" 혹은 "교회들"이라고 표현한 단어가 열아홉 번이나 등장합니다.[34] 그런데 7년 대환난의 사건을 예언하는 4장부터 19장까지의 말씀에는 이 단어를 한 번도 언급하지 않고 있습니다. 그러다가 19장 7절에 가서야 "어린 양의 신부"라는 비유적 표현이 잠시 등장합니다. 그리고 22장 16절에 비로소 '교회'라는 단어가 다시 등장합니다. 지상에 있던 교회가 7년 대환난 이전에 천상으로 옮겨졌

---

33 본문 외에도 7장 1절, 9장 15절, 18장 1절, 19장 1절에 사용되고 있다.
34 1장 4, 11, 20(두 번), 2장 1, 7, 8, 11, 12, 17, 18, 23, 29, 3장 1, 6, 7, 13, 14, 22.

다가 주님이 재림하실 때에 다시, 그리스도의 신부로서 세상을 다스리기 위해 온다고 합니다.

물론, 요한계시록을 자세히 살펴보면 7년 대환난의 기간에도 복음전파의 역사와 구원의 역사는 지속된다는 사실을 알 수 있습니다. 하지만 이 기간에 예수님을 믿고 구원을 받은 사람들은 그들이 이스라엘 민족이든 이방인이든 상관없이 '교회'가 아니라 '성도'라는 이름으로 불립니다.

예를 들어, 요한계시록 13장 9절에 보면 적그리스도(바다에서 올라온 짐승)와의 영적 싸움을 앞둔 그리스도인들을 향하여 위로와 권면의 말씀을 주시면서 "누구든지 귀가 있거든 들을지어다"라는 말씀으로 끝을 맺습니다. 요한계시록 2-3장에서는 "귀 있는 자는 성령이 교회들에게 하시는 말씀을 들을지어다"라는 말씀으로 끝을 맺고 있는데, 여기에서는 '교회'라는 말을 빼고 그냥 "누구든지 귀가 있거든 들을지어다"라고 하십니다. 또 이어지는 13장 10절의 말씀에서는 "사로잡힐 자는 사로잡혀 갈 것이요 칼에 죽을 자는 마땅히 칼에 죽을 것이니 성도들의 인내와 믿음이 여기 있느니라"고 합니다. 여기에도 '교회'라는 단어가 빠지고 대신 그 자리에 '성도'라는 단어를 사용합니다. 왜 본문의 앞뒤에서 이처럼 다른 단어를 사용해서 표현할까요? 7년 대환난의 기간에 그리스도의 신부된 교회는 이미 휴거되어 지상에 남아 있지 않기 때문입니다.

2. 24장로는 누구인가(4절)

여기에 대한 해석은 24장로가 '천사'를 대표한다는 의견과 '교회'를 대표한다는 의견으로 나뉩니다. 만일 이들이 교회를 대표하는 자들이라면, 사도 요한이 본 것은 7년 대환난이 시작되기 전에 이미 지상에서 천상으로 옮겨진 교회의 미래적 모습이라고 해석해야 합니다. 본문에서 묘사한 말씀들을 자세히 살펴보면 본문의 24장로가 천사를 대표하는 자들이 아니라, '교회를 대표하는 자들'임을 쉽게 알 수 있습니다.

1) '장로'라는 표현을 통하여 알 수 있습니다.

성경에서는 한 번도 천사에게 '장로'라는 표현을 사용한 적이 없습니다. 반면에 신약성경에서 보면 교회의 지도자들을 장로라고 표현한 사실을 여러 곳에서 발견할 수 있습니다(행 11:30, 20:17; 딤전 5:19; 벧전 5:1). 심지어 요한 2서 1장 1절과, 요한 3서 1장 1절에서는 요한계시록의 저자인 사도 요한 자신도 스스로 장로라고 소개합니다. 사도 요한이 이 글을 쓸 당시, 장로는 교회의 지도자를 일컫는 말이었습니다.

2) 24라는 숫자는 다윗이 성전에서 레위 지파의 제사장들을 그들이 섬기는 순서에 따라 24개의 반차로 나눌 때 처음 사용되었습니다(대상 24장).

24개의 반차를 대표하는 24명의 제사장이 모든 제사장을 대표했다는 사실입니다. 베드로전서 2장 9절에서는 신약의 성도들을 향해 "왕 같은 제사장"이라고 표현합니다. 이 땅에서 제사장의 사명을 감당하던 교회가 천상으로 옮겨진 뒤에는 어린 양의 이름을 찬양하는 사명을 감당하게 된다는 것입니다(11:11).

3) 24장로가 어린 양과 함께 보좌에 앉아 있었다고 합니다.

성경에서는 천사들을 한 번도 하나님의 보좌 곁에 앉은 모습으로 묘사한 적이 없습니다. 성경은 천사를 하나님을 수종들기 위해 보좌 곁에 서 있거나, 날아다니는 모습 정도로만 묘사합니다. 하지만 예수님은 교회 시대를 사는 모든 성도에게 "내가 내 보좌에 함께 앉게 하여 주기를 내가 이기고 아버지 보좌에 함께 앉은 것과 같이 하리라(3:21)"는 약속을 주셨습니다. 따라서 24장로들은 '교회를 대표하는 자들'입니다. 그들이라야만 어린 양과 함께 보좌에 앉는 은혜를 얻을 수 있기 때문입니다.

4) 24장로가 '흰 옷'을 입고 있었다고 합니다.

이 '흰 옷'은 요한계시록 3장에 보면 영적 싸움에서 승리한 성도들에게 약속된 것입니다(3:5,18).

5) 24장로가 '면류관'을 쓰고 있었다고 했습니다.

천사들에게는 한 번도 면류관을 약속하신 적이 없습니다. 이와는 다르게, 교회 시대를 사는 성도들에게는 그 행실에 따라 여러 종류의 면류관을 주실 것이라고 약속하셨습니다.[35]

결과적으로, '24장로'가 '흰 옷을 입고', '면류관을 쓰고', '보좌에 앉아 있다'는 말씀은 이들이 '교회를 대표하는 자들'이라는 확실한 세 가지 증거(삼중 증거)요, '7년 대환난'이 시작되기 전에 지상에 있던 교회가 천상으로

---

35 썩지 않을 면류관(고전 9:25), 의의 면류관(딤후 4:8), 영광의 면류관(벧전 5:4) 등.

옮겨졌다는 확실한 증거입니다.

3. 사도 요한의 영적 체험과 휴거 사건(1절)

"이리로 올라오라"는 "나팔소리와 같은 음성"을 듣고 천상으로 옮겨진 사도 요한은 그곳에서 7년 대환난과 종말에 대한 환상을 보고 예언의 말씀을 듣게 됩니다. 휴거 사건을 묘사하는 데살로니가전서 4장 16-17절의 말씀을 보면 "주께서 호령과 천사장의 소리와 하나님의 나팔 소리로 친히 하늘로부터 강림하시리니 그리스도 안에서 죽은 자들이 먼저 일어나고 그 후에 우리 살아 남은 자들도 그들과 함께 구름 속으로 끌어올려 공중에서 주를 영접하게 하시리니 그리하여 우리가 항상 주와 함께 있으리라"고 나옵니다. 데살로니가서의 "나팔소리"와 "하늘로 끌어올려진다"는 표현이 개관 4에 해당하는 요한계시록의 본문 말씀과 유사합니다.

나팔 소리를 듣고 하늘로 올라간 사도 요한이 미래에 지상에서 일어날 7년 대환난의 사건을 그곳(천상)에서 내려다보았듯이, 휴거 사건으로 천상으로 옮겨진 교회도 그곳에서 주님과 함께 머물면서 7년 대환난의 사건을 지켜보게 된다는 사실을 우리는 주목해야 합니다.

휴거 사건으로 지상에서 교회가 사라진 뒤에, 요한계시록 6장부터 펼쳐지게 되는 7년 대환난의 기간은 교회를 위해 주신 시간이 아니라, '이스라엘 민족'을 위해 주신 시간입니다. 이때가 바로 다니엘이 예언한 '한 이레의 기간(단 9:27)'이요, 예레미야가 예언한 '야곱의 환난의 때(렘 30:7)'입니다. 이 기간에는 선교의 주체도 교회에서 '이스라엘'로 옮겨질 것이고, 이때 예수님을 믿고 구원받는 이들은 '교회'가 아니라, '성도(혹은 환난성도)'

라는 이름으로 불리게 될 것입니다.

예수님은 고난 중에서도 '인내의 말씀'을 지킨 빌라델비아 교회를 향해 "시험의 때를 면하게 하리라(3:10)"는 약속을 주셨습니다. 이것이 '교회 시대', 다시 말해 '은혜의 시대'를 사는 우리에게 주신 주님의 약속(복스러운 소망)입니다. 교회의 시대를 사는 성도들이 기다리는 것은 '시험의 때(7년 대환난)'가 아니라, 이 시험의 때를 면하게 하시려고 우리를 주님이 예비하신 거처로 데려가시는 '휴거 사건'입니다. 어려워도 말씀대로 믿고, 말씀대로 살려고 하는 성도들에게 휴거 사건을 통해 '시험의 때'를 면하게 되는 은혜가 주어질 것입니다.

개관 5
인봉된 책을 취하시니라
/
계 5:1-14

[1]내가 보매 보좌에 앉으신 이의 오른손에 두루마리가 있으니 안팎으로 썼고 일곱 인으로 봉하였더라 [2]또 보매 힘있는 천사가 큰 음성으로 외치기를 누가 그 두루마리를 펴며 그 인을 떼기에 합당하냐 하나 [3]하늘 위에나 땅 위에나 땅 아래에 능히 그 두루마리를 펴거나 보거나 할 자가 없더라 [4]그 두루마리를 펴거나 보거나 하기에 합당한 자가 보이지 아니하기로 내가 크게 울었더니 [5]장로 중의 한 사람이 내게 말하되 울지 말라 유대 지파의 사자 다윗의 뿌리가 이겼으니 그 두루마리와 그 일곱 인을 떼시리라 하더라 [6]내가 또 보니 보좌와 네 생물과 장로들 사이에 한 어린 양이 서 있는데 일찍이 죽임을 당한 것 같더라 그에게 일곱 뿔과 일곱 눈이 있으니 이 눈들은 온 땅에 보내심을 받은 하나님의 일곱 영이더라 [7]그 어린 양이 나아와서 보좌에 앉으신 이의 오른손에서 두루마리를 취하시니라 [8]그 두루마리를 취하시매 네 생물과 이십사 장로들이 그 어린 양 앞에 엎드려 각각 거문고와 향이 가득한 금 대접을 가졌으니 이 향은 성도의 기도들이라 [9]그들이 새 노래를 불러 이르되 두루마리를 가지시고 그 인봉을 떼기에 합당하시도다 일찍이 죽임

을 당하사 각 족속과 방언과 백성과 나라 가운데에서 사람들을 피로 사서 하나님께 드리시고 ¹⁰그들로 우리 하나님 앞에서 나라와 제사장들을 삼으셨으니 그들이 땅에서 왕 노릇 하리로다 하더라 ¹¹내가 또 보고 들으매 보좌와 생물들과 장로들을 둘러 선 많은 천사의 음성이 있으니 그 수가 만만이요 천천이라 ¹²큰 음성으로 이르되 죽임을 당하신 어린 양은 능력과 부와 지혜와 힘과 존귀와 영광과 찬송을 받으시기에 합당하도다 하더라 ¹³내가 또 들으니 하늘 위에와 땅 위에와 땅 아래와 바다 위에와 또 그 가운데 모든 피조물이 이르되 보좌에 앉으신 이와 어린 양에게 찬송과 존귀와 영광과 권능을 세세토록 돌릴지어다 하니 ¹⁴네 생물이 이르되 아멘 하고 장로들은 엎드려 경배하더라.

개관 4에서 지상의 교회가 천상으로 옮겨지는 모습을 살펴보았습니다. 나팔소리와 같은 음성을 듣고 하늘에 올라간 사도 요한은 그곳에서 흰 옷을 입고 금 면류관을 쓰고 하나님과 함께 보좌에 앉아 있는 24장로들을 보게 됩니다. 이들이 바로 신앙의 싸움에서 승리한 뒤 면류관을 얻은 그리스도의 몸 된 교회였습니다. 주님께서 "인내의 말씀"을 지킨 이들에게 시험의 때(7년 대환난)를 면하게 하시는 은혜를 주신 것입니다(3:10).

요한계시록 4-5장은 교회 시대가 끝나고 7년 대환난이 시작되기 전에 천상에서 벌어지는 몇몇 사건을 소개합니다. 요한계시록 5장에서는 일곱 인으로 봉인된 책과 어린 양이신 예수 그리스도의 환상을 보여 줍니다. 사도 요한이 보매 보좌에 앉으신 이의 오른손에 책이 있는데 안팎으로 썼고 일곱 인으로 봉해졌다고 했습니다(1절). 하지만 하늘 위에나 땅 위에나 땅 아래에 능히 이 책을 펴거나 보거나 할 이가 없어 그가 울고 있을 때(3, 4절), 유대 지파의 사자요, 죽임을 당하신 어린 양이 보좌에 앉으신 이의 오른손에서 책을 취하여 인봉(印封)을 떼신다(5-7절)는 내용입니다. 오늘은 이 말씀을 살펴보면서 교훈을 얻고자 합니다.

1. 인봉된 책(1절)

사도 요한은 보좌에 앉으신 하나님의 오른손에 있는 책을 보았는데, 글이 안팎으로 쓰여 있고 일곱 인으로 봉인되어 있다(1절)고 했습니다. 본문에서 소개하는 "책(βιβλιον)"은 양피지에 써서 두루마리 형태로 보관하는 형태의 것을 말합니다. 이 책의 안팎에 글이 쓰여 있었고, 일곱 인으로 봉인되어 있었다는 것입니다. 과거 로마시대 때에는, 유언장과 같은 중요한 문서에 그 내용을 훼손하지 않도록 하는 조치의 하나로 봉인하는 풍습이 있었습니다. 그런데 그 책에 봉인을 일곱 개나 찍어 놓았다는 것은 그만큼 책의 내용이 중요하고 심각했다는 사실을 말해 줍니다. 여기에서, 문서에 봉인을 한다는 것이 어떤 의미인지 좀 더 살펴보겠습니다.[36]

1) 완성

'계획'의 완성, '계시'의 완성, '목적'의 완성으로 하나님께서 창조 때부터의 계획과 계시와 목적을 이루시는, 이 세 가지 측면에서의 완성을 의미합니다. 세상을 향한 우리 주 예수 그리스도의 구속의 계획이 창세부터 시작하여 어떻게 진행되고 완성될 것인지를 바로 이 책이 보여 주고 있습

---

36 William Barclay, *the Revelation of John vol.1*(Philadelphia : The Westminster Press, 1976), p.166.

니다.

2) 변개할 수 없음

한번 작성하고 봉인된 이상 그 봉인된 문서는 그 내용을 변개할 수 없습니다. 민수기 23장 19절에서는 "하나님은 사람이 아니시니 거짓말을 하지 않으시고 인생이 아니시니 후회가 없으시도다 어찌 그 말씀하신 바를 행하지 않으시며 하신 말씀을 실행하지 않으시랴"고 합니다. 이 세상의 모든 일과 구원의 역사가 일점일획도 변개함 없이 책에 기록된 말씀대로 이루어질 것이고, 그 누구도 이 봉인된 말씀에 더하거나 뺄 수 없을 것입니다(22:18-19).

3) 완전

성경에서 일곱은 완전을 의미하는 완전수입니다. 이 책에 일곱 봉인이 찍혀 있다는 사실은 지금까지 이 책의 내용이 철저하게 비밀로 숨겨져 왔음을 의미합니다. 그래서 아직 봉인된 채로 있는 이 책을 본 사도 요한은 "하늘 위에나 땅 위에나 땅 아래에 능히 그 두루마리를 펴거나 보거나 할 이가 없어 크게 운 것(3-4절)"입니다. 지금까지 철저히 감춰져 왔던 비밀이 어린 양 되신 예수 그리스도로 말미암아 알려지게 된 것입니다.

4) 안전장치

문서를 작성한 사람은 '특정한 그 사람만' 보도록 하기 위해서 문서를 봉인합니다. 사도 요한의 때에 어린 양 예수 그리스도가 봉인을 해체한 이 책은, 사도 요한을 통해 그리스도를 따르는 모든 성도에게 오늘날까지 계속 전달되고 있습니다. 이 책에는 특별히 마지막 시대를 사는 성도들에게 주시는 하나님의 '교훈'과 '경고'와 '위로'의 말씀이 담겨 있습니다. 이 문서의 수신자인 성도들은 부지런히 이 책(성경)을 읽고, 듣고, 행하고, 전하여 이 책에서 약속한 '구원'과 '은총'과 '축복'의 자리에 서야 할 것입니다.

사도 요한이 본 일곱 인으로 봉인된 이 책은 완전하고, 완성된 것으로서 어떠한 일이 있어도 절대 변개할 수 없습니다. 어린 양 예수 그리스도로 말미암아 봉인이 해체된 이 책은 또한 종말의 때를 사는 성도 모두에게 주신 책입니다.

그렇다면 '일곱 인으로 봉인된 이 책의 내용은 과연 무엇인가?' 하는 질문과 궁금증이 생깁니다. 요한계시록 6장부터의 말씀을 보면 이 책의 봉인이 하나씩 떼어지면서 7년 대환난의 역사가 시작되는 것을 볼 수 있습니다.

이 '일곱 인의 재앙'은 또 다시 '일곱 나팔 재앙'과 '일곱 대접 재앙'으로 이어지다가 결국 '아마겟돈 전쟁'으로 끝나게 됩니다(19:11-21). 요한계시록을 자세히 살펴보면, 일곱 나팔과 일곱 대접 재앙은 일곱 번째 봉인이 떼어질 때 일어난 재앙임을 알 수 있습니다(8:1). 다시 말해, 일곱 번째 봉인의 재앙 안에 일곱 나팔과 일곱 대접 재앙이 있다는 것입니다. 이 재앙들은 7년 대환난 기간에 일어날 일들입니다. 그런 이유로, 개관 5의 본문에서 소개하는 '봉인된 이 책'은 7년 대환난 기간에 있을 '재앙과 심판'에 대한 기록이라 할 수 있습니다.

흥미로운 사실은 에스겔서 2장에서도 '인자의 손에 들려진 두루마리 책'이 소개되는데, "그가 그것을 내(에스겔) 앞에 펴시니 그 안팎에 글이 있는데 그 위에 애가와 애곡과 재앙의 말이 기록"되어 있다고 했습니다(겔 2:9-10). 이는 장차 이스라엘 땅에 내릴 심판에 대한 말씀이 기록된 책이었습니다. 본문에 등장하는 보좌에 앉으신 이의 오른손에 들려 있던 이 책도 종말의 때에 이 땅에 내리실 재앙과 심판의 말씀입니다. 휴거 사건으로 교회의 시대, 즉 은혜의 시대가 끝나고 어린 양의 손에서 봉인이 떼어질 때, 이 땅에는 무섭고 준엄한 심판이 내려지게 될 것입니다.

2. 인봉된 책을 떼시는 어린 양(5절)

앞서 소개한 '인봉된 책'은 먼저 "보좌에 앉으신 이의 오른손"에 들려 있었다(1절)고 했습니다. 여기에서 "보좌에 앉으신 이"는 성부 하나님을 의미합니다. 봉인된 책이 하나님의 오른손에 들려 있었다는 사실은 종말과 심판을 주관하는 권세가 하나님께 있음을 분명하게 보여 주는 것입니다. 문제는 이렇게 봉인된 책을 펴서 그 인을 떼기에 합당한 자가 하늘 위에도, 땅 위에도, 땅 아래에도 없었다는 것입니다(3절). 책에서 봉인을 뗀다는 것은 하나님이 계획하신 종말과 심판의 사역을 '드러내고 실행한다'는 의미로 볼 수 있습니다. 이 일을 행할 자가 나타나지 않자 사도 요한이 안타까운 마음을 감출 수 없어 크게 울었더니, 장로 중에 하나가 "울지 말라 유대 지파의 사자 다윗의 뿌리가 이겼으니 이 두루마리와 그 일곱 인을 떼시리라(5절)"고 하면서 위로의 말씀을 전해 줍니다. 6절에서는 이 "유대 지파의 사자"를 "일찍이 죽임을 당한 어린 양"으로 또 다시 소개합니다. 이 모든 말씀은 다윗의 후손으로 오셔서 십자가에서 대속의 사역을 완성하신 예수 그리스도를 지칭하는 표현입니다. 성부 하나님이 계획하신 종말과 심판의 사역을 성자 하나님이신 '예수 그리스도께서' 실행하신다는 것입니다.

3. '사자'인 동시에 '어린 양'

"유대 지파의 사자"는 메시아 예언 구절 가운데 하나인 창세기 49장 9-10절에 등장합니다. 장차 오실 메시아가 백수(百獸)의 왕인 사자와 같이 온 세상을 다스리고 주관하실 분임을 예언하는 말씀입니다. "어린 양"은 예수님의 속죄 사역과 관련된 명칭입니다. 이사야 53장은 장차 올 메시아를 "고난받는 종"으로 묘사합니다. 이처럼 성경에서는 "사자(왕)"로 오시는 메시아뿐 아니라, 속죄의 "어린 양"으로서 고난받는 메시아에 대하여서도 예언하고 있습니다. 2,000년 전에 유대인들이 예수님을 메시아로 받아들이지 못한 이유는 "사자"로 오는 메시아만 생각하고 왕으로 오실 메시아만을 기다렸기 때문입니다. 당시에 메시아를 기다리던 그들은, 그리스도가 왕의 권세를 가지고 이 땅에 오시기 전에, 먼저 속죄의 어린 양으로서 십자가에서 고통과 죽임을 당해야 한다는 사실을 몰랐던 것입니다.

2,000년 전 속죄의 어린 양으로서 십자가에서 구속의 사역을 완성하신 예수님은, 종말의 날에는 그분이 가지신 "사자의 권세"로 세상을 심판하고 다스리기 위해 오실 것입니다. 그분이 인을 떼실 때마다 사람이 이 땅에 살아온 이래로 이제까지 한 번도 경험하지 못했던 엄청난 환난이 닥쳐올 것입니다(16:18).

심판에 대한 하나님의 계획은 이미 쓰였고 봉인되었습니다. 이제 유대 지파의 사자요, 어린 양이신 주님이 이 봉인을 떼시면 이 땅에는 이제까지 경험하지 못했던 큰 환난과 심판이 내려질 것입니다. 이 봉인이 떼어지기 전에, 아직 시간과 기회가 있을 때에 빨리 회개해야 합니다. 그렇게 해서 이 '시험의 때'를 면하는 지혜로운 성도가 되어야 할 것입니다.

개관 6
말 탄 자의 재앙

/

계 6:1-8

[1]내가 보매 어린 양이 일곱 인 중의 하나를 떼시는데 그 때에 내가 들으니 네 생물 중의 하나가 우렛소리 같이 말하되 오라 하기로 [2]이에 내가 보니 흰 말이 있는데 그 탄 자가 활을 가졌고 면류관을 받고 나아가서 이기고 또 이기려고 하더라 [3]둘째 인을 떼실 때에 내가 들으니 둘째 생물이 말하되 오라 하니 [4]이에 다른 붉은 말이 나오더라 그 탄 자가 허락을 받아 땅에서 화평을 제하여 버리며 서로 죽이게 하고 또 큰 칼을 받았더라 [5]셋째 인을 떼실 때에 내가 들으니 셋째 생물이 말하되 오라 하기로 내가 보니 검은 말이 나오는데 그 탄 자가 손에 저울을 가졌더라 [6]내가 네 생물 사이로부터 나는 듯한 음성을 들으니 이르되 한 데나리온에 밀 한 되요 한 데나리온에 보리 석 되로다 또 감람유와 포도주는 해치지 말라 하더라 [7]넷째 인을 떼실 때에 내가 넷째 생물의 음성을 들으니 말하되 오라 하기로 [8]내가 보매 청황색 말이 나오는데 그 탄 자의 이름은 사망이니 음부가 그 뒤를 따르더라 그들이 땅 사분의 일의 권세를 얻어 검과 흉년과 사망과 땅의 짐승들로써 죽이더라.

본문에는 다윗의 사자요, 어린 양이신 예수 그리스도께서 보좌에 앉으신 이의 오른손에 있는 일곱 인봉된 책을 받아 이 인봉을 하나씩 떼심으로 7년 대환난으로 알려진 종말론적 심판이 시작되는 모습을 보여 줍니다. 이 환난이 시작되기 전, 말씀에 적힌 대로 지상에 있던 교회는 휴거 사건을 통해 천상으로 옮겨지게 될 것입니다.

요한계시록 3장 10절에서는 7년 대환난을 "장차 온 세상에 임하여 땅에 거하는 자들을 시험할 때"고 하십니다. 7년 동안의 환난과 적그리스도가 행하는 여러 일로 미혹하는 등의 시험을 통해 모든 사람에 대하여 진짜와 가짜, 성경에서 말하는 알곡과 가라지, 양과 염소, 구원받을 자와 멸망받을 자, 이 두 그룹(진짜: 알곡, 양, 구원받을 자; 가짜: 가라지, 염소, 멸망받을 자)으로 가르실 것입니다. 하지만 이미 이러한 믿음의 시험을 통과한 참된 성도들인 '그리스도의 신부된 교회'는 '휴거 사건'을 통해 이 시험의 때를 면하게 될 것입니다.

이 7년 대환난은 이스라엘 민족에게도 매우 중요한 시간인데, 다니엘 9장에서는 이 기간을 이스라엘 민족에게 허락된 70이레 가운데 마지막 '한 이레(단 9:27)'라고 소개합니다. 이 기간에 이스라엘 백성은 그들이 십자가에 못 박은 예수 그리스도를 바라보면서 메시아를 거부했던 자신들의 죄를 회개하는 민족적인 회개의 역사가 나타날 것입니다.

"내가 다윗의 집과 예루살렘 주민에게 은총과 간구하는 심령을 부어 주리니 그들이 그 찌른 바 그를 바라보고 그를 위하여 애통하기를 독자를 위하여 애통하듯 하며 그를 위하여 통곡하기를 장자를 위하여 통곡하듯 하리로다"(슥 12:10).

이처럼 7년 대환난은 교회의 시대(은혜의 시대)를 살면서도 회개를 거부하고 그리스도의 통치를 거부한 세상을, 마지막으로 시험하고 심판하기 위해 준비된 시간입니다. 특히 이스라엘 민족에게는 이 마지막 때의 막바지에서 그들에게 허락된 마지막 회개의 기간입니다. 다니엘이 말한 '한 이레'에 대한 예언이 이 기간에 성취될 것입니다.

어린 양이 봉인을 하나씩 뗄 때마다 이 땅에 7년 대환난의 심판이 내려지는데, 네 번째 봉인까지가 소위 말하는 "말 탄 자의 재앙"입니다. 각기 다른 네 가지 색깔의 말을 탄 자들이 등장하여 재앙과 심판을 가져오게 됩니다. 이제부터 말 탄 자의 재앙에 대해 살펴보겠습니다.

1. 첫째 인 재앙(1-2절)

손에는 활을 들고, 면류관을 쓰고, 흰 말을 타고 있는 이 사람은 누구일까요? 이것을 먼저 깨달아야 본문의 말씀을 바르게 해석할 수 있습니다.

먼저, '흰 말을 탄 자'를 예수님으로 해석하는 견해가 있습니다. 스가랴 6장 1절에도 등장하는 '흰 말'은 승리의 상징입니다. 로마의 장군들이 전쟁에서 승리한 뒤에 개선행사를 벌일 때는 흰 말을 타고 등장했습니다. 흰 말이 곧 승리를 상징했기 때문입니다. 승리의 상징인 흰 말을 타고 면류관을 쓴 모습이, 승리의 면류관을 쓰고 재림하시는 예수님을 보여 주고 있다는 것입니다.

문제는 이 첫째 인의 재앙이 7년 대환난의 마지막에 일어날 사건이 아니라, 제일 먼저 일어날 사건이라는 점입니다(아직 7년 대환난이 일어나기 전이므로 아직은 요한계시록에서 기록한 어떠한 재앙도 일어나지 않은 시점입니다). 그러나 예수님의 재림은 7년 대환난의 마지막 순간에 일어날 사건입니다. 요한계시록 19장에는 적그리스도가 땅의 임금들과 그 군대들을 모아 예루살렘을 치려고 할 때(아마겟돈 전쟁), 주님이 오셔서 저들 곧 이 세상에 속한 사탄의 무리들을 심판하실 것이라고 했습니다. 이것만 보아도 알 수 있듯이 예수님의 재림은 7년 대환난의 초창기 때 일어날 사건이 아니라, 마지막 순간에 일어날 사건입니다. 따라서 본문에서 묘사하는 '흰 말을 탄 자'를 재림의 주님과 연관 짓는 것은 무리한 해석이라고 하겠습니다.

물론, 요한계시록 19장에 묘사된 재림의 주님도 승리의 상징인 '백마'를 타고 계십니다(19:11). 하지만 이때 백마를 탄 주님은 활이 아니라, 그 손에 철장을 들고 계시고 그 입에는 이 한 검이 나와 만국을 치실 것이라고 했습니다(19:15). 또 6장에 등장하는 흰 말을 탄 자가 쓴 면류관은 원어로 στειφανος인데, 이는 전쟁이나 경기에서 승리한 자에게 주는 승리의 면류관입니다. στειφανος는 일반적으로 감람나무 가지를 엮어 만든 화관이기 때문에 오래가지 못합니다. 승리한 자에게 '일시적으로 주어진' 영광과 권세입니다. 이에 반해, 요한계시록 19장에서 예수님이 쓰신 면류관은 διαδημα라고 해서 왕이 쓰는 면류관입니다. 이는 금속으로 만들어진 면류관입니다. '영원히 사라지지 않는' 권세와 영광을 상징합니다.

그렇다면, 7년 대환난이 시작되는 초창기에 등장해서 일정한 기간에 잠시 권세를 얻어 세상을 정복하고 다스릴 자, 그가 과연 누구일까요? 마치 선한 모습인양 양의 탈을 쓰고 위장하며 나타나는 그는 바로, 흉내 내기를 좋아하는 거짓의 아비, '적그리스도'입니다. 따라서 첫째 인의 재앙 때에 백마를 탄 그 모습은 마치 재림하실 예수 그리스도를 그저 흉내 내고 있을 뿐입니다.

적그리스도 ἀντιχριστος라고 할 때, ἀντι라는 단어에는 '반대하다', '대 적하다'는 뜻과 함께 '거짓'이라는 뜻이 포함되어 있습니다.[37] 마지막 때에 등장할 적그리스도는 '곡과 마곡의 전쟁'과 '휴거 사건', 또한 '자연의 재앙' 과 '정치·경제적인 위기' 등으로 혼란에 빠진 세상을 구원할 메시아처럼 등장해서 권세를 잡을 것입니다. 하지만 그 권세는 7년으로 제한될 것입니다.

본문에 묘사된 적그리스도의 모습을 조금 더 살펴봅시다. 2절 말씀에 보면 그가 '활'은 가졌지만 '화살'은 갖고 있지 않았다고 했습니다. 그런데 화살 없이, 오직 활만으로 이기고 이기었다고 합니다(6:2). 이것을 어떻게 해석해야 할까요? 그는 무력을 쓸 수 있는 권세는 있습니다. 하지만 실제 로는 이것을 사용하지 않고, 다른 방법으로 승리를 쟁취한다고 합니다. 이는 외교적인 방법으로 권세를 얻는다는 뜻입니다. 저는 '말'에 능한 자 요, 이 말로 세상에 평화와 안정을 줄 것처럼 사람들을 미혹하여 권세를 얻게 될 것입니다. 하지만 그가 권세를 잡은 뒤에도 세상은 전쟁과 기근 과 온역 등으로 끊임없이 고통을 겪게 될 것이고, 그가 약속했던 평화롭 고 안정된 세상은 결코 찾아오지 않을 것입니다. 그 구체적인 모습이 '둘 째 인의 재앙'에서부터 묘사되고 있습니다.

2. 둘째 인 재앙(3-4절)

전쟁입니다. 첫째 인을 뗄 때 등장한 '흰 말을 탄 자'가 세계의 평화와

---

37 강병도, 『호크마 종합주석 요한일서·요한계시록』(서울 : 기독지혜사, 2000), p. 38.

안정을 줄 것처럼 세상을 미혹할 것이지만, 이런 거짓된 평화와 안정은 오래가지 못하고, 세계는 전쟁으로 큰 고통을 겪게 될 것입니다.

3. 셋째 인 재앙(5-6절)

기근입니다. 인류의 역사를 살펴보면 전쟁의 결과는 필연적으로 기근을 가져온다는 사실을 알 수 있습니다. 전쟁 기간에는 정상적으로 경작하는 일이 불가능해지고, 비옥한 경작지가 사라지기 때문입니다. 더구나 현재 우리가 겪고 있는 가뭄이나 홍수와 같은 자연 재앙이 7년 대환난 동안에 지속되거나 그 정도가 훨씬 심해지고 일어나는 횟수가 더욱 잦아진다면, 기근이 가져오는 고통은 점점 더 심해질 것입니다.

6절에서 보면 이 기근 때문에 그날에는 물가상승으로 이 땅에서의 곡물 값이 엄청나게 뛰어 "한 데나리온에 밀 한 되요, 한 데나리온에 보리 석 되"가 될 것이라고 말씀합니다. '데나리온'은 예수님 당시에 남자 장정 한 사람이 하루 일할 때 받는 품삯입니다. 밀 한 되라고 할 때, '되'로 해석된 헬라어 χοινικες는 건강한 남자의 하루 식량을 나타내는 고대의 단위입니다.[38] 따라서 "한 데나리온에 밀 한 되"라는 의미는 집안의 가장인 남자 장정이 하루 종일 일을 해도 겨우 자기 입에나 풀칠할 정도로 양식을 구하기도 어려운 '기근', 즉 주님께서 셋째 인을 떼시는 그날에는 이 땅에 엄청난 경제적인 인플레이션이 찾아온다는 것입니다. 사도 요한이 이 글을 쓸 당시에 한 데나리온은 12되에서 16되 정도의 밀을 살 수 있는 금액

---

38 강병도, **op.cit., p. 291.**

이었다고 합니다.[39] 그렇게 계산해 볼 때에 실질 임금은 16분의 1정도로 줄어든다는 의미입니다(이것을 오늘날의 임금으로 다시 생각해 본다면, 더 쉽게 말해서 상품에 대하여 화폐가치가 하락한 결과로 나타나는 위의 현상은 오늘날 160만 원의 월급을 받는 사람이라고 가정할 때 말씀에서와 같은 기근의 결과가 가져온 경제적인 인플레이션으로 단지 10만 원의 월급을 번 것과 다름없는 효과라고 하겠습니다. 320만 원의 월급을 받는 사람이라면 겨우 월 20만원을 벌어들인 꼴밖에 안 된다는 의미입니다).

본문에서 말하는 '밀'은 그 당시 사람들의 주식이었고, '보리'는 가축의 사료용 곡물 중에서 대표적인 것이었습니다. 이러한 기근이 이 땅에 닥쳤을 때 그 돈으로 밀을 사게 되면 하루 종일 일한 품삯으로 겨우 한 사람밖에 먹을 수 없기에 가족을 위해서 가축 사료인 보리라도 사서 먹여야 하는 어려운 시절이 찾아온다는 것입니다.

4. 넷째 인 재앙(7-8절)

그의 이름은 사망과 음부라고 소개합니다. '청황색'은 시체가 썩어 부패할 때 나는 색깔이라고 합니다. 다시 말해 청황색 말을 탄 자는 죽음의 사자를 의미합니다. 본문에서 '사망'에 해당하는 θανατος는 '온역'을 의미하는 히브리어 דבר(데베르)에서 유래한 단어입니다. 앞에서 소개한 전쟁과 기근 또 여기에 이어지는 온역으로 죽음의 재앙이 전 세계를 휩쓸게 된다는 것입니다.

---

39 Ibid..

청황색 말을 탄 자는 땅의 사분의 일의 권세를 얻어 검과 흉년, 사망과 땅의 짐승으로 사람들을 죽일 것이라고 했습니다(6:8). 여기에서 특이한 것이 '땅의 짐승'으로 사람들을 죽인다는 말씀입니다. 사람들이 땅의 짐승이 무엇일까에 대하여 여러 가지로 추측을 합니다. 그런데 저는 얼마 전 인터넷에서 고양이보다 큰 쥐인 '캥거루 쥐'가 아프리카의 어느 마을에 등장해서 어린 아이들과 노약자들을 해쳤다는 기사를 본 적이 있습니다. 만일 7년 대환난 동안에 이러한 쥐들이 전 세계에 창궐하게 된다면 아마도 끔찍한 일이 벌어질 것입니다. 여하튼 이렇게 사망의 권세를 가진 청황색 말을 탄 자가 인류의 사분의 일을 해친다는 것입니다. 현재 인구를 65억 이상 70억 이하라고 볼 때, 전쟁 · 지진 · 기근 · 온역으로 인류의 사분의 일에 해당하는 수인 약 17억에 가까운 인구가 7년 대환난의 초창기에 이미 사라질 것임을 짐작해 볼 수 있습니다.

종말론을 연구하는 학자들은 요한계시록 6장에 소개한 "일곱 인의 재앙"과 예수님의 "감람산 강화(마 24장; 막 13장; 눅 21장)"의 내용이 정확히 일치한다고 말합니다. 예수님은 종말의 때에 "많은 사람이 내 이름으로 와서 나는 그리스도라 하여 많은 사람을 미혹케(마 24:5) 할 것"이라 했고, 그 후에 전쟁(마 24:6-7)과 기근(마 24:7)과, 온역(눅 21:11)이 있을 것이고, 그 후에 하늘로서 큰 징조(눅 21:11)가 있고, 또 성도들(환난성도)에게 고난이 있을 것(눅 21:12)이라고 했습니다. 개관 6의 요한계시록 6장에서도 똑같은 순서로 이 재앙들을 소개합니다.

개관 6의 본문 말씀과 예수님의 감람산 강화에서는 '적그리스도의 등장'이 7년 대환난의 시작을 알리는 신호탄이 될 것으로 말씀합니다. 많은 종말론 학자는 현재 전 세계에서 진행되는 세계화가 결국에는 '세계 정부'와 '적그리스도'의 등장으로 이어지게 될 것으로 보고 있습니다. 현재 우리가 겪는 자연 재앙과 경제적 위기 그리고 장차 일어나게 될 '곡과 마곡의 전쟁'과 '휴거 사건' 같은 것들이 적그리스도의 등장을 돕는 촉매제 역할을 하게 될 것입니다. 그야말로 우리가 7인의 재앙이 시작되기 직전인 '말세지말(末世之末)'을 살고 있다는 것입니다.

개관 7
어린 양의 진노

/

계 6:9-17

⁹다섯째 인을 떼실 때에 내가 보니 하나님의 말씀과 그들이 가진 증거로 말미암아 죽임을 당한 영혼들이 제단 아래에 있어 ¹⁰큰 소리로 불러 이르되 거룩하고 참되신 대주재여 땅에 거하는 자들을 심판하여 우리 피를 갚아 주지 아니하시기를 어느 때까지 하시려 하나이까 하니 ¹¹각각 그들에게 흰 두루마기를 주시며 이르시되 아직 잠시 동안 쉬되 그들의 동무 종들과 형제들도 자기처럼 죽임을 당하여 그 수가 차기까지 하라 하시더라 ¹²내가 보니 여섯째 인을 떼실 때에 큰 지진이 나며 해가 검은 털로 짠 상복 같이 검어지고 달은 온통 피 같이 되며 ¹³하늘의 별들이 무화과나무가 대풍에 흔들려 설익은 열매가 떨어지는 것 같이 땅에 떨어지며 ¹⁴하늘은 두루마리가 말리는 것 같이 떠나가고 각 산과 섬이 제 자리에서 옮겨지매 ¹⁵땅의 임금들과 왕족들과 장군들과 부자들과 강한 자들과 모든 종과 자유인이 굴과 산들의 바위 틈에 숨어 ¹⁶산들과 바위에게 말하되 우리 위에 떨어져 보좌에 앉으신 이의 얼굴에서와 그 어린 양의 진노에서 우리를 가리라 ¹⁷그들의 진노의 큰 날이 이르렀으니 누가 능히 서리요 하더라.

앞서 개관 6에서 우리는 일곱 인의 재앙 가운데 '넷째 인의 재앙'까지 살펴보았습니다. 이 재앙은 특별히 '말 탄 자의 재앙'으로 알려졌는데, 인이 떼어질 때마다 각기 다른 색깔의 말이 등장하여 여러 자연의 재앙이 일어납니다. 이 재앙으로 인류의 사분의 일이 죽습니다(6:8). 인류의 사분의 일(17억 명)이나 죽는 엄청난 재앙이지만, 이는 재난의 끝이 아니라 '시작'이라는 사실을 알아야 합니다(마 24:8).

오늘은 말 탄 자의 재앙에 이어지는 다섯째 인과 여섯째 인이 떼어질 때 일어난 사건들을 살펴보려고 합니다. 다섯째 인을 떼자 하나님의 말씀을 증거하다가 순교당한 영혼들이 제단 아래서 '신원'하여 주기를 청하는 모습을 사도 요한은 보게 됩니다. 여섯째 인을 뗄 때에는 큰 지진이 나고 하늘이 흔들리며 어린 양의 진노가 본격적으로 시작되는 모습을 보여 줍니다. 그 내용을 구체적으로 살펴보겠습니다.

1. 다섯째 인 재앙(9-11절)

다윗의 사자요 어린 양이신 예수님은 다섯째 인을 떼실 때에 하나님의 말씀과 저희가 하는 말씀의 증거 때문에 죽임을 당한 영혼들이 제단 아래에서 '신원'하여 달라고 하는 환상을 보았습니다(9-10절).

이는 순교자의 환상인데, 여기에서 하나님의 말씀을 증거하다가 순교를 당한 이들이 누구인지에 대하여 짚어 보아야 합니다. '환난 통과설'을 주장하는 이들은 여기에서 소개한 순교자들이 '휴거되지 않은 교회'라고 말합니다. 하지만 말씀을 자세히 살펴보면, 본문에 등장하는 순교자들은 '교회 시대'의 전체 기간에 순교한 성도들이 아니라, '7년 대환난'이라는 특정한 기간에 순교한 자들임을 알 수 있습니다.

1) 10절에 보면, 순교자들이 "땅에 거하는 자들"을 심판해 달라고 요구합니다. 그들을 죽인 자들이 아직 땅에 거하고 있음을 알 수 있습니다. 이들이 만일 교회 시대의 전체 기간에 순교한 영혼들이라면, '그들을 죽인 자들'은 땅에 거하는 것이 아니라, 대부분 이미 죽어 '음부'에 머물고 있을 것입니다.

2) 11절 말씀에서는 "순교자들을 죽인 자들"에 대한 심판이 잠시 유예되고 있음을 설명하면서, "그들의 동무 종들과 형제들도 자기처럼 죽임을 당하여 그 수가 차기까지 하라"는 말씀을 주십니다. 이는 7년 대환난의 남은 기간에 더 많은 순교자가 생겨날 것임을 밝히 드러 내신 말씀입니다. 그런데 이때 순교할 자들을 이미 순교한 자들의 "동무들과 형제들"이라고 묘사합니다. 이는 앞으로 순교의 고난에 참여할 자들이 이미 순교한 자들과 신앙적으로 또는 혈연적으로 매우 친밀한 관계에 있던 사람들임을 추측할 수 있는 말씀입니다. 이미 오래 전에 순교한 사람들이 아니라, 같은 시대에 함께 고난을 겪는 동무요, 형제들이라는 것입니다.

3) 9절에서는 순교한 자들을 "죽임을 당한 영혼들"이라고 소개합니다. 여기에서 "영혼들"이라는 의미를 갖고 있는 헬라어 ψυχη는 영어로 '소울' 혹은 '스피릿'으로 번역됩니다. 육체와 '분리'된 영혼을 표현하는 단어입니다. 본문에 소개된 순교자들이 아직 육체의 부활을 경험하지 못한 상태라는 것입니다. 교회는 이미 7년 대환난이 시작되기 전에 부활의 영광에 참여했기 때문에 교회 시대 기간에 순교한 성도들을 ψυχη로 표현함은 적절하지 않습니다. 따라서 9절에서 소개한 "죽임을 당한 영혼들"은 7년 대환난의 기간 동안(정확히 말하면 첫째-넷째 인을 뗄 때까지) 순교한 자들입니다. 물론, 이들도 7년 대환난이 끝난 뒤에는 부활의 영

광에 참여하게 될 것입니다(20:4). 하지만 그때까지는 주님 안에서 잠시 안식하며 그들의 동무인 주의 종들과 형제들이 순교하는 모습을 천상에서 지켜보게 될 것입니다(6:11).

10절의 말씀을 보면 7년 대환난의 초반기에 순교한 영혼들이 제단 아래에서 하나님께 "우리의 피를 신원해 달라"고 요구하는 장면이 등장합니다. 12절부터 묘사된 '여섯째 인의 재앙'은 이 기도에 대한 응답이라고 볼 수 있습니다.

2. 여섯째 인 재앙(12절-17절)

1) 큰 지진이 일어난다고 합니다(12절).
또 지진이 일어난 후에 해가 총담같이 검어지고 온 달이 피같이 된다는 말씀을 보면, 지진과 함께 화산들이 터져서 화산재가 온 하늘을 덮을 것입니다.

예수님의 '감람산 강화(마 24장; 막 13장; 눅 21장)'에서 소개한 네 가지 재앙이 전쟁, 지진, 기근, 온역이었는데 앞서 네 말 탄 자들의 재앙에서 등장하지 않은 지진의 재앙이 드디어 등장하고 있습니다.

원어를 보면 이 지진을 σειαμος μεγας으로 표현합니다. 이 지진이 있은 뒤에 "각 산과 섬이 제자리에서 옮겨졌다(6:14)"는 말씀이 이어지는 것을 보면 아마도 지축을 흔들고 지각의 변동을 가져오는 대지진으로 예측됩니다. 지난 번 일본에서 일어난 리히터 9.0의 지진으로 일본 열도가 원래 있던 자리에서 5.3미터나 동쪽으로 옮겨지고 지구의 자전축도 약

16.5센티미터나 옮겨지는 지각변동이 일어났다고 합니다.[40] 7년 대환난
때 일어날 지진은 이보다도 훨씬 강도가 세고, 또한 일부 지역으로 국한
되어 일어나는 것이 아니라 이 땅에 사는 사람 모두가 느낄 만큼 전 세계
적인 지진이 될 것입니다. 이 지진의 결과로 태양과 달이 빛을 잃고, 산과
섬들이 제자리에서 옮겨지는 대지각 변동을 경험하게 될 것입니다.

2) 하늘의 별들이 땅에 떨어질 것이라고 합니다(13절).

본문에서 묘사된 '별(ἀστέρες)'은 '유성과 혜성'을 포함한 넓은 의미를 가
진 단어입니다. 이런 별들이 하늘에서 떨어진다는 것입니다. 우리가 흔
히 '별똥별'이라고 부르는 것이 바로 이런 유성들인데, 유성의 대부분은
대기권에 진입하면서 불타 버리기 때문에 지구 환경에는 크게 영향을 주
지는 않는다고 합니다. 하지만 간혹 그 규모가 너무 커서 대기권을 통과
하고 땅에 떨어지는 '유성들'이 있어 왔는데, 그때마다 유성이 떨어진 곳
에는 '산불과 해일'과 같은 자연의 재앙이 일어났다는 것입니다. 이러한
유성들이 대규모로 지구에 접근한 뒤에 하늘에서 떨어지게 된다면, 그 자
체로 엄청난 재앙이 될 것입니다.

3) 하늘이 두루마리가 말리는 것같이 떠나갈 것이라고 합니다(14절).

두루마리에 말아 놓았던 종이는 이것을 펼쳐 놓아도 손을 놓아버리면
다시금 말려들어갑니다. 하늘이, 이렇게 두루마리에 말았던 종이처럼 사
라져 버린다는 것입니다. 본문에서 말하는 하늘은 '유니버스'라기보다는
우리가 눈으로 보는 실체적인 하늘을 의미하는 '스카이'로 보아야 합니

---

40   http://www.kookhaknews.com/news/articleView.html?idxno=16529, 2011년 7월 22일 검색.

다. 하늘이 종이 축이 말리는 것처럼 떠나갈 것이라는 이 말씀을 어떻게 이해해야 할까요? 이에 대하여 두 가지 가능성을 생각해 볼 수 있습니다.

먼저, 산과 섬을 옮기고 지구의 자전축마저 옮겨 놓을 만한 큰 지진이 일어난다면, 그 지진의 여파로 한 순간에 지구의 자전이 빨라지는 순간이 올 수 있다는 것입니다. 그 순간, 땅에 있던 사람들이 하늘을 볼 때에 하늘이 마치 종이 축이 말리는 것같이 빨리 움직였다가 사라지는(낮에서 밤으로 혹은 밤에서 낮으로 급격히 변하는) 것 같은 모습을 보게 될 것입니다.

두 번째 가설은 이렇습니다. 현재 하늘이 푸른빛인 이유는 태양빛이 대기권을 통과하면서 공기 분자와 이 빛이 부딪치기 때문에 일어나는 일종의 '반사현상'이라는 것입니다. 공기가 없는 달에서의 하늘이 검은색을 띄는 것도 같은 이유입니다. 하늘의 색에 영향을 끼치는 중요한 공기 분자 가운데 '오존층'이 있습니다. 그런데 이 오존층이 한 순간에 사라지는 일이 벌어지면[41] 그야말로 종이 축이 말리는 것같이 하늘이 떠나가는 일이 발생할 수 있다는 것입니다. 15절에 보면 이 사건 이후에 "땅에 거하는 자들이 굴과 산과 바위 틈에 숨어 어린 양의 진노에서 우리를 가리우라"고 외치는 모습을 보게 됩니다. 만일 오존층이 파괴되어 사람의 피부를 태우는 태양광선이 여과 없이 인간에게 내리쬐면 사람들은 본능적으로 굴과 바위 틈에 숨어 이 재난을 피하려고 할 것입니다.

여하튼 이렇게 시작된 엄청난 재앙 때문에 사람들은 두려워 떨며 또 다른 재앙을 맞이하게 될 것입니다.

요한계시록의 주제는 '종말과 심판'입니다. 오늘 이 세대는, 요한계시

---

41 하늘에서 큰 별(유성 혹은 혜성)이 떨어진다면 대기권에 있는 공기층을 일시에 불태우는 일이 발생하게 될 것이고 그렇게 되면 한순간에 푸른 하늘(sky)이 사라지는 일이 벌어지게 될 것이다.

록에서 '어린 양의 진노' 또는 '진노의 큰 날'로 묘사하는 바로 그 종말과 심판의 날이 다가오는 시대인 것입니다. 9절 말씀에 보면 많은 순교자가 "하나님의 말씀과 저희의 가진 증거" 때문에 죽임을 당했다고 합니다. 그런데 '과연 저들이 전한 하나님의 말씀과 증거가 무엇이었기에 이처럼 사람들에게 미움을 받고 죽임까지 당하게 되었을까?' 하는 생각이 듭니다. 순교자들의 중심 메시지는 아마도 종말과 심판에 관한 말씀이 아니었을까요? 이러한 저들의 메시지가 '평화와 안전'을 약속하면서 이 땅에 낙원을 건설하겠다고 공약한 적그리스도와 그를 추종하는 자들의 심기를 몹시 불편하게 만들었을 것입니다. 그래서 하나님의 말씀과 증거를 전하는 전도자들을 비난하고 핍박하다가 기회를 봐서 대대적으로 박해를 가하기 시작했다는 것입니다.

역사적으로도 종말과 심판을 예언했던 하나님의 일꾼들은, '조롱과 핍박의 대상'이 되어 왔습니다. 1) 노아가 120년 동안 방주를 만들며 홍수의 심판을 예언했지만, 그 누구도 노아의 말에 귀를 기울이지 않았습니다. 2) 롯이 소돔성에 심판이 내려질 것이라고 경고했지만, 롯의 사위들은 이 말을 농담으로 여겼습니다. 3) 선지자 예레미야가 예루살렘의 멸망을 예언했지만, 완악한 유다 백성은 그의 말을 들으려고 하지 않았습니다. 오히려 말씀을 전하는 그를 잡아 가두고 죽이려 했습니다. 4) 예수님이 유대인의 미움을 사서 십자가에 못 박힌 이유 중 하나도 바로 예루살렘의 심판과 멸망을 예언했기 때문입니다. 하지만 하나님이 주신 이 말씀을 생명처럼 증거하다가 어떠한 핍박과 조롱을 당하더라도, 설령 사명 때문에 죽임을 당하는 일이 생긴다고 할지라도 하나님이 나에게 깨닫게 하시고 알게 하시는 말씀을 세상에 전해야 합니다. 이것이 종말의 때를 사는 성도들이 감당해야 할 사명입니다.

개관 8
인 맞은 자 144,000명

/

계 7:1-17

¹이 일 후에 내가 네 천사가 땅 네 모퉁이에 선 것을 보니 땅의 사방의 바람을 붙잡아 바람으로 하여금 땅에나 바다에나 각종 나무에 불지 못하게 하더라 ²또 보매 다른 천사가 살아 계신 하나님의 인을 가지고 해 돋는 데로부터 올라와서 땅과 바다를 해롭게 할 권세를 받은 네 천사를 향하여 큰 소리로 외쳐 ³이르되 우리가 우리 하나님의 종들의 이마에 인치기까지 땅이나 바다나 나무들을 해하지 말라 하더라 ⁴내가 인침을 받은 자의 수를 들으니 이스라엘 자손의 각 지파 중에서 인침을 받은 자들이 십사만 사천이니 ⁵유다 지파 중에 인침을 받은 자가 일만 이천이요 르우벤 지파 중에 일만 이천이요 갓 지파 중에 일만 이천이요 ⁶아셀 지파 중에 일만 이천이요 납달리 지파 중에 일만 이천이요 므낫세 지파 중에 일만 이천이요 ⁷시므온 지파 중에 일만 이천이요 레위 지파 중에 일만 이천이요 잇사갈 지파 중에 일만 이천이요 ⁸스불론 지파 중에 일만 이천이요 요셉 지파 중에 일만 이천이요 베냐민 지파 중에 인침을 받은 자가 일만 이천이라 ⁹이 일 후에 내가 보니 각 나라와 족속과 백성과 방언에서 아무도 능히 셀 수 없는 큰 무리가 나와 흰 옷을

입고 손에 종려 가지를 들고 보좌 앞과 어린 양 앞에 서서 [10]큰 소리로 외쳐 이르되 구원하심이 보좌에 앉으신 우리 하나님과 어린 양에게 있도다 하니 [11]모든 천사가 보좌와 장로들과 네 생물의 주위에 서 있다가 보좌 앞에 엎드려 얼굴을 대고 하나님께 경배하여 [12]이르되 아멘 찬송과 영광과 지혜와 감사와 존귀와 권능과 힘이 우리 하나님께 세세토록 있을지어다 아멘 하더라 [13]장로 중 하나가 응답하여 나에게 이르되 이 흰 옷 입은 자들이 누구며 또 어디서 왔느냐 [14]내가 말하기를 내 주여 당신이 아시나이다 하니 그가 나에게 이르되 이는 큰 환난에서 나오는 자들인데 어린 양의 피에 그 옷을 씻어 희게 하였느니라 [15]그러므로 그들이 하나님의 보좌 앞에 있고 또 그의 성전에서 밤낮 하나님을 섬기매 보좌에 앉으신 이가 그들 위에 장막을 치시리니 [16]그들이 다시는 주리지도 아니하며 목마르지도 아니하고 해나 아무 뜨거운 기운에 상하지도 아니하리니 [17]이는 보좌 가운데에 계신 어린 양이 그들의 목자가 되사 생명수 샘으로 인도하시고 하나님께서 그들의 눈에서 모든 눈물을 씻어 주실 것임이라.

요한계시록 7장은 '일곱 인의 재앙'과 '일곱 나팔 재앙'의 중간에 등장하는 삽경(揷景)입니다. 일곱 인, 일곱 나팔, 일곱 대접 재앙을 소개하는 말씀들을 본(本) 계시라고 할 때, 이런 본 계시의 중간에 일종의 삽입구와 같은 말씀들이 등장합니다. 7장 본문 외에도 10-14장(총 5장)이 삽경에 해당합니다. 삽경은 본 계시의 내용을 보충하거나 구체적인 설명을 하기 위해 그 내용의 앞 혹은 뒤에 기록한 말씀입니다. 본 계시의 내용이 철저히 앞으로 일어날 사건의 순서에 따라 기록했다면, 삽경은 이러한 순서에서 조

금은 자유롭게 기록한 글이라고 볼 수 있습니다.[42]

요한계시록에 등장하는 첫 번째 삽경인 7장의 말씀에서는 두 그룹의 사람을 소개합니다. 첫 번째 그룹은 이스라엘의 인 맞은 144,000이고, 두 번째 그룹은 흰 옷을 입고 종려 나무 가지를 든 큰 무리들입니다. 이들이 누구이고 이들에게 주어진 사명과 상급은 무엇인지를 구체적으로 살펴보겠습니다.

1. 144,000명

본문 말씀에는 먼저, 하나님의 종들로 그 이마에 인침 받은 144,000명이 등장합니다(4절). 그런데 '이들이 과연 누구인가?'에 대하여 이 구절을 해석하는 문제를 놓고 곧잘 이단이 출현합니다. 러셀(C.T. Russell, 1852-1916년)이 창시한 '여호와 증인'은 본장에 등장하는 144,000명을 '여호와 증인'들로 해석하여 자신들만 구원을 얻는다고 주장한 적이 있습니다. 하지만 1940년 이후로 자신들의 신도 숫자가 144,000명을 넘어서자, 144,000명 외에도 구원에 참여할 수 있는 또 다른 수효의 여호와 증인들이 있다고 번복하여 주장하기도 했습니다.[43]

'환난 전 휴거'를 지지하지 않는 대부분의 신학자가 이 144,000명을 대환난을 통과하는 '교회'로 해석합니다. 이들은 인 맞은 이스라엘의 12지파를 교회로 비유하여 해석합니다. 하지만 요한계시록을 포함한 성경의 예언들을 '문자적'으로 또 '정상적'으로 해석할 것을 주장하는 신학자들은 오

---

42 강병도, 『호크마 종합주석 요한일서-요한계시록』 (서울 : 기독지혜사, 2000), p. 314.
43 Ibid.

늘 본문이 소개하는 대로 144,000명을 '이스라엘 족속 가운데서 하나님의 특별한 사역을 위해 인침을 받은 사람들'로 해석합니다(7:4). 이것을 비유적·영적인 개념으로 이해하고 해석하려고 하니까 오히려 '여호와 증인'과 같은 이단들이 나오는 것입니다.

미가 5장 2절에서 메시아가 베들레헴에서 탄생할 것을 예언했고, 이 예언은 문자적으로 성취되었습니다(마 2:1). 이사야 53장 9절에서는 예수님이 부자의 무덤에 묻히실 것이라고 예언했고, 이 예언은 문자적으로 성취되었습니다(마 27:57). 따라서 성경에 기록된 다른 예언들도 이러한 기준(문자적)으로 해석해야 할 것입니다. 잘 이해가 되지 않는다는 이유로 요한계시록의 말씀이 지닌 예언적·문자적 특징을 외면한 채, 비유적·영적으로 해석하면 요한계시록은 영원히 풀리지 않는 책이 됩니다. 지금까지 교회 역사 속에서 여호와 증인을 포함한 많은 이단도 요한계시록의 말씀들을 자신들에게 유리하도록 비유적·영적으로 해석해 왔습니다. 만일 우리가 요한계시록에 대하여 예언적·문자적으로 해석하기를 포기한다면 이러한 이단들의 비유적·영적 해석을 논박할 근거가 사라집니다.

개관 8의 본문에 등장하는 144,000명은 휴거 사건을 기점으로 이 땅에서 교회가 사라진 뒤에, 그들 교회를 대신하여 선교의 사명을 위임받은 이스라엘의 모습으로 보아야 합니다. 이스라엘은 저들에게 허락된 마지막 한 이레의 기간 동안에 돌감람나무 가지(이방인이 중심이 된 교회)가 사라진 그곳에 다시금 접붙임을 받아 선교적인 열매를 맺는 사명을 감당하게 될 것입니다(롬 11:23-26). 요한계시록을 자세히 살펴보면 7년 대환난의 기간에도 회개와 구원의 역사는 계속될 것입니다. 하지만 이 사역의 중심은 기존의 교회가 아니라, '이스라엘'이라는 사실을 알 수 있습니다.

본문에 등장하는 144,000명이 바로 그 중심에 선 사람들입니다.

인을 친다는 것은 '선택'과 '소유'와 '보호'를 뜻합니다. 인침을 받으면 주님께 선택받고 소유된 백성으로 보호하심을 입게 됩니다. 인 맞은 자 144,000명은 이스라엘 백성 가운데서도 각 지파별로 12,000명씩, 하나님께 속한 종들로서 특별한 사명을 위해 선택되고, 이 사명을 완수하도록 보호하심을 입게 될 것입니다. 인 맞은 144,000명을 소개한 뒤에, 곧바로 이어지는 9-10절 말씀에서는 "이 일 후에 내가 보니 각 나라와 족속과 백성과 방언에서 아무도 능히 셀 수 없는 큰 무리가 나와 흰 옷을 입고 손에 종려 가지를 들고 보좌 앞과 어린 양 앞에 서서 큰 소리로 외쳐 이르되 구원하심이 보좌에 앉으신 우리 하나님과 어린 양에게 있도다"라고 증거합니다. 이 말씀에 비추어 볼 때, 인 맞은 144,000명의 이스라엘은 7년 대환난의 기간에 복음전파의 사명을 위해 특별히 선택받은 하나님의 종들로서 저들이 열방으로 나가 복음을 전할 때, 이방인들 가운데 수많은 사람이 회개하고 구원받는 역사가 나타날 것으로 생각합니다.

마태복음 24장 14절에는 "이 천국 복음이 모든 민족에게 증언되기 위하여 온 세상에 전파되리니 그제야 끝이 오리라"는 말씀이 등장하는데, 이는 휴거 직전에 있을 사건이라기보다는 세상의 끝, 즉 예수님이 재림하셔서 세상을 심판하시기 직전에 이루어질 사건으로 보아야 합니다. '7년 대환난의 기간에 천국 복음이 모든 민족에게 증거되기 위하여 온 세상에 전파될 것'이라는 예언이 이루어지게 되는데, 그 중심에 인 맞은 144,000명이 있다고 합니다.

흥미로운 것은 본문에 등장하는 12지파 가운데 '단 지파'와 '에브라임 지파'가 빠져 있다는 사실입니다. 이스라엘 역사 속에서 이 두 지파는 우상숭배의 죄와 관련이 있습니다. 이 때문에 7년 대환난의 기간에 이루어지는 복음전파의 사명에서 그 두 지파는 제외된 것으로 이해할 수 있습니다. 천년왕국의 환상을 소개하는 에스겔 48장에는 단 지파가 포함되어 있습니다. 하지만 7년 대환난의 기간에 복음전파의 사명을 위해 선택받은 144,000명 가운데는 단 지파가 빠져 있습니다. 그리고 에브라임 지파는 그의 아비인 '요셉 지파'로 소개합니다. 이것은 무엇을 뜻하는 것이겠습니까? 하나님께 구속받은 백성이라고 하더라도 사명자가 되기 위해서는 훨씬 더 엄격한 기준을 통과해야 한다는 것입니다.

2. 순교자들

하나님의 특별한 사명을 위해 인 맞은 144,000명을 소개하는 말씀 뒤에 등장하는 "각 나라와 족속과 백성과 방언에서 아무라도 능히 셀 수 없는 큰 무리"들은 7년 대환난이라는 특정 기간에 복음을 듣고 회개한 성도, 즉 '환난성도들'로 보아야 합니다. 교회의 '환난 통과설' 혹은 '환난 중간기 휴거설'을 주장하는 학자들은 이 무리들이 '7년 대환난의 어느 시점에서' 휴거된 교회라고 주장합니다. 하지만 본문의 말씀을 자세히 살펴보면 본문에 등장하는 성도들은 휴거된 교회가 아니라, 7년 대환난이라는 특정한 시대에 복음을 듣고 믿음을 지키다가 결국 순교에 참여한 환난성도들임을 알 수 있습니다.

먼저, 9절에 보면 이들이 "흰 옷을 입고 손에 종려 가지를 들고 보좌 앞과 어린 양 앞에 서 있었다"고 했습니다.

'흰 옷'은 '의'의 상징입니다. '종려 가지'는 '승리와 기쁨'의 상징입니다. 이들은 주님이 주시는 의로운 옷을 입고 승리와 기쁨의 상징인 종려 나무 가지를 들고 보좌에 앉으신 하나님과 어린 양을 찬양하고 있었습니다 (7:9-10).

하나님과 어린 양의 보좌 앞에 있었다는 점에서 보면 이들이 지금 머무는 곳은 '지상'이 아니라, '천상'이라는 사실을 알 수 있습니다. 이 말씀만 보면 휴거된 교회의 모습으로 이해할 수도 있을 것입니다. 하지만 이들이 누구인가를 구체적으로 설명하는 14절의 말씀을 보면 이들이 교회의 시대가 아니라, 7년 대환난이라는 '특정기간'에 '순교한 성도들'임을 알 수 있습니다.

14절에서는 이들을 "큰 환난에서 나오는 자들"로 소개합니다. 이 말씀을 헬라어 원문에서 살펴보면 ἐρχομενοι ἐκ της θλιψεως της μεγαλης라고 되어 있습니다. 본문에서는 큰 환난을 της θλιψεως της μεγαλης라고 소개합니다. 정관사 the가 붙은 이 환난은 요한계시록이 소개하는 7년 대환난입니다. 교회 시대 동안에 핍박을 받고 순교한 자들이 아니라, '큰 환난'으로 묘사되는 7년 대환난 기간에 순교한 자들입니다.

또 "나오는 자들"이라고 할 때, "나온다"는 단어에 해당하는 헬라어 ἐρχομενοι는 현재 진행되는 상황을 묘사하는 단어입니다. 순교하는 상황이 여전히 진행 중이라는 것입니다. '환난 중간기 휴거설'을 주장하는 학자들의 의견처럼, 만일 이들이 '휴거된 교회'라고 가정한다면 이 사건 이후로 순교하는 성도들도 계속 휴거되어야 할 것입니다. 그렇게 되려면 휴거가 1회적으로 일어나는 사건이 아니라, 7년 대환난 기간 내내 일어나는 일상적인 사건이 되어야 합니다. 이러한 사실은 휴거 사건을 단회적인 일회성 사건으로 묘사하는 성경말씀들(살전 4:16; 고전 15:51)을 정면으로 부인하는 결과가 됩니다.

따라서 본문에서 말씀하는 "큰 환난에서 나오는 각 나라와 족속과 백성과 방언에서 아무라도 셀 수 없는 큰 무리들"은 7년 대환난의 기간에 복음을 듣고 회개하여 믿음을 지키다가 적그리스도의 세력에게 핍박을 받고 순교한 성도들입니다.

3. 결론

구약의 예언서들을 보면 이스라엘의 회복과 회복된 이스라엘을 통해 만방이 구원받는 역사가 나타날 것이라는 예언의 말씀이 많이 등장합니다.

"그 후에 내가 내 영을 만민에게 부어 주리니 너희 자녀들이 장래 일을 말할 것이며 너희 늙은이는 꿈을 꾸며 너희 젊은이는 이상을 볼 것이며 그 때에 내가 또 내 영을 남종과 여종에게 부어 줄 것이며 내가 이적을 하늘과 땅에 베풀리니 곧 피와 불과 연기 기둥이라 여호와의 크고 두려운 날이 이르기 전에 해가 어두워지고 달이 핏빛 같이 변하려니와 누구든지 여호와의 이름을 부르는 자는 구원을 얻으리니 이는 나 여호와의 말대로 시온 산과 예루살렘에서 피할 자가 있을 것임이요 남은 자 중에 나 여호와의 부름을 받을 자가 있을 것임이니라"(욜 2:28-32).

"원하건대 주는 주의 지팡이로 주의 백성 곧 갈멜 속 삼림에 홀로 거주하는 주의 기업의 양 떼를 먹이시되 그들을 옛날 같이 바산과 길르앗에서 먹이시옵소서 이르시되 네가 애굽 땅에서 나오던 날과 같이 내가 그들에게 이적을 보이리라 하셨느니라 이르되 여러 나라가 보고 자기의 세력을 부끄러워하여 손으로 그 입을 막을 것이요 귀는 막힐 것이며 그들이 뱀처럼 티끌을 핥으며 땅에 기는 벌레처럼 떨며 그 좁은 구멍에서 나와서 두려워하며 우리 하나님 여호와께로 돌아와서 주로 말미암아 두려워하리이다 주와 같은 신이 어디 있으리이까 주께서는 죄악과 그 기업에 남은 자의 허물을 사유하시며 인애를 기뻐하시므로 진노를 오래 품지 아니하시나이다 다시 우리를 불쌍히 여기서서 우리의 죄악을 발로 밟으시고 우리의 모든 죄를 깊은 바다에 던지시리이다 주께서 옛적에 우리 조상들에게 맹세하신 대로 야곱에게 성실을 베푸시며 아브라함에게 인애를 더하시리이다"(미 7:14-20).

"내가 다윗의 집과 예루살렘 주민에게 은총과 간구하는 심령을 부어 주리니 그들이 그 찌른 바 그를 바라보고 그를 위하여 애통하기를 독자를 위하여 애통하듯 하며 그를 위하여 통곡하기를 장자를 위하여 통곡하듯 하리로다" (슥 12:10).

앞에서 소개한 몇몇 이 예언서의 말씀들을 보면 이스라엘이 민족적으로 회개할 때가 올 것을 예언합니다. 그런데 이러한 사건이 일어나는 시기가 바로 7년 대환난 때입니다. 이러한 예언은 바울이 쓴 서신 중에 하나인 로마서 속에서도 살펴볼 수 있습니다.

"형제들아 너희가 스스로 지혜 있다 하면서 이 신비를 너희가 모르기를 내가 원하지 아니하노니 이 신비는 이방인의 충만한 수가 들어오기까지 이스라엘의 더러는 우둔하게 된 것이라 그리하여 온 이스라엘이 구원을 받으리라 기록된 바 구원자가 시온에서 오사 야곱에게서 경건하지 않은 것을 돌이키시겠고"(롬 11:25-26).

또 이렇게 구속받은 이스라엘 백성은 7년 대환난의 기간에 교회를 대신해서 세상에 복음을 전파하는 제사장의 사명을 감당하게 될 터인데, 이들을 통해서 "이 천국 복음이 모든 민족에게 증언되기 위하여 온 세상에 전파되리니 그제야 끝이 오리라(마 24:14)"고 하신 예수님의 예언이 성취될 것입니다.

개관 9
일곱 나팔

/

계 8:1-13

¹일곱째 인을 떼실 때에 하늘이 반 시간쯤 고요하더니 ²내가 보매 하나님 앞에 일곱 천사가 서 있어 일곱 나팔을 받았더라 ³또 다른 천사가 와서 제단 곁에 서서 금 향로를 가지고 많은 향을 받았으니 이는 모든 성도의 기도와 합하여 보좌 앞 금 제단에 드리고자 함이라 ⁴향연이 성도의 기도와 함께 천사의 손으로부터 하나님 앞으로 올라가는지라 ⁵천사가 향로를 가지고 제단의 불을 담아다가 땅에 쏟으매 우레와 음성과 번개와 지진이 나더라 ⁶일곱 나팔을 가진 일곱 천사가 나팔 불기를 준비하더라 ⁷첫째 천사가 나팔을 부니 피 섞인 우박과 불이 나와서 땅에 쏟아지매 땅의 삼분의 일이 타 버리고 수목의 삼분의 일도 타 버리고 각종 푸른 풀도 타 버렸더라 ⁸둘째 천사가 나팔을 부니 불 붙는 큰 산과 같은 것이 바다에 던져지매 바다의 삼분의 일이 피가 되고 ⁹바다 가운데 생명 가진 피조물들의 삼분의 일이 죽고 배들의 삼분의 일이 깨지더라 ¹⁰셋째 천사가 나팔을 부니 횃불 같이 타는 큰 별이 하늘에서 떨어져 강들의 삼분의 일과 여러 물샘에 떨어지니 ¹¹이 별 이름은 쓴 쑥이라 물의 삼분의 일이 쓴 쑥이 되매 그 물이 쓴 물이 되므로 많은 사람이

죽더라 ¹²넷째 천사가 나팔을 부니 해 삼분의 일과 달 삼분의 일과 별들의 삼분의 일이 타격을 받아 그 삼분의 일이 어두워지니 낮 삼분의 일은 비추임이 없고 밤도 그러하더라 ¹³내가 또 보고 들으니 공중에 날아가는 독수리가 큰 소리로 이르되 땅에 사는 자들에게 화, 화, 화가 있으리니 이는 세 천사들이 불어야 할 나팔 소리가 남아 있음이로다 하더라.

본문은 일곱 인의 재앙과 연결되는 일곱 나팔 재앙을 소개하고 있습니다. 1절 말씀을 자세히 살펴보면 어린 양이 일곱째 인을 떼실 때에 하나님 앞에 시위(侍衛)한 일곱 천사가 일곱 나팔을 받아 이것을 불 때마다 세상에 재앙이 내렸다고 묘사합니다. 이를 보면 일곱 나팔 재앙은 일곱 인의 재앙 안에 포함된 재앙임을 알 수 있습니다. 요한계시록 11장 15절과 15장 7-8절의 말씀을 보면 이 일곱 나팔 재앙은 또다시 일곱 대접 재앙으로 이어짐을 알 수 있습니다.

일곱째 '인'의 재앙 안에 일곱 '나팔'의 재앙이 들어 있고, 일곱째 '나팔'의 재앙 속에 일곱 '대접'의 재앙이 들어 있습니다. 결국 어린 양이 떼신 일곱째 인이 일곱 나팔 재앙과 일곱 대접 재앙으로 이어지는데, 그 재앙의 강도와 빈도가 점점 강해지고 잦아지는 것을 볼 수 있습니다. "재난의 시작(마 24:8)"이라고 하신 예수님의 말씀대로 지금 우리가 처한 모습만 보더라도 날이 갈수록 세계 각국에서 겪는 재난의 강도는 세지고 빈도가 잦아지고 있습니다. 주님이 재림하실 때까지 이러한 현상은 계속될 것입니다.

개관 9의 본문에는 일곱 나팔 재앙 가운데 넷째 나팔 재앙까지 소개되고 있습니다. 이 재앙의 대상은 '자연'입니다. 땅과 하늘과 바다를 파괴하는 재앙입니다. 그동안 인간들에게 풍요와 안전을 제공하던 환경이 파괴되는 재앙입니다. 이후에 등장하는 나머지 세 나팔 재앙은 하나님을 대적하고 그리스도의 통치를 거부하는 인간들을 직접 심판하기 위한 재앙입니다. 이 재앙으로 이 땅에 살아가던 사람 대부분이 목숨을 잃게 될 것입니다. 이제는 넷째 나팔 재앙까지 소개한 본문의 말씀들을 구체적으로 살피고자 합니다.

1. 일곱째 인 재앙(1절)

일곱째 인 재앙에서 일곱 나팔 재앙으로 넘어갈 때 반 시 동안의 침묵이 있었다고 합니다. '반 시(ως ἡμιως)' 동안의 짧은 침묵은 하나님의 심판이 유예된 시간입니다. 이 시간은 믿음을 지키는 성도들에게 고난과 인내를 요구합니다. 하나님의 침묵은 지상에서 고난을 당하고 있는 성도들에게는 참기 힘든 역경의 시간이기 때문입니다.

이 시간은 죄인들에게 허락된 마지막 회개 기간이기도 합니다. 일곱 인의 재앙이 끝나고 본격적인 일곱 나팔과 일곱 대접 재앙이 시작되기 전에 주님께서는 우리에게 마지막으로 회개할 기회를 주십니다. 하지만 그 시간은 반 시간으로 그렇게 길지 않을 것이라고 하십니다.

2. 일곱 나팔 재앙의 근거(3-5절)

고난의 와중에 드린 성도들의 기도는 향연이 되어, 천사의 손으로부터 금향로에 담겨 하나님 앞으로 올라갑니다. 그러자 바로 그 향로(성도들의 기도가 담긴 화로)에 제단의 불(하나님의 진노를 상징)이 담겨 땅에 쏟아졌습니다. 요한계시록 6장 10절에서는 환난의 기간에 순교한 성도들이 제단 아래에서 "우리의 피를 신원하여 달라"고 요구하는 장면이 등장합니다.

결국 일곱 나팔 재앙과 이후로 내리는 일곱 대접 재앙은 7년 대환난의 기간 동안 믿음을 지키려다 고난당하거나 순교당한 성도들이 드린 그 기도에 대한 응답이라고 보아야 합니다. 이제는 구체적으로 재앙의 모습들을 살펴보겠습니다.

3. 일곱 나팔 재앙

1) 첫째 나팔 재앙(7절)

첫째 나팔 재앙은 땅에 있는 풀과 수목의 삼분의 일을 불태우는 재앙입니다. 하늘에서 피 섞인 우박과 불이 나와서 땅에 쏟아지매 수목과 풀의 삼분의 일이 불타 사라졌다고 했습니다. 이는 애굽 땅에 내린 열 가지 재앙 중에서 일곱째 재앙인 우박의 재앙을 떠오르게 합니다(출 9:23-24). 우박과 불이 내려 수목과 풀의 삼분의 일을 불태운다면, 땅에 거하는 많은 사람과 짐승들이 양식과 거처를 잃고 고통을 겪게 될 것입니다.

2) 둘째 나팔 재앙(8-9절)

둘째 나팔 재앙은 바다에 내린 재앙입니다. 본문에 묘사된 바다에 던져진 불 붙는 큰 산은 아마도 하늘에서 떨어진 유성이나 혜성일 것으로 짐작합니다. 큰 산과 같은 유성이 바다에 떨어지면 엄청난 쓰나미가 발생하여 바다를 항해하거나 해안가에 정박해 있던 많은 배들이 부서지게 될 것입니다. 또 이 재앙으로 바다의 삼분의 일이 피가 되어 그 가운데 거하는 생명 가진 피조물의 삼분의 일이 죽었다고 했는데, 이는 모세가 나일강을 피로 바꾼 애굽의 재앙을 생각나게 합니다(출 7:20). 많은 순교자의 피를 흘리게 한 세상 사람들에게 바다가 피로 변하는 재앙이 내려집니다.

3) 셋째 나팔 재앙(10-11절)

셋째 나팔 재앙도 하늘에서 큰 별이 떨어진다는 말씀을 보니 둘째 나팔 재앙과 마찬가지로 유성이나 혜성이 떨어짐으로 발생하는 재앙으로 추측됩니다. 하지만 이번에 떨어지는 큰 별은 바다가 아니라, 강들과 물샘에 떨어져 그 물들을 쓰게 하여 이 물을 마신 많은 사람이 죽임을 당할 것이라고 말씀합니다. 본문에서는 이 별의 이름을 '쑥'이라고 부르는데, 이는 '아르테메시아 압신디움'이라는 근동 지방에서 자라는 아주 쓴 물풀을 가리키는 것으로 구약성경에서는 '슬픔과 고통'의 상징으로 사용되었습니다(잠 5:3-4). 신명기 29장에 보면 이것이 특별히 우상숭배에 대한 징계의 수단으로 사용된 것을 알 수 있습니다(신 29:17-18).[44] 만물의 창조자이신 하나님을 부인하고 적그리스도를 섬기는 세상 나라를 독초와 쑥의 뿌리(신 29:18)로 심판하십니다.

4) 넷째 나팔 재앙(12-13절)

인간이 섬겨야 하는 하나님을 대신하여 오랫동안 숭배해 왔던 대상인 해와 달과 별들을 쳐서 세상을 어둡게 하는 재앙입니다. 이는 애굽 땅에

내려졌던 아홉째 재앙인 흑암의 재앙을 연상시킵니다(출 10:21). 흑암의 재앙으로 해가 기운을 잃게 되면 땅에 사는 자들은 빙하기와 같은 혹독한 기후의 변화를 경험하게 될 것입니다.

여기까지가 자연 세계에 내린 재앙이고, 남은 세 나팔 재앙은 하나님을 대적하고 회개하기를 거부하는 인간들을 직접 겨냥한 재앙이라 할 수 있습니다. 13절에서는 이 재앙의 서막을 알리는 암울한 사건을 소개합니다.

"내가 또 보고 들으니 공중에 날아가는 독수리가 큰 소리로 이르되 땅에 사는 자들에게 화, 화, 화가 있으리니 이는 세 천사들이 불어야 할 나팔 소리가 남아 있음이로다 하더라(8:13)."

"주검이 있는 곳에는 독수리들이 모일 것이니라(마 24:28)"는 말씀처럼 본문에서 재앙의 소식을 전하는 독수리는 이 땅에 주검의 재앙이 본격적으로 시작될 것을 알리고 있습니다. 이 주검의 재앙으로 하나님을 대적하고 적그리스도를 숭배하는 세상 사람들이 결국 멸망의 길을 가게 될 것입니다.

4. 결론

오늘 본문에 소개한 나팔 재앙들을 자세히 살펴보면 출애굽 당시에 이집트 땅에 내린 여러 재앙이 종말의 때에도 반복하여 나타나게 됨을 알 수 있습니다. 첫째 나팔 재앙인 우박의 재앙, 둘째 나팔 재앙인 피의 재앙, 넷째 나팔 재앙인 어둠의 재앙, 그리고 이어지는 죽음의 재앙들이 바로 출애굽 당시에 내린 열 가지 재앙에 포함된 재앙들인 것입니다.

하나님께서 모세를 통해 애굽 땅에 열 가지 재앙을 내리신 데에는 몇 가지 이유가 있었습니다. 먼저, 이 재앙은 1) 하나님을 대적하고 하나님의 백성을 핍박하던 바로 왕과 애굽을 심판하는 재앙이었습니다. 이 재앙을 통해 하나님은 이스라엘 백성을 바로의 학정에서 2) 구원하실 수 있었으며 결국 이렇게 구원받은 하나님의 백성을 데리고 3) 하나님의 나라를 건설하셨습니다. 출애굽 당시 이미 세계적인 제국으로 성장한 애굽 땅을 치신 열 가지 재앙을 통해 하나님은 4) 여호와 하나님만이 참 하나님이라는 것을 보여 주셨습니다.

7년 대환난 기간에 내리는 여러 재앙도 세상 나라를 심판하고, 믿음을 지킨 성도들을 구원하며, 하나님의 권세와 능력을 드러내는 도구로 쓰임받을 것입니다. 그리고 결국 이 심판의 마지막 순간에 예수님이 재림하셔서 구원받은 성도들과 함께 이 땅에 하나님의 나라, 천년왕국을 세우실 것입니다.

개관 10
다섯, 여섯째 나팔-황충과 마병대

/

계 9:1-21

¹다섯째 천사가 나팔을 불매 내가 보니 하늘에서 땅에 떨어진 별 하나가 있는데 그가 무저갱의 열쇠를 받았더라 ²그가 무저갱을 여니 그 구멍에서 큰 화덕의 연기 같은 연기가 올라오매 해와 공기가 그 구멍의 연기로 말미암아 어두워지며 ³또 황충이 연기 가운데로부터 땅 위에 나오매 그들이 땅에 있는 전갈의 권세와 같은 권세를 받았더라 ⁴그들에게 이르시되 땅의 풀이나 푸른 것이나 각종 수목은 해하지 말고 오직 이마에 하나님의 인침을 받지 아니한 사람들만 해하라 하시더라 ⁵그러나 그들을 죽이지는 못하게 하시고 다섯 달 동안 괴롭게만 하게 하시는데 그 괴롭게 함은 전갈이 사람을 쏠 때에 괴롭게 함과 같더라 ⁶그 날에는 사람들이 죽기를 구하여도 죽지 못하고 죽고 싶으나 죽음이 그들을 피하리로다 ⁷황충들의 모양은 전쟁을 위하여 준비한 말들 같고 그 머리에 금 같은 관 비슷한 것을 썼으며 그 얼굴은 사람의 얼굴 같고 ⁸또 여자의 머리털 같은 머리털이 있고 그 이빨은 사자의 이빨 같으며 ⁹또 철 호심경 같은 호심경이 있고 그 날개들의 소리는 병거와 많은 말들이 전쟁터로 달려 들어가는 소리 같으며 ¹⁰또 전갈과 같은 꼬리와 쏘는

살이 있어 그 꼬리에는 다섯 달 동안 사람들을 해하는 권세가 있더라 ¹¹그들에게 왕이 있으니 무저갱의 사자라 히브리어로는 그 이름이 아바돈이요 헬라어로는 그 이름이 아볼루온이더라 ¹²첫째 화는 지나갔으나 보라 아직도 이 후에 화 둘이 이르리로다 ¹³여섯째 천사가 나팔을 불매 내가 들으니 하나님 앞 금 제단 네 뿔에서 한 음성이 나서 ¹⁴나팔 가진 여섯째 천사에게 말하기를 큰 강 유브라데에 결박한 네 천사를 놓아 주라 하매 ¹⁵네 천사가 놓였으니 그들은 그 년 월 일 시에 이르러 사람 삼분의 일을 죽이기로 준비된 자들이더라 ¹⁶마병대의 수는 이만 만이니 내가 그들의 수를 들었노라 ¹⁷이같은 환상 가운데 그 말들과 그 위에 탄 자들을 보니 불빛과 자줏빛과 유황빛 호심경이 있고 또 말들의 머리는 사자 머리 같고 그 입에서는 불과 연기와 유황이 나오더라 ¹⁸이 세 재앙 곧 자기들의 입에서 나오는 불과 연기와 유황으로 말미암아 사람 삼분의 일이 죽임을 당하니라 ¹⁹이 말들의 힘은 입과 꼬리에 있으니 꼬리는 뱀 같고 또 꼬리에 머리가 있어 이것으로 해하더라 ²⁰이 재앙에 죽지 않고 남은 사람들은 손으로 행한 일을 회개하지 아니하고 오히려 여러 귀신과 또는 보거나 듣거나 다니거나 하지 못하는 금, 은, 동과 목석의 우상에게 절하고 ²¹또 그 살인과 복술과 음행과 도둑질을 회개하지 아니하더라.

요한계시록 8장부터 소개하는 일곱 나팔 재앙은 재앙의 성격에 따라 두 부분으로 나눌 수 있습니다. 첫째부터 넷째까지의 재앙은 인간의 삶의 터전인 자연에 내린 재앙입니다. '생태계'를 파괴하는 재앙입니다. 첫째 나팔 재앙으로 땅에 있는 풀과 수목의 삼분의 일이 불타는 재앙이 내려졌고, 둘째와 셋째 나팔 재앙으로 바다와 강들의 삼분의 일이 차례로 파괴되는 재앙이 내려졌습니다. 넷째 나팔이 불 때는 오랫동안 인간의 숭배

대상이었던 해와 달과 별들이 어두워지는 재앙이 내려졌습니다.

이제 개관 10의 본문부터 소개되는 남은 세 나팔 재앙은 그 심판의 대상인 사람에게 직접 내리는 재앙입니다. 이 재앙들 때문에 땅에 거하는 사람 대부분이 심판과 죽음을 면하지 못하게 될 것입니다. 8장 13절에서는 이 재앙들이 시작되기 전에 죽음의 전령사나 다름없는 독수리가 공중에 나타나서 "화, 화, 화가 있으리니"라고 선포합니다. 이 장에서는 본문에 소개한 다섯, 여섯째, 이 두 개의 나팔 재앙을 살펴보려고 합니다.

1. 다섯째 나팔 재앙(1-12절)

다섯째 나팔 재앙은 황충의 재앙입니다. 무저갱에서 올라온 황충들이 다섯 달 동안 하나님의 인을 맞지 않은 사람들을 괴롭히는 재앙입니다. 이 재앙이 얼마나 고통스러운지 많은 사람이 이 고통을 피하고 싶어서 죽기를 구한다고 합니다. 하지만 황충의 재앙은 마음대로 죽을 수도 없는 재앙이라고까지 소개합니다. 본문을 조금 더 구체적으로 이해하기 위해 몇 가지 주제로 나누어 살펴보겠습니다.

1) 무저갱의 열쇠를 받아서 황충의 재앙을 가져오는 별을 소개합니다 (1-3절).

관심 있게 보아야 할 것은 '이 별이 상징하는 존재가 누구인가? 하는 문제입니다. 성경에서 별은 일반적으로 '천사'를 묘사할 때 사용합니다 (욥 38:7). 그런데 본문에서는 이 별을 "떨어진 별"로 소개합니다. 11절에서는 무저갱의 사자 '아바돈', 혹은 '아볼루온'이라고도 합니다. 아볼

루온은 '파괴자'라는 뜻을 가진 헬라어로서 사탄 마귀의 또 다른 별명입니다.

요한계시록 12장과 이사야 14장 12-15절에서는 '계명성'으로 알려진 사탄 마귀가 심판을 받고 하늘에서 쫓겨나는 장면을 소개합니다. 이 말씀들에 비추어 볼 때, 무저갱의 열쇠를 가지고 하늘에서 쫓겨난 별은 '사탄 마귀' 자신을 상징합니다. 무저갱의 열쇠를 가지고 하늘에서 쫓겨난 사탄 마귀가 그곳에 갇혀 있던 황충들을 이 땅에 풀어놓아 사람들을 괴롭히는 재앙을 가져온다는 것입니다.

욥기서의 말씀들을 보면 하나님께서는 때때로 당신의 섭리를 이루시기 위해 어둠의 세력까지 그 도구로 사용하신다는 사실을 알 수 있습니다. 1) 하나님은 사탄 마귀로 하여금 욥과 그의 가정에 재앙을 가져오도록 허락하셨지만, 결국 이 사건을 통해 의인 욥을 더 큰 믿음의 사람으로 인도하셨습니다. 예수님은 2) 마귀에게 붙들린 가룟 유다의 손에 팔려 십자가를 지셨지만, 결국 이 사건을 통해 구속의 사역을 완성할 수 있으셨습니다. 오늘 본문에서도 하나님께서는 무저갱의 열쇠를 가지고 하늘에서 쫓겨난 3) 사탄 마귀를 통해 끝까지 하나님을 대적하고 회개하기를 거부하는 죄인들을 심판하시고 계십니다. 이렇게 모든 사건이 결국 하나님의 경륜과 섭리 가운데 이루어지고 있음을 깨닫게 합니다.

2) 재앙의 성격

황충의 재앙입니다. '황충'은 메뚜기의 일종입니다. 구약성경에서 하나님은 심판의 도구로서 메뚜기 재앙을 사용하시고는 했습니다. 애굽 땅에 내리셨던 10가지 재앙 중에 하나도 바로 메뚜기 재앙이었습니다(출 10:15). 요엘서 1-2장에서는 주의 날이 메뚜기의 재앙과 같이 임할 것이라고 했습니다. 이것은 무슨 뜻이겠습니까? 풀과 곡식들을 모두 갉아 먹는 메뚜기 재앙은 농업과 목축업이 주를 이루던 고대 사회에서 그야말로 나라의 운명까지 바꾸어 놓을 수 있는 치명적인 재앙이었습니다. 그만큼 주의 날에는 세상에 엄청난 재앙이 내릴 것이라는 의미입니다.

그런데 개관 10의 본문에 등장하는 황충은 일반적인 메뚜기와는 다르게 풀이나 수목이 아니라, 특이하게도 사람들만 해치도록 허락됩니다(계 9:4). 그중에서도 이 재앙의 대상은 이마에 하나님의 인을 맞지 아니한 사람들(계 9:4)로 제한하신다는 사실을 알 수 있습니다. 앞에서 살펴본 요한계시록 7장에서는 하나님의 인을 맞은 이스라엘의 열두 지파 144,000명을 소개합니다. 이 144,000명과 함께 이들에게서 복음의 소식을 듣고 회개한 '환난성도들', 이 두 그룹은 이 재앙을 면하게 될 것입니다. 이와 관련된 예언의 말씀이 디모데후서 2장 19절과 에베소서 1장 13-14절에 나와 있습니다. 성경은 진리의 말씀을 믿어 회개한 자들에게는 '하나님의 인치심'이 있을 것이라고 증거합니다.

하나님은 이 황충의 재앙을 내리는 기간을 다섯 달 동안으로 한정합니다(계 9:5). 그런데 이것은 메뚜기의 수명이 보통 5개월이라는 점을 생각해 볼 때 흥미롭다고 하겠습니다. 이처럼 황충의 재앙이 내리는 동안에 사람들은 전갈이 사람을 쏠 때 느끼는 것과 같은 고통을 경험하게 될 것이라고 합니다(계 9:5). 이 고통이 얼마나 큰 지 많은 사람이 이 고통에서 벗어나기 위해 자살을 시도하지만, 죽음도 저들을 피해갈 것이라고 합니다(9:6). 황충의 재앙으로 죽음보다 큰 고통을 5개월이나 견뎌 내야 한다는 것입니다.

3) 황충의 모습

7절부터 묘사된 황충의 모습을 살펴보겠습니다.

① 전쟁을 위해 준비한 말들 같다고 했습니다(7절). 고대로부터 말은 가장 강력한 군사 무기로 사용되어 왔습니다. 특히 병거를 매단 말은 오늘날의 탱크와 같이 지상전에서 가장 강력한 위력을 발휘하고 있었습니다.

② 머리에 금 면류관을 썼습니다(7절). 면류관(στεφανοι)은 승리자의 면류관입니다. 그 누구도 이 황충의 재앙을 피하거나 이길 수 없다는 뜻입니다.

③ 철 흉갑이 있고, 그 날개 소리는 많은 말과 병거가 전쟁터로 달려 가는 소리 같다고 합니다(9절). 철 흉갑은 면류관과 함께 그 무엇도 이들을 이기거나 해할 수 없음을 보여 줍니다. 전쟁터를 누비는 병거와 같이 웅장한 소리를 내는 황충들의 날개 소리는 그 자체가 충격과 공포의 대상이 될 것입니다.

④ 전갈과 같은 꼬리와 쏘는 살이 있습니다(10절). 현재 전 세계에는 약 1,500종류의 전갈이 있는데, 그 가운데 50종류가 그 꼬리에 치명적인 독을 가지고 있다고 합니다. 어떤 전갈은 그 꼬리에 일반 독사들이 가진 독의 10배 이상을 가지고 있어 그것으로 많은 사람을 해친다고 합니다. 메뚜기처럼 하늘을 날면서 전갈과 같은 독침을 가진 황충들이 떼를 지어 날아와 사람들을 해한다는 것입니다.

⑤ 흥미로운 사실은 이 황충들의 얼굴이 사람을 닮아 있다는 것입니다 (7-8절). 메뚜기 혹은 전갈과 같은 몸통을 가진 황충의 얼굴이 사람을 닮아 있고, 또 여자의 머리털 같은 것이 있다고 합니다. 심리학자들의 말로는 사람들은 일반적으로 사람이 아닌 어떤 존재가 사람을 닮

은 모습을 볼 때에 실제로 두려움을 매우 크게 느낀다고 합니다. 헐리우드에서는 사람들의 이러한 심리를 이용해서 공포영화를 만들기도 합니다. 예전에 개봉했던 '플라이(파리)'와 '미믹'이라는 영화가 그런 예에 해당합니다. 미믹이라는 영화에는 사람의 흉내를 내는 일종의 바퀴벌레와 같은 변종 생물이 등장합니다. 겉모습은 사람을 닮아 있는데 실제로는 흉측한 벌레의 형상을 가진 그 모습이 무척이나 공포스러웠던 기억이 있습니다. 본문에 등장하는 황충들이 바로 그러한 충격과 공포를 사람들에게 전해 줄 것입니다.

2. 여섯째 나팔 재앙(13-21절)

여섯째 나팔 재앙은 마병대의 재앙입니다. 여섯째 천사가 나팔을 불매, 유브라데에 결박되어 있던 네 천사들이 풀려나 2억의 마병대를 이끌고 인류의 삼분의 일을 죽이는 재앙입니다. 이에 대해 구체적으로 살펴봅시다.

1) 여섯째 천사가 나팔을 불매 하나님 앞 금 제단 네 뿔에서 한 음성이 나서 재앙을 선포합니다(13절).

"하나님 앞 금 제단"은 지성소의 바로 앞에 있는 '분향단'을 말합니다. 요한계시록 8장에는 성도의 기도가 분향의 제사가 되어 하늘로 올라가는 모습이 소개됩니다(8:3-4). 7년 대환난 기간 동안 성도들이 드리는 주된 기도는 '신원해 달라(6:10)'는 것입니다. 이 기도가 드려진 바로 그 제단에서 여섯째 나팔 재앙이 내려지고 있습니다. 결국 여섯째 나팔 재앙은 순교한 성도들이 제단에서 '신원해 달라'고 간청한 그 기도에 대한 응답이라고 볼 수 있습니다.

2) 유브라데에 결박된 네 천사가 놓여짐으로 재앙이 시작되었다고 합니다(14절).

유브라데는 유브라데 강과 이 강이 흐르는 지역을 의미합니다. 에덴동산에서 발원한 네 강 중에 하나인 유브라데 강(창 2:10-14) 유역은 적그리스도의 예표적 인물인 니므롯이 바벨탑을 건설한 곳이기도 합니다. 역사적으로 이스라엘을 괴롭혔던 앗수르와 바벨론 그리고 메대 바사가 바로 이곳에서 발현한 제국들입니다. 오늘날에도 이 유브라데 강 유역은 하나님의 백성 이스라엘과 기독교 세력을 진멸하려는 이슬람이 자리를 잡고 있습니다. 이 유브라데에 결박된 네 천사는 바로 이곳을 중심으로 활동해 온 악한 영들이라고 볼 수 있습니다.[45]

3) 이 천사들에게는 하나님이 정하신 시간에 사람 삼분의 일을 해하는 권세가 주어집니다(15절).

여기에서 "년, 월, 일, 시"는 하나님이 정하신 시간입니다. 또 저들이 해칠 수 있는 사람은 삼분의 일로 제한됩니다. 이렇듯 우리가 생각하기에는 어둠의 세력이 자기 뜻대로 일하는 것 같아도 실상은 하나님이 정하신 시간과 한계 안에서만 그(들)도 일할 수 있습니다. 특별히 하나님이 정하신 시간이 있다는 말씀 속에서 우리는 심판이든 구원이든 세상에서 일어나는 모든 일이 하나님이 계획하신 대로 이루어짐을 알 수 있습니다. 하나

---

45 이 천사들이 결박되어 있다는 것을 보면, 이들이 하나님을 대적하다가 심판을 받은 타락 천사, 악한 영들인 것으로 보인다.

님의 타임 테이블이 있다는 것입니다. 이러한 하나님의 시간표를 제대로 깨닫기 위하여 성경의 예언들을 하나하나 살펴보고 있는 것입니다. 그때를 알아야만 대비할 수 있기 때문입니다.

네 천사가 마병대를 통해 죽일 수 있는 사람들은 그때까지 살아남은 사람 가운데 삼분의 일이라고 합니다. 이때는 7년 대환난이 시작된 이후로 수많은 사람이 하나님이 내리신 재앙들과 핍박으로 이미 죽어간 시점입니다.

요한계시록 6장 8절 말씀을 보면, 넷째 인을 떼실 때에 이미 인류의 사분의 일이 죽고, 지금은 또 인류의 삼분의 일이 죽을 것이라고 합니다. 이 두 재앙 외에도 중간에 내린 여러 재앙 때문에 아주 많은 수의 사람이 죽게 될 것입니다. 아마 이때쯤이면 인류의 반 이상이 생명을 잃게 될지도 모릅니다. 그리고 이 세대가 맞는 7년 대환난의 마지막 재앙인 아마겟돈 전쟁이 끝날 때쯤이면 인류의 대부분이 죽게 될 것입니다. 현재 전 세계 인구가 약 70억 정도인데, 7년이란 기간에 70억의 인구가 사라진다는 것입니다. 7년 동안 70억의 인구가 사라지려면 하루에 대략 300만 명 가까운 사람이 죽어야만 합니다. 7년 대환난에 남겨진 사람 모두가 마치 2차 세계대전 당시 아우슈비츠 감옥에 갇혔던 사람들처럼, 매일같이 수많은 사람들이 죽어 나가는 모습을 보게 될 것입니다.

4) 이만 만, 즉 2억의 마병대가 누구일까 하는 것입니다(16절).

네 천사가 사람들을 죽이기 위해 풀어놓은 이만(20,000) 만(10,000) (20,000×10,000=즉 2억)의 마병대가 누구일까에 대하여 두 가지 견해가 있습니다. 먼저, 무장한 군대를 상징한다는 것입니다. 1970년대에 들어서면서부터 중국은 이미 2억의 군인이 있다고 자랑합니다. 이 때문인지 인류의 이분의 일을 해하는 군대가 바로 이 군대일 것이라고 보는 해석이 있습니다. 또 17절부터 19절까지 묘사된 마병대의 모습이 전투를 위해 무장한 헬리콥터의 모습을 닮아 있다고 합니다. 하지만 요한계시록 16장의 말씀을 자세히 살펴보면 중국군을 비롯하여 동방의 왕들이 참여하는 대규모의 전쟁은 여섯째 나팔 재앙이 아니라, 여섯째 대접 재앙임을 알 수 있습니다(16:12). 또 본문에서 묘사된 마병대의 모습을 무장한 헬리콥터로 해석한다면 결국 이 재앙을 위해 2억 대의 헬리콥터가 등장한다는 말인데, 이 또한 현실성이 없는 해석입니다.

앞에서 언급한 무저갱에서 올라온 황충들과 마찬가지로, 본문에 등장하는 마병대는 불과 연기와 유황이 가득 찬 지옥에서 올라온 죽음의 사자들로 이해해야 할 것입니다.

20-21절의 말씀에 보면 앞선 황충과 마병대의 재앙을 경험하고도, 이 재앙에서 죽지 않고 살아남은 사람들이 저들의 죄를 끝까지 회개하지 않는다고 증거합니다. 회개할 수 있는 기회와 은총을 거부한 저들에게 더 이상 회개하고 싶어도 회개하지 못하도록 완악한 마음을 갖게 합니다. 그 옛날 출애굽 당시에 바로의 마음을 강퍅하게 해서 이스라엘 백성에게 10가지 재앙을 다 겪게 하셨던 하나님께서(출 10:27; 14:4), 회개와 구원의 기회를 허비한 자들의 마음을 강퍅하게 하여 결국 멸망의 길로 가게 하신다는 것입니다. 시간과 기회를 주실 때, 빨리 회개하여 이 모든 재앙에서 구원받는 성도가 되어야 할 것입니다.

개관 11
작은 책 βιβλιαριοδιον
/

계 10:1-11

¹내가 또 보니 힘 센 다른 천사가 구름을 입고 하늘에서 내려오는데 그 머리 위에 무지개가 있고 그 얼굴은 해 같고 그 발은 불기둥 같으며 ²그 손에는 펴 놓인 작은 두루마리를 들고 그 오른 발은 바다를 밟고 왼 발은 땅을 밟고 ³사자가 부르짖는 것 같이 큰 소리로 외치니 그가 외칠 때에 일곱 우레가 그 소리를 내어 말하더라 ⁴일곱 우레가 말을 할 때에 내가 기록하려고 하다가 곧 들으니 하늘에서 소리가 나서 말하기를 일곱 우레가 말한 것을 인봉하고 기록하지 말라 하더라 ⁵내가 본 바 바다와 땅을 밟고 서 있는 천사가 하늘을 향하여 오른손을 들고 ⁶세세토록 살아 계신 이 곧 하늘과 그 가운데에 있는 물건이며 땅과 그 가운데에 있는 물건이며 바다와 그 가운데에 있는 물건을 창조하신 이를 가리켜 맹세하여 이르되 지체하지 아니하리니 ⁷일곱째 천사가 소리 내는 날 그의 나팔을 불려고 할 때에 하나님이 그의 종 선지자들에게 전하신 복음과 같이 하나님의 그 비밀이 이루어지리라 하더라 ⁸하늘에서 나서 내게 들리던 음성이 또 내게 말하여 이르되 네가 가서 바다와 땅을 밟고 서 있는 천사의 손에 펴 놓인 두루마리를 가지라 하기로 ⁹내가 천사에

게 나아가 작은 두루마리를 달라 한즉 천사가 이르되 갖다 먹어 버리라 네 배에는 쓰나 네 입에는 꿀 같이 달리라 하거늘 [10]내가 천사의 손에서 작은 두루마리를 갖다 먹어 버리니 내 입에는 꿀 같이 다나 먹은 후에 내 배에서는 쓰게 되더라 [11]그가 내게 말하기를 네가 많은 백성과 나라와 방언과 임금에게 다시 예언하여야 하리라 하더라.

여섯째 나팔 재앙과 일곱째 나팔 재앙 사이에 삽입된 요한계시록 10장부터 15장까지의 말씀은 앞서 살펴본 요한계시록 7장의 말씀처럼 삽경'니다. 연차적인 순서와는 상관없이 앞뒤의 사건을 설명하거나 보충하기 위해서 쓰인 글입니다. 개관 11에서는 그 삽경 가운데서 작은 책이 등장하는 10장의 말씀을 본문으로 살펴보려고 합니다.

1. 작은 책을 들고 말하는 천사(1-3절)

여섯째 나팔 재앙이 끝나고 마지막 일곱째 나팔 재앙, 구체적으로는 일곱 대접 재앙이 시작되기 전에 한 힘 센 천사가 나타나서 그 손에 펴 놓인 작은 책을 들고 하나님의 심판을 선언하는 장면입니다. 이 말씀 속에서 우리는 두 가지 의문을 갖게 됩니다. "힘 센 다른 천사"로 묘사되는 이 천사는 누구이며, 이 천사가 들고 있는 "작은 책"은 무엇인가 하는 것입니다.

1) 작은 책

먼저, 작은 책에 대해서 생각해 봅시다. 작은 책은 헬라어로 $\beta\iota\beta\lambda\iota\alpha\rho\iota\delta$

ιον입니다. 이는 일반적으로 책을 의미하는 βιβλιον의 작은 형태 혹은 일부라는 뜻이 있습니다. 요한계시록 5장 1절 말씀에 보면 "보좌에 앉으신이의 오른손에 일곱 인으로 봉해진 책이 들려 있었다"고 했는데, 여기에사용된 책이 βιβλιον입니다. 이런 맥락에서 살펴볼 때 오늘 본문에 등장하는 '작은 책'은 일곱 봉인된 책 가운데 일부분, 마지막 일곱째 나팔 재앙에 대한 기록이라고 볼 수 있습니다. 지난 시간에 살펴보았듯 이 일곱 번째 나팔 재앙은 다섯째, 여섯째 나팔 재앙과 함께 사람들을 직접 겨냥한재앙입니다.

본문에는 '천사의 손에 들린 이 책이 펼쳐져 있었다(10:2)'고 소개합니다. 회개하기를 거부하고, 끝까지 하나님을 대적하는 사람들, 그들을 심판하시려고 마지막 작은 책의 재앙을 펼치신 것입니다.

2) 천사

1절의 말씀에서는 심판의 작은 책을 들고 있는 이를 "힘 센 다른 천사"라고 소개합니다. '다른 천사'라고 함은 앞에서 일곱 나팔 재앙을 선포했던 일곱 천사와는 다른(ἄλλο) 직급과 사명을 맡은 천사임을 설명하는 표현입니다. 본문에 묘사된 이 천사의 모습(구름을 입고 머리 위에 무지개가 있고, 그 얼굴이 해 같고 발은 불기둥 같고, 사자처럼 큰 소리로 부르짖는 모습) 때문에 어떤 주경가는 이 천사가 성자 하나님이신 예수님이라고 해석하기도합니다. 구약성경에서는 간혹 천사의 모습으로 등장하는 성자 하나님이소개되기도 합니다(창 18:1-2). 하지만 적어도 요한계시록에서 성자 하나님이신 예수 그리스도를 소개할 때는 천사라는 막연한 표현이 아니라, 누구나 이해할 수 있는 명확한 명칭을 사용합니다. 요한계시록 1장 5절에서는 "죽은 자들 가운데에서 먼저 나시고 땅의 임금들의 머리가 되신 분"

으로, 요한계시록 1장 13절에서는 "인자"로, 5장 5절에서는 "유다 지파의 사자, 다윗의 뿌리"로, 19장 16절에서는 "만왕의 왕, 만주의 주"로 소개합니다.

여기에 한 가지를 더한다면, 오늘 본문 6절에는 이 천사가 창조주 하나님께 맹세하는 장면이 기록되어 있는데, 만일 이 천사가 삼위일체의 하나님 가운데 한 분이신 성자 하나님이라면 성부 하나님의 이름으로 맹세할 이유가 없습니다.[46]

주경가 존 월부어는 본문에서 묘사한 힘 센 천사의 모습-"구름을 입고 머리 위에 무지개가 있고, 그 얼굴은 해 같고 그 발은 불기둥 같고, 그 발은 바다와 땅을 밟고, 사자의 부르짖는 것같이 큰 소리로 외치니 외칠 때에 일곱 우레가 그 소리를 발했다(10:1-3)"는 이 말씀-은 이 천사가 가진 작은 책이 얼마나 중요하고 또 심각한 메시지를 담고 있는지를 강조하기 위해 사용한 표현이라고 설명합니다.[47] 이렇게 볼 때, 본문에 등장하는 힘 센 천사는 무섭고도 준엄한 마지막 심판을 전하기 위해 보내심을 받은 하나님의 사자인 것입니다.

6절에서 이 천사는 일곱 봉인의 심판을 담은 이 작은 책의 심판을 "지체하지 아니하리라"고 선언합니다.

---

46 공생애 기간에 예수님은 중요한 사실을 말씀하실 때 하나님의 이름으로 맹세한 것이 아니라, "내가 진실로 진실로 말한다"라고 자기 선언을 하셨던 사실에 주목해야 한다.
47 John F. Walvoord, *the Revelation of Jesus Christ*(Chicago : The Moody Bible Institute, 1989), p. 170.

2. 지체하지 아니하리라(6절)

"지체하지 아니하리라"는 문자적으로 해석하면 '시간이 끝났다'라는 뜻입니다. 회개와 구원을 위한 시간, 자비와 은총의 시간이 이미 끝났다는 것입니다. 계획했던 심판이 조금의 지체함 없이 내려질 것을 선언하신 말씀입니다.

요한계시록 6장 10절의 말씀을 보면 7년 대환난의 기간에 믿음을 지키려다가 순교한 성도들이 제단 아래에서 "우리 피를 신원해 달라"고 외치는 장면이 등장합니다. 이때는 주님께서 "잠시 동안 쉬되 저희 동무 종들과 형제들도 자기처럼 죽음을 당하여 그 수가 차기까지 하라(6:11)"는 말씀을 주셨습니다. 하지만 이제는 "지체하지 아니하리라"고 하십니다. 이제는 때가 되었다는 것입니다.

하나님은 비록 범죄한 세상이라 할지라도 회개할 기회를 주시기 위해 오래 참고 인내하는 분이십니다. 하지만 이 인내의 시간이 끝나면 지체하지 아니하시고 단호한 심판을 내리십니다.

3. 책을 갖다 먹으라(8-11절)

1) 사도 요한이 바다와 땅을 밟고 서 있는 천사의 손에 놓인 펼쳐진 작은 책을 바라볼 때, 하늘로서 음성이 들려오는데, "천사에게 나아가 책을 달라 하여 갖다 먹어 버리라(10:9)"고 합니다. 에스겔 2장과 예레미야 15장에도 선지자의 사명을 받은 이들에게 "책을 먹으라"고 하는 하늘의 명령을 내린 적이 있었습니다. 예수님 당시 유대인들은 "책을 먹는다"는 표

현을 책 안에 있는 모든 지식을 내 것으로 만든다는 것으로 이해했습니다. 책 안에 들어 있는 내용 모두를 이해하고 체득하도록 보고 또 본다는 의미입니다. 이제 심판의 메시지를 전해야 할 사명을 맡은 사도 요한에게도 먼저, 하나님이 주신 책을 먹어(읽고 또 읽고, 보고 또 보아) 그 내용을 완전히 자기 것으로 이해해야 할 책임이 주어져 있었던 것입니다.

2) 요한이 먹은 '작은 책'은 입에는 꿀 같이 다나 배에서는 쓰게 되었다고 합니다(10절). 이는 하나님의 말씀이 지닌 양면성을 잘 보여 주는 표현입니다. 세상 나라를 심판하시겠다는 이 말씀은, 그동안 믿음을 지키기 위해 온갖 핍박과 고난을 견디어 온 1) 환난성도들에게는 꿀보다도 달콤한 말씀으로 느껴질 것입니다. 하지만 2) 심판의 대상이 되는 세상 사람들에게는 이 말씀이 어떻게 느껴질까요? 그들에게는 당연히 이 말씀이 감내하기 힘든, 쓰디쓴 말씀이 될 것입니다. 똑같은 밥을 먹어도 건강한 사람은 그 밥을 꿀처럼 달게 느끼지만, 병든 사람에게는 소태처럼 쓰게 느껴지는 것과 같은 비유라고 하겠습니다.

3) 이제 책을 먹은 사도 요한에게 그 말씀을 세상에 전하는 사명이 주어집니다(11절). 하나님이 주신 말씀을 먹고 깨달은 사실이 있다면, 이제는 깨달은 말씀을 세상에 전해야 합니다. 때로는 그 말씀이 세상 사람이 듣기에는 소태처럼 쓴 종말과 심판에 대한 말씀이라고 해도 우리는 전해야 합니다. '편안하다', '안전하다'고 하면서 이 땅에서 죽어 가는 그들의 영을 살리기 위해서입니다. 이러한 영혼 구원에 대한 애통함을 하나님께서는 기뻐하십니다. 우리는 창조주되시고 아버지되시는 하나님 아버지의 안타까운 마음으로 그들에게 말씀을 전해야 합니다.

하나님은 선지자 예레미야에게 '예루살렘의 멸망'을 예언하는 사명을 맡기셨습니다. 좋은 소식을 전하는 사명도 쉽지만은 않은, 때로는 고단한 일인데, 심지어 예루살렘의 멸망을 그들에게 전해야 하는 예레미야의 고충은 얼마나 컸겠습니까? 예레미야는 심판과 종말에 대한 말씀을 전하다가 여러 번 옥에 갇히기도 하고, 죽을 위기를 겪기도 했습니다. 하지만 이런 고난들보다 예레미야를 더 힘들게 한 것은 그가 전하는 말씀을 예루살렘 사람 중에서 그 누구도 귀담아 들으려고 하지 않았다는 사실이었습니다. 하나님께서는 그들이 귀를 닫고 예레미야가 전하는 심판과 종말의 메시지를 듣지 않을 줄을 이미 알고 계셨으면서도 전하라고 하셨습니다. "그 말이 응하리니 응할 때에는 그들이 한 선지자가 자기 가운데에 있었음을 알리라(겔 33:33)"고 하셨습니다. 지금은 듣지 않아도 나중에라도, 그 예언의 말씀이 성취된 뒤에라도 깨달을 수 있게 전하라는 것입니다.

이 말씀처럼 이스라엘 백성은 예레미야와 에스겔이 예루살렘의 멸망을 전할 당시에는 선지자들이 전하는 그 말을 듣지 않았습니다. 하지만 저들이 예언한 말씀처럼 예루살렘이 바벨론에 멸망을 당하고 이스라엘 백성에게 바벨론 포로라는 고난의 시간이 찾아오자, 이스라엘 백성은 비로소 저들을 통해 주셨던 경고의 말씀들을 기억하면서 회개하기에 이릅니다. 처음부터 들을 귀가 되어 귀 기울여 들었더라면 얼마나 좋았을까요?

말씀을 전하는 자는 때나 상황, 환경이나 결과에 상관없이 상대가 듣든지 아니 듣든지 말씀을 전해야 합니다. 또한 주신 말씀을 가감 없이 그대로 전해야 합니다. 비록 그가 전하는 말씀이 심판과 멸망을 선언하는 '쓴 말씀'이라고 해도 전해야 합니다. 그것이 주의 길을 예비하는 자로서 이 땅에서 사명자가 감당해야 할 십자가입니다.

마지막 심판을 알리는 '작은 책'이 펼쳐졌고, 이제 그 말씀을 전할 책임이 우리에게 있습니다. 우리도 이 책을 받아먹고, 청지기로서 맡은 바대로 만방에 나가 종말과 심판에 대한 소식을 전해야 합니다. 듣든지 아니 듣든지, 언젠가 뒤늦게라도 하나님께서 하나님의 일꾼들을 통해 경고하신 일이 있음을 깨닫도록 전해야 합니다.

개관 12
환난 성전(제3성전)

/

계 11:1-2

> ¹또 내게 지팡이 같은 갈대를 주며 말하기를 일어나서 하나님의 성전과 제단과 그 안에서 경배하는 자들을 측량하되 ²성전 바깥 마당은 측량하지 말고 그냥 두라 이것은 이방인에게 주었은즉 그들이 거룩한 성을 마흔두 달 동안 짓밟으리라.

요한계시록을 자세히 살펴보면 교회의 휴거 사건 이후에 벌어질 7년 대환난의 중심 무대가 예루살렘과 성전임을 알 수 있습니다. 본문에 등장하는 '두 증인'이 하나님의 말씀을 전하기 위해 선택한 장소가 성전이고, 적그리스도가 자신의 우상을 세워 경배를 강요하는 곳도 바로 성전이라고 성경은 예언합니다(13:12; 단 9:27).

이스라엘의 역사 속에서 성전은 두 번의 건축과 두 번의 파괴를 경험합니다.[48] BC 950년경 솔로몬에 의해 건축된 제1성전(솔로몬 성전)은 BC

---

48 http://www.bibleprophecyblog.com/2011/08/temples-of-bible-part-1.html에서 참조, 2011년 9월 3일 접속.

586년에 이르러 바벨론에 의해 파괴됩니다. 제2성전(스룹바벨 성전)은 BC 515년경 총독인 스룹바벨의 지시로 바벨론의 포로 신세였다가 돌아온 이스라엘 백성에 의해 재건됩니다. 이 성전은 몇 차례 수난 과정을 거쳐 헤롯 왕 시절에는 대대적으로 보수 작업을 하여 웅장한 모습을 갖추게 되는데, 예수님 당시 예루살렘에 있던 성전이 바로 이 성전입니다. 그러나 이 제2성전도 AD 70년 로마에 의해 파괴되는 비극적인 종말을 맞이합니다.

오늘 본문에 등장하는 성전은 장차 7년 대환난의 시작을 전후해서 세워지게 될 제3의 성전이라고 보면 될 것입니다. 1948년 5월 14일 고토로 돌아와 나라를 재건한 유대인들은 그 옛날 바벨론 포로에서 돌아와 성전을 재건하고 나라를 재건했던 저들의 선조들처럼 성전 재건을 간절히 바라왔습니다. 하지만 AD 70년 로마에 의해 성전이 파괴된 뒤, 예루살렘 성전이 있던 자리에는 지금 이슬람 사원인 '황금 돔 사원'이 세워져 있습니다. 이 사원은 이슬람의 제3의 성지로 알려져 있는데, 만일 이스라엘이 이 사원을 무너뜨리고 그곳에 성전을 건설한다면 이는 곧 이슬람 세력과의 전면전을 선포하는 것이기 때문에 실행되지 못하고 있습니다.

하지만 장차 에스겔 38-39장에서 예언하고 있는 '곡과 마곡의 전쟁(전 이슬람 세력과 러시아가 연합하여 이스라엘을 치는 전쟁)'이 벌어지고, 성경의 예언대로 이 전쟁에서 이스라엘이 큰 승리를 거두게 된다면 이스라엘은 조금의 망설임도 없이 성전을 재건하게 될 것입니다.[49] 곡과 마곡의 전쟁 이후에 세계적인 지도자로 등장한 적그리스도와 이스라엘이 7년간의 평화협약을 맺게 된다면 이 협약의 내용 속에 아마도 성전 재건에 대한 약

---

[49] 실제로 이스라엘은 종교 지도자들을 중심으로 성전 재건에 필요한 모든 준비를 마친 상태이다.

속이 포함될 것입니다. 7년 대환난이 다니엘서 9장 27절에 예언된 이스라엘에게 허락된 마지막 한 이레의 기간이라면, 이 한 이레의 사건이 시작되기 위해서는 이스라엘의 온전한 재건과 회복이 이루어져야 하는데, 성전 재건이 바로 이스라엘 재건의 마지막 순서가 될 것입니다.

개관 13
두 증인

/

계 11:3-14

³내가 나의 두 증인에게 권세를 주리니 그들이 굵은 베옷을 입고 천이백육십 일을 예언하리라 ⁴그들은 이 땅의 주 앞에 서 있는 두 감람나무와 두 촛대니 ⁵만일 누구든지 그들을 해하고자 하면 그들의 입에서 불이 나와서 그들의 원수를 삼켜 버릴 것이요 누구든지 그들을 해하고자 하면 반드시 그와 같이 죽임을 당하리라 ⁶그들이 권능을 가지고 하늘을 닫아 그 예언을 하는 날 동안 비가 오지 못하게 하고 또 권능을 가지고 물을 피로 변하게 하고 아무 때든지 원하는 대로 여러 가지 재앙으로 땅을 치리로다 ⁷그들이 그 증언을 마칠 때에 무저갱으로부터 올라오는 짐승이 그들과 더불어 전쟁을 일으켜 그들을 이기고 그들을 죽일 터인즉 ⁸그들의 시체가 큰 성 길에 있으리니 그 성은 영적으로 하면 소돔이라고도 하고 애굽이라고도 하니 곧 그들의 주께서 십자가에 못 박히신 곳이라 ⁹백성들과 족속과 방언과 나라 중에서 사람들이 그 시체를 사흘 반 동안을 보며 무덤에 장사하지 못하게 하리로다 ¹⁰이 두 선지자가 땅에 사는 자들을 괴롭게 한 고로 땅에 사는 자들이 그들의 죽음을 즐거워하고 기뻐하여 서로 예물을 보내리라 하더라 ¹¹삼 일 반 후

에 하나님께로부터 생기가 그들 속에 들어가매 그들이 발로 일어서니 구경하는 자들이 크게 두려워하더라 [12]하늘로부터 큰 음성이 있어 이리로 올라오라 함을 그들이 듣고 구름을 타고 하늘로 올라가니 그들의 원수들도 구경하더라 [13]그 때에 큰 지진이 나서 성 십분의 일이 무너지고 지진에 죽은 사람이 칠천이라 그 남은 자들이 두려워하여 영광을 하늘의 하나님께 돌리더라 [14]둘째 화는 지나갔으나 보라 셋째 화가 속히 이르는도다.

본문은 여섯째 나팔 재앙과 일곱째 나팔 재앙 사이에 들어간 삽경입니다. 지난 시간에 살펴보았듯 장차 에스겔 38-39장에서 예언하고 있는 곡과 마곡의 전쟁이 일어나 이스라엘이 큰 승리를 거두고 이슬람 세력이 괴멸된다면 현재 황금 돔 사원이 세워져 있는 성전 산에 제3의 성전, 곧 환난 성전이 서게 될 것입니다. 본문에 소개된 '두 증인'은 바로 이 성전에서 1,260일 동안 하나님께 권세를 받아 예언하는 사역을 하게 될 것입니다. 오늘은 이 두 증인에 대해서 살펴보려고 합니다.

1. 누구인가(3-4절)

먼저, 본문에 등장하는 두 증인이 누구인가 하는 문제입니다. 본문에서는 이 두 증인을 또다시 "두 감람나무" 또는 "두 촛대"로 소개하고 있습니다. 스가랴 4장에서는 이스라엘 백성을 이끌고 바벨론 포로에서 돌아와 이스라엘의 신앙 회복과 성전 재건에 앞장섰던 총독 스룹바벨과 대제사장 여호수아를 바로 '두 감람나무'와 '두 촛대'로 비유하고 있습니다(슥 4:3). 총독인 스룹바벨은 이스라엘을 정치적으로 이끌었던 '정치 지도

자'였고, 대제사장이었던 여호수아는 '영적 지도자'였습니다. 본문에 등장하는 두 증인도 스룹바벨과 여호수아와 같이 이스라엘의 재건과 영적인 회복을 위해 보냄받은 특별한 사람들입니다.

저들은 하나님께로부터 받은 권세로 1,260일 동안 예언의 사명을 감당할 것입니다. 이 두 증인이 구체적으로 누구일까에 대해서는 여러 견해가 있지만, 일반적으로는 '모세'와 '엘리야'라고 보는 의견이 지배적입니다. 이렇게 보는 몇 가지 근거를 살펴봅시다.

1) 먼저, 모세와 엘리야는 구약을 대표하는 인물입니다. 구약성경을 보통 율법서(모세오경)와 예언서로 크게 분류하는데, 창세기에서 시작해서 신명기로 끝나는 율법서의 저자가 모세이고, 엘리야는 모든 예언자를 대표하는 인물입니다. 구약을 대표하는 두 인물이 1,260일 동안 성전에서 이스라엘 백성과 세상 사람들을 향해 하나님의 말씀을 전한다는 것입니다(11:3).

그들은 세상에 어떤 메시지를 전할까요? 1) 세상을 향해서는 종말과 심판에 대한 메시지를 전할 것이고, 2) 이스라엘 백성에게는 예수 그리스도가 바로 구약에서 예언하고 있는 메시아라는 사실을 증거하게 될 것입니다. 이 사역을 감당하는 데 모세와 엘리야만큼 이상적인 사역자가 또 어디 있겠습니까?

2) 모세와 엘리야 모두 그들의 죽음과 끝이 신비에 싸여 있다는 것입니다. 엘리야는 에녹과 함께 죽음을 맛보지 않고 들림을 받은 인물입니다(왕하 2:11). 모세는 자연적인 죽음을 맞긴 했지만 누구도 그 시신을 찾지 못했다고 했습니다(신 34:6). 유다서 9절에서는 이스라엘의 수호천사로 알려진 미가엘이 "모세의 시체에 관하여 마귀와 다투어 변론했다"는 말씀

이 등장합니다. 이 말씀을 보면 하나님이 모세의 시신을 특별한 때에 특별한 사역을 위해 보존해 두신 것으로 추측할 수 있습니다.

3) 출애굽 과정에서 모세는 이스라엘의 정치적 지도자를 대표하고, 엘리야는 이스라엘의 영적 지도자를 대표합니다. 이들의 사역이 스가랴서에서 '두 감람나무'로 비유되는(슥 4:3) 총독 스룹바벨과 대제사장 여호수아의 모습과 닮아 있습니다.

4) 예수님의 공생애 기간 동안 변화산 상에서 예수님과 함께 대화를 나누던 신비한 두 인물이 바로 모세와 엘리야였습니다(눅 9:30). 변화산 상에서 예수님과 제자들 앞에 나타나 예수님이 성경에서 예언하는 메시아, 즉 그리스도라는 사실을 보여 주었던 이 두 사람이, 마지막 때에 이스라엘 백성에게 예수님을 증거하기 위해 다시 나타날 것입니다.

5) 본문에서 두 증인이 행하는 이적들을 살펴보면 구약성경에 기록된, 모세와 엘리야가 행했던 이적들의 반복임을 알 수 있습니다. 예언하는 날 동안에 하늘에서 비가 오지 못하게 하는 이적,[50] 또 불이 나와 원수를 소멸하는 이적[51]은 엘리야가 행한 일들이고, 물이 변하여 피가 되게 하는 이적은 모세가 애굽 땅에서 행한 일입니다(출 7:20).

이 모두를 종합해 볼 때, 본문에 등장하는 두 증인은 구약을 대표하는 두 인물 모세와 엘리야로 추정되며, 이들은 7년 대환난 기간에 이스라엘 백성에게 예수님이 그리스도이심을 증거하게 될 것입니다.

---

50   계 11:6. cf. 눅 4:25; 약 5:17. 엘리야는 본문에서와 마찬가지로 이스라엘 땅에 3년 반 동안 비가 오지 않게 했다.
51   계 11:5. cf. 왕하 1:10

2. 사역의 시점

두 증인에 대해서 두 번째로 살펴볼 것은 그들이 사역하는 시점이 언제인가 하는 문제입니다. 그들이 사역하는 1,260일, 달리 말하면 3년 반의 기간이 7년 대환난의 전반기에 해당하는가, 아니면 야곱의 환난으로 묘사되는 후반기에 해당하는가 하는 문제입니다. 이에 대해서는 종말론의 대가로 알려진 대표적인 두 학자인 존 월부어와 팀 라헤이 간에 의견이 나뉘고 있습니다. 월부어는 두 증인의 사역 기간이 7년 대환난의 후반부에 해당하며, 본문에서 묘사하는 말씀처럼 그들이 적그리스도에 의해 죽임을 당하고 사흘 반 만에 부활 승천하면 곧바로 일곱 대접 재앙이 짧은 기간에 내려지고 예수님의 재림이 이어진다고 주장합니다.[52]

소설 『레프트 비하인드(Left Behind)』의 작가로도 유명한 라헤이는 두 증인의 사역 시점을 7년 대환난의 후반부가 아니라 전반부 3년 반의 기간으로 보는데[53] 이러한 주장을 펼치는 근거를 몇 가지 보면 다음과 같습니다.

1) 먼저, 다니엘 9장 27절과 요한계시록 13장에서 예언하고 있듯이 7년 대환난의 후반 3년 반은 적그리스도가 자신의 우상을 성전에 세우고 이스라엘 백성에게 그 앞에 경배하기를 강요하면서 시작되는데, 하나님의 큰 능력을 받아 예루살렘 성전에서 예언 사역을 감당하는 두 증인이 이 행위를 간과한다는 것은 상식적으로 이해가 되지 않는다는 것입니다. 성전 안에 적그리스도의 우상과 두 증인이 함께 공존한다는 주장은 무리

---

52   John F. Walvoord, *the Revelation of Jesus Christ*(Chicago : The Moody Bible Institute, 1989), p. 178.
53   Tim LaHaye, *The Rapture*(Oregon : Harvest House Publishers, 2002), p. 63.

가 있습니다.

2) 앞에서 살펴보았듯 모세와 엘리야로 추측되는 두 증인의 주된 사역이 이스라엘 백성에게 예수님이 그리스도이심을 증거하는 일이 될 것입니다. 2천 년 전에 저들이 십자가에 못 박은 예수님이 바로 하나님이 보내신 메시아였고, 믿지 않는 자들을 심판하기 위해 재림하실 것이라고 증거하게 될 것입니다.

이렇듯 두 증인이 전하는 말씀을 듣고 회개한 이스라엘 백성 가운데 144,000명의 인 맞은 하나님의 종들이 세움받고, 또 이들이 전 세계로 흩어져 복음전파의 사명을 감당할 것이라는 점입니다(7장). 7년 대환난의 기간 동안 이스라엘이 휴거된 교회를 대신해 복음전파의 사명을 감당하려면 이 사역의 출발점이라 할 수 있는 두 증인의 사역도 7년 대환난의 초창기에 시작되어야 한다는 것입니다.

3) 본문에서 묘사된 사건들은 일곱 대접 재앙이 시작되기 바로 직전에 일어날 일입니다. 그런데 만일 두 증인이 사역하는 기간을 7년 대환난의 후반부라고 가정한다면, 두 증인이 부활 승천한 후에 곧바로 일곱 대접 재앙이 내려지고 예수님의 재림 사건이 일어나야 합니다. 하지만 16장부터 묘사되고 있는 일곱 대접 재앙은 결코 일주일이나 한 달처럼 짧은 기간에 일어날 수 있는 일이 아닙니다. 두 증인의 사역 기간을 7년 대환난의 전반부로 보고, 저들이 부활 승천한 후 7년 대환난의 후반부에 일곱 대접 재앙이 있는 것으로 보는 편이 자연스럽습니다.[54]

---

54 일곱 대접 재앙 기간에 짐승의 표를 받은 자에게 헌데가 생기고, 바다와 물의 근원이 피가 되고, 해가 권세를 받아 사람들을 태우고, 짐승의 나라와 보좌가 어두워지고, 바벨론이 멸망을 받고, 천하 임금들이 예루살렘에 모여 아마겟돈 전쟁을 치르게 될 것인데(16-18장), 이 일이 한 달이나 일주일처럼 짧은 기간에 이루어진다고 해석하는 것은 다소 무리가 있어 보인다.

3. 두 증인의 죽음과 부활(7-13절)

7년 대환난의 전반부에 등장하여 세상에 심판을 전하고 이스라엘 백성에게 복음을 전할 사명을 맡은 두 증인은 3년 반의 사역이 끝난 뒤 무저갱으로부터 올라온 짐승에 죽임을 당하게 될 것입니다(11:7). 요한계시록 13장에 보면 적그리스도를 묘사하는 '바다에서 올라 온 짐승'이 '죽게 되었던 상처가 나은 자(3절)'로 소개되고 있습니다. 이스라엘과 언약을 맺음으로 7년 대환난의 시작을 알렸던 적그리스도가 3년 반의 기간이 끝나기 직전에 누군가에게 죽임을 당했다가 살아나게 되는데, 아마도 이때 무저갱에서 올라온 짐승인 사탄 마귀가 직접 적그리스도의 몸에 들어가 본격적으로 하나님을 대적하는 사역을 시작할 것으로 보입니다. 그 사역의 출발점이 바로 '두 증인'을 쳐서 죽이는 일이 될 것입니다(11:9).

이렇게 죽임을 당한 두 증인은 사흘 반 동안 길거리에 그 시신이 방치되어 모독(말이나 행동으로 욕되게 함)을 당하게 되는데, 이때 백성과 족속과 방언과 나라 중에서 사람들이 그 시체를 사흘 반 동안 목도(目睹)하게 될 것입니다(11:9). 온 세상 사람들이 종말과 심판을 예언하고 여러 재앙들로 저들을 괴롭게 했던 두 증인의 시신을 보게 된다는 것입니다. 텔레비전을 통해 위성으로 생중계될 것으로 보입니다. 2,000년 전에 쓰인 요한계시록의 말씀이 이렇듯 텔레커뮤니케이션 기술이 발달한 오늘의 상황을 정확하게 묘사하고 있습니다.

이렇게 사흘 반 동안 방치되어 있던 시신이 부활하여 모든 사람이 지켜보는 가운데 하늘로 올라가는데, 많은 사람이 이 때문에 큰 두려움을 느끼고, 남은 자들은 이러한 이유로 하늘의 하나님께 영광을 돌린다고 했습니다(11:11-13).

4. 결론

7년 대환난의 전반부에 등장하여 세상을 향해서는 하나님의 재앙과 심판을 선언하고, 이스라엘 백성에게는 복음전파의 사명을 감당하던 두 증인이 사탄의 화신이 된 적그리스도에게 죽임을 당함으로 이제 본격적인 대재앙(일곱 대접 재앙)이 시작됩니다. 본문 14절에서는 이를 "셋째 화"로, 예레미야 30장 7절에서는 "야곱의 환난 때"로 소개하고 있습니다. 이 때부터 적그리스도는 짐승의 표를 강요하고 예루살렘 성전과 세계 곳곳에 자신의 우상들을 세워 그 앞에 경배하기를 강요할 것입니다. 이때가 되면 믿음을 지키려는 성도들에게는 견디기 어려운 환난과 핍박이 찾아올 것입니다. 하지만 성도들을 핍박하는 세상에도 일곱 대접 재앙이 임하게 될 것입니다. 이 핍박과 재앙은 만왕의 왕이신 예수님이 재림하실 때까지 지속될 것입니다. 인류사에 다시는 없을 엄청난 재난이 시작된 것입니다.

개관 14
여자와 용

/

계 12:1-17

¹하늘에 큰 이적이 보이니 해를 옷 입은 한 여자가 있는데 그 발 아래에는 달이 있고 그 머리에는 열두 별의 관을 썼더라 ²이 여자가 아이를 배어 해산하게 되매 아파서 애를 쓰며 부르짖더라 ³하늘에 또 다른 이적이 보이니 보라 한 큰 붉은 용이 있어 머리가 일곱이요 뿔이 열이라 그 여러 머리에 일곱 왕관이 있는데 ⁴그 꼬리가 하늘의 별 삼분의 일을 끌어다가 땅에 던지더라 용이 해산하려는 여자 앞에서 그가 해산하면 그 아이를 삼키고자 하더니 ⁵여자가 아들을 낳으니 이는 장차 철장으로 만국을 다스릴 남자라 그 아이를 하나님 앞과 그 보좌 앞으로 올려가더라 ⁶그 여자가 광야로 도망하매 거기서 천이백육십 일 동안 그를 양육하기 위하여 하나님께서 예비하신 곳이 있더라 ⁷하늘에 전쟁이 있으니 미가엘과 그의 사자들이 용과 더불어 싸울새 용과 그의 사자들도 싸우나 ⁸이기지 못하여 다시 하늘에서 그들이 있을 곳을 얻지 못한지라 ⁹큰 용이 내쫓기니 옛 뱀 곧 마귀라고도 하고 사탄이라고도 하며 온 천하를 꾀는 자라 그가 땅으로 내쫓기니 그의 사자들도 그와 함께 내쫓기니라 ¹⁰내가 또 들으니 하늘에 큰 음성이 있어 이르되 이제 우리

하나님의 구원과 능력과 나라와 또 그의 그리스도의 권세가 나타났으니 우리 형제들을 참소하던 자 곧 우리 하나님 앞에서 밤낮 참소하던 자가 쫓겨났고 [11]또 우리 형제들이 어린 양의 피와 자기들이 증언하는 말씀으로써 그를 이겼으니 그들은 죽기까지 자기들의 생명을 아끼지 아니하였도다 [12]그러므로 하늘과 그 가운데에 거하는 자들은 즐거워하라 그러나 땅과 바다는 화 있을진저 이는 마귀가 자기의 때가 얼마 남지 않은 줄을 알므로 크게 분내어 너희에게 내려갔음이라 하더라 [13]용이 자기가 땅으로 내쫓긴 것을 보고 남자를 낳은 여자를 박해하는지라 [14]그 여자가 큰 독수리의 두 날개를 받아 광야 자기 곳으로 날아가 거기서 그 뱀의 낯을 피하여 한 때와 두 때와 반 때를 양육 받으매 [15]여자의 뒤에서 뱀이 그 입으로 물을 강 같이 토하여 여자를 물에 떠내려 가게 하려 하되 [16]땅이 여자를 도와 그 입을 벌려 용의 입에서 토한 강물을 삼키니 [17]용이 여자에게 분노하여 돌아가서 그 여자의 남은 자손 곧 하나님의 계명을 지키며 예수의 증거를 가진 자들과 더불어 싸우려고 바다 모래 위에 서 있더라.

요한계시록 12장에서 14장까지의 말씀 속에는 7년 대환난을 이끌어가는 7명의 중요한 등장인물이 소개됩니다.[55] 1) 이스라엘을 상징하는 여자가 등장합니다. 2) 사탄을 상징하는 용이 등장합니다. 3) 여자가 낳은 아이인 예수 그리스도가 등장합니다. 4) 모든 천사의 대표인 미가엘이 등장합니다. 5) 여자의 남은 자손인 구속받은 이스라엘이 등장합니다. 그리고 6) 적그리스도를 상징하는 바다에서 올라온 짐승과 7) 거짓 선지자를 상징하는 땅에서 올라온 짐승이 등장합니다. 이러한 7명의 등장인물 가

---

55 John F. Walvoord, *the Revelation of Jesus Christ*(Chicago : The Moody Bible Institute, 1989), p. 187.

운데 5명이 등장하는 12장의 말씀을 살펴보겠습니다.

1. 여자

12장부터 14장까지 등장하는 일곱 인물 가운데 첫 번째인 이 여자가 과연 무엇을 상징하는지 알아야 합니다. 로마 가톨릭이나 환난 통과설을 주장하는 사람들은 이 여자를 7년 대환난 기간 동안 사탄 마귀에게 핍박받는 '교회'로 해석합니다. 하지만 본문에 묘사된 이 여자의 모습을 교회로 해석하는 것은 무리가 있는데 그 이유를 살펴보겠습니다.

1) 이 여자가 해를 입고 그 발 아래 열두 별의 면류관을 쓰고 있었다고 합니다(1절).

이는 창세기 37장에 묘사된 이스라엘의 모습과 일치합니다. 요셉이 어느 날 꿈을 꾸었는데, 해와 달과 열한 별이 자신에게 절하는 꿈이었습니다(창 37:9). 이는 장차 요셉이 그의 형제들과 이스라엘 백성 가운데 높아져서 결국 저들을 구원할 것을 미리 알려 주신 꿈이었습니다. 여기에서 요셉이 꿈속에서 본 해는 그의 아비인 야곱을, 달은 그의 어미인 라헬을 열한 별은 그의 형제들을 의미하는 것으로 해석하고 있습니다(창 37:10). 요셉의 꿈속에 등장하는 해와 달과 별은 결국 이스라엘 전체를 상징하고 있는 것입니다. 이런 요셉의 꿈을 해석해 볼 때, 오늘 본문에서 해와 달과 열두 별을 두르고 있는 이 여자는 교회가 아니라, 이스라엘을 상징하고 있다고 보아야 합니다.

2) 이 여자가 아들을 낳았다고 합니다(5절).

여자가 아들을 낳았는데, 이는 장차 철장으로 만국을 다스릴 남자라고 했습니다(5절). 물론, 여자가 낳은 아들은 2,000년 전에 이 땅에 오셔서 구속의 사역을 완성하시고, 장차 철장의 권세로 세상을 심판하고 다스리실 예수 그리스도입니다. 2,000년 전 예수님은 여자의 후손인 마리아를 통해 이 땅에 태어나셨습니다. 여자의 후손이요, 이스라엘 족속인 마리아는 이스라엘 전체를 대표한다고 보아야 합니다. 만일 본문에 등장하는 여자를 교회라고 해석한다면, 교회가 예수님을 탄생시켰다고 해석해야 하는데 이는 선후가 뒤바뀐 억지 해석입니다. 교회가 예수님을 탄생시킨 것이 아니라, 예수님이 교회를 탄생시켰기 때문입니다.

결론적으로 해와 달과 열두 별을 두르고 예수 그리스도를 탄생시킨 이스라엘이 7년 대환난의 기간 동안 용으로 묘사되는 사탄 마귀에게 핍박을 받게 된다는 것이 본문이 전달하려고 하는 중심 메시지입니다.

2. 용

본문 3절에서는 머리가 일곱이요, 뿔이 열 달린 큰 붉은 용이라고 묘사합니다. 9절에서는 이 용을 옛 뱀, 마귀, 사탄 그리고 온 천하를 꾀는 자로 소개합니다. 창세로부터 하나님과 하나님의 백성을 대적했던 사탄 마귀가 마지막 때에 아들을 낳은 여자를 핍박하고 진멸하기 위해 애를 쓴다는 것입니다. 이에 대해 구체적으로 살펴보겠습니다.

1) 용의 모습

① 크고 붉은 용이라고 했습니다(3절). '붉다'는 뜻의 헬라어 πυρρός는 '불타오른다'는 뜻으로 하나님과 그의 백성을 향한 진노로 독이 올라 있는 사탄 마귀의 모습을 잘 묘사하고 있습니다.

② 머리가 일곱이요 뿔이 열이라고 했습니다(3절). 이는 요한계시록 13장과 17장에 묘사된 적그리스도와 큰 성 바벨론의 모습과도 일치합니다. 열 뿔에 대한 표현은 다니엘 7장에서 제일 먼저 소개됩니다(단 7:7, 24). 본문에 묘사된 용이 적그리스도와 그가 세울 마지막 세상 나라인 큰 성 바벨론과 밀접한 연관성이 있음을 알 수 있는 대목입니다.

몸통은 하나인데 머리가 일곱이라는 것은 사탄 마귀와 그가 지배하는 세상 나라가 시대마다 다른 모습으로 역사 속에 등장했지만, 그 본질은 하나, 바로 마귀로부터 온 것임을 명시하는 말씀입니다. 이 일곱 머리에 대해 요한계시록 17장 9-10절에서는 "…그 일곱 머리는 여자가 앉은 일곱 산이요 또 일곱 왕이라 다섯은 망하였고 하나는 있고 다른 하나는 아직 이르지 아니하였으나 이르면 반드시 잠시 동안 머무르리라"고 설명합니다.

이 말씀을 통해 우리는 이 일곱 머리가 역사 속에 등장하여 하나님과 그의 백성을 대적했던 왕들과 그들이 다스리는 나라라는 사실을 알게 됩니다. 이미 망한 다섯은 1) 애굽과 2) 앗수르, 3) 바벨론 4) 메대 바사 5) 헬라 제국과 그 왕들을 의미합니다. 사도 요한이 요한 계시록을 쓸 당시에 존재하던 여섯 번째 제국은 6) 로마입니다. 그리고 아직 이르지 아니하였으나 이르면 반드시 잠시 동안 머무를 것이라고 예언된 일곱 번째 머리가 바로 7) 적그리스도와 그가 다스릴

마지막 세계 제국인 것입니다. 종말을 연구하는 많은 학자들은 현재
전 세계적으로 진행되고 있는 세계화가 결국 세계 정부의 탄생으로
이어질 것인데, 앞으로 세워질 세계 정부와 이 세계 정부를 다스릴
왕인 적그리스도가 성경에서 예언하고 있는 마지막 일곱 번째 머리
라 해석하고 있습니다.

뿔이 열이라는 표현을 설명하자면 앞으로 등장할 마지막 세계 제국
은 그 밑에 열 명의 왕이 다스리는 일종의 연합 국가의 형태가 될 것
인데, 적그리스도가 저들의 추대를 받아서 세계의 대통령으로 세워
지게 된다는 것입니다. 현재 세계화의 과정 속에서 전 세계가 열 개
의 권역으로 재편되고 있는 모습을 보이고 있는데, 이것이 성경에서
말하는 열 개의 뿔이 될 것이라는 해석이 지배적입니다.

2) 용을 부르는 명칭(3, 9절)

① 큰 용이라고 합니다. 이는 사납고 잔인한 사탄 마귀의 특성을 표현
한 것입니다.

② 옛 뱀이라고 합니다. 그 옛날 아담과 하와를 미혹하여 범죄하게 했
던 바로 그 자입니다.

③ 마귀라고 합니다. 마귀라는 말에는 '참소자'라는 뜻이 있습니다. 참
소자란 근거 없는 비방과 고소로 남을 괴롭히고 해를 끼치는 자를
의미합니다. 10절에서도 이 마귀를 '하나님 앞에서 밤낮으로 형제들
을 참소하던 자'라고 소개합니다.

④ 사탄이라고 합니다. 히브리어인 사탄은 '대적자'라는 뜻이 있습니
다. 저는 처음부터 하나님과 그의 택한 백성을 대적했던 대적자입
니다.

⑤ 천하를 꾀는 자라고 합니다. 마귀의 주특기는 미혹입니다. 거짓을 진실인양 포장하여 사람들을 속입니다. 마지막 때가 되면 사탄 마귀가 세상을 속여 그가 세운 적그리스도와 그의 나라가 이 땅에 평화와 안정을 줄 것으로 믿게 할 것입니다. 하지만 얼마 못 가서 그의 본색을 드러내고 세상을 멸망과 심판으로 이끌게 될 것입니다. 1차 대전에서 패망한 독일이 절망 속에 빠져 있을 때, 히틀러가 등장하여 번영과 영광을 가져다주겠다고 그들을 미혹했지만, 결국 그는 독일과 온 유럽을 전쟁과 멸망의 길로 이끌어 갔습니다.

진정한 평화는 평강의 왕이신 예수 그리스도가 오셔서 통치하실 때 이루어질 수 있습니다. 오늘날 예수 그리스도 없이도 이 땅에 평화와 행복이 실현될 수 있다고 가르치는 사탄 마귀의 미혹을 분별하고 물리쳐야 합니다.

3) 용의 행적

① 과거의 행적입니다. 4절에 보니 그 꼬리가 하늘의 별 삼분의 일을 끌어다가 땅에 던지고, 해산하려는 여자 앞에서 그가 해산하면 그 아이를 삼키려 했다고 했습니다.

이사야 14장 12-15절과 에스겔 28장 17-19절에 보면 천사장이었던 루시퍼가 하나님의 권세에 도전했다가 심판을 받고 하늘에서 쫓겨나는 장면이 소개되고 있습니다. 이때 천사들 가운데 삼분의 일이 천사장 루시퍼와 함께 반역에 참여했다가 결국 루시퍼와 함께 심판을 받아 하늘에서 쫓겨났습니다. 이렇게 쫓겨난 용인 사탄 마귀가 2,000년 전 예수 그리스도가 베들레헴에서 탄생하려 할 때, 아기 예수님을 죽이려고 시도했지만 결국 실패하고 말았습니다.

마태복음 2장을 보면 동방박사에게서 메시아의 탄생 소식을 들은 헤롯 왕이 예수님을 죽이려고 시도하지만, 결국 하나님의 개입으로 그 계획이 실패로 돌아갔습니다(마 2:1-15). 용이 헤롯 왕을 격동하여 여자가 낳은 아이를 삼키고자 했지만, 실패했다는 것입니다.

② 용은 현재 하나님의 보좌 앞에서 구속받은 성도들을 참소하고 있다고 했습니다(10절). 성경을 보면 용이 비록 하나님을 대적하다가 하늘의 권세와 영광을 잃고 쫓겨나긴 했지만, 지금도 제한적이긴 하지만, 하나님이 계신 3층 천(세 번째 하늘)에 오고 갈 수 있는 것으로 묘사됩니다. 욥기 1-2장의 말씀을 보면 의인 욥을 참소하던 사탄이 천상에 계신 하나님께 허락을 받아 욥을 시험하는 장면이 소개되고 있습니다. 욥기 1장 6절에는 "하루는 하나님의 아들들이 와서 여호와 앞에 섰고 사탄도 그들 가운데에 온지라"고 했습니다. 제한적이긴 하지만, 사탄도 천상에 올라가 하나님을 알현할 수 있는 권한이 있음을 알 수 있는 말씀입니다.

③ 하지만 이런 사탄 마귀의 권세는 미래의 언젠가는 빼앗길 날이 올 것인데, 9절에서는 사탄 마귀와 그의 사자들이 7년 대환난의 기간에 하늘에서 땅으로 쫓겨 나는 사건이 있을 것이라고 명시합니다. 아마도 '야곱의 환난(렘 30:7)'이라고 일컬어지는, 후반기 삼 년 반의 시간이 시작되기 바로 직전에 있을 사건으로 추측됩니다.

이렇듯 쫓겨난 마귀는 이 땅에서 자기의 때가 얼마 안 남은 줄을 알고 크게 분내어(12:12) 남자를 낳은 여자를 핍박하게 될 것입니다(12:13). 7년 대환난에 남겨진 이스라엘 백성을 진멸하기 위해 그의 진노를 쏟아부을 것입니다. 하지만 용이 여자를 해하려고 할 때, 이 여자는 하나님의 도움으로 그 진노를 피해 예수님이 재림할 때까지 보존될 것입니다.

14절에 보면 그 여자가 큰 독수리의 두 날개를 받아 광야 자기 곳으로 날아가 거기서 그 뱀의 낯을 피하여 한 때와 두 때와 반 때를 양육받을 것이라고 했습니다. 적그리스도가 성전에 우상을 세우고 이스라엘 백성에게 본격적인 핍박을 가하려고 할 때, 예루살렘을 빠져 나온 이스라엘 백성이 광야로 도망쳐서 한 때와 두 때와 반 때, 즉 3년 반의 기간 동안 하나님의 기적적인 돌보심으로 보존될 것이라는 말씀입니다. 15-16절 말씀을 보면 이때 광야로 피한 이스라엘 백성을 진멸하기 위해 용이 강 같은 물을 토하지만, 이때도 땅이 '용이 토한 강물'을 삼킨다고 했습니다. 이스라엘 백성을 보존하기 위해 하나님의 기적적인 돌보심이 있을 것을 예측할 수 있는 말씀입니다.

3. 결론

7년 대환난은 다니엘 9장 27절에 예언된 '마지막 한 이레'의 기간입니다. 이스라엘 민족이 회개하고 하나님의 사역을 감당할 수 있는 마지막 기회입니다. 이를 잘 알고 있는 용이 남자아이를 낳은 여자로 상징되는 이스라엘을 진멸하기 위해 자신의 진노를 쏟아붓지만, 결국 이 시도는 실패로 돌아갈 것입니다. 그리고 이스라엘의 남은 자들은 예수님의 재림의 순간까지 보존되어 천년왕국에 참여하게 될 것입니다.

개관 15
적그리스도

/

계 13:1-10

¹내가 보니 바다에서 한 짐승이 나오는데 뿔이 열이요 머리가 일곱이라 그 뿔에는 열 왕관이 있고 그 머리들에는 신성 모독 하는 이름들이 있더라 ²내가 본 짐승은 표범과 비슷하고 그 발은 곰의 발 같고 그 입은 사자의 입 같은데 용이 자기의 능력과 보좌와 큰 권세를 그에게 주었더라 ³그의 머리 하나가 상하여 죽게 된 것 같더니 그 죽게 되었던 상처가 나으매 온 땅이 놀랍게 여겨 짐승을 따르고 ⁴용이 짐승에게 권세를 주므로 용에게 경배하며 짐승에게 경배하여 이르되 누가 이 짐승과 같으냐 누가 능히 이와 더불어 싸우리요 하더라 ⁵또 짐승이 과장되고 신성 모독을 말하는 입을 받고 또 마흔 두 달 동안 일할 권세를 받으니라 ⁶짐승이 입을 벌려 하나님을 향하여 비방하되 그의 이름과 그의 장막 곧 하늘에 사는 자들을 비방하더라 ⁷또 권세를 받아 성도들과 싸워 이기게 되고 각 족속과 백성과 방언과 나라를 다스리는 권세를 받으니 ⁸죽임을 당한 어린 양의 생명책에 창세 이후로 이름이 기록되지 못하고 이 땅에 사는 자들은 다 그 짐승에게 경배하리라 ⁹누구든지 귀가 있거든 들을지어다 ¹⁰사로잡힐 자는 사로잡혀 갈 것이요 칼에 죽을 자는

마땅히 칼에 죽을 것이니 성도들의 인내와 믿음이 여기 있느니라.

요한계시록 12-13장에는 사탄 마귀의 삼위일체라고 할 용과 적그리스도와 거짓 선지자가 등장합니다. 요한계시록 12장 9절을 보면 천상에서 지상으로 쫓겨난 용이 그의 대리인들을 세워 마흔두 달 동안 하나님과 하나님의 백성을 훼방하고 대적하는 일을 행하는데, 그들이 바로 적그리스도와 거짓 선지자라는 것입니다. 오늘 본문에는 바다에서 올라온 짐승으로 묘사된 적그리스도와 그의 행적이 소개되고 있습니다. 이에 대해 구체적으로 살펴봅시다.

1. 짐승의 정체

11장 7절에서는 한 짐승이 '무저갱'에서 올라왔는데, 본문에 등장하는 짐승은 '바다'에서 올라왔다고 했습니다. 7절에서 묘사된 무저갱으로부터 올라오는 짐승은 사탄 마귀를 의미합니다. 여기에서 말하는 "무저갱"은 사탄 마귀의 본거지를 의미한다고 보면 됩니다. 요한계시록 12장 9절에는 용으로 묘사된 사탄 마귀가 하늘에서 쫓겨났다는 말씀이 있습니다. 이 때문에 현재 사탄 마귀의 본거지가 하늘이라고 생각하는 분들이 계시는데 이는 성경을 오해한 것입니다. 무저갱을 본거지로 둔 사탄 마귀가 현재 하늘과 땅 위에서 하나님의 백성을 참소하고 대적하는 일들을 하고 있지만, 7년 대환난의 어느 시점이 오면 하늘에서 활동하던 사탄 마귀와 그를 따르던 자들이 땅으로 쫓겨나 저들의 활동 무대가 땅으로 제한될 것입니다. 그리고 이처럼 땅에서 활동하던 사탄 마귀가 예수님이 재림하실 때, 다시금 결박되어 천 년 동안 무저갱에 갇히게 될 것입니다(20:1-3). 무저갱에 갇히는 것은 일종의 '가택연금'이라고 이해하면 됩니다.

무저갱을 영어로는 '어비스(abyss; 심연)'라고 하는데, 심연은 끝을 알 수 없는 깊은 바다를 의미하기도 합니다. 본문에서 바다에서 올라오는 짐승이 바로 무저갱에서 올라온 짐승인 사탄 마귀와 연관이 깊음을 짐작할 수 있습니다.

또 요한계시록 17장 15절에서는 이 바다(물)를 "백성과 무리와 열국과 방언들"이라고 해석하고 있습니다. 이 땅에 존재하는 모든 나라와 정부들이라고 보면 될 것입니다. 마지막 때에 적그리스도가 모든 나라와 정부의 추대를 받아 세상의 권세자로 등장하게 될 것입니다.

2. 짐승의 모습

1) 뿔이 열이요 머리가 일곱이라고 합니다(1절).

이는 12장 3절에 묘사된 용의 모습과 일치합니다. 한 가지 다른 점이 있다면 용을 묘사할 때는 일곱 머리가 먼저 등장하고, 바다에서 올라온 짐승을 묘사할 때는 열 뿔이 먼저 등장한다는 것입니다. 열 뿔을 먼저 말하고 이 열 뿔에 열 면류관이 있다는 사실을 강조하는 것입니다.

성경에서 뿔과 면류관은 나라와 권세를 상징합니다. 바다에서 올라오는 짐승의 머리에 열 뿔과 면류관이 있다는 것은 장차 적그리스도가 통치하게 될 열 개의 나라를 강조하기 위함입니다.

종말을 연구하는 학자들 사이에는 이 열 뿔이 상징하는 나라에 대한 오랜 논쟁이 있어 왔습니다. 그래서 예전에는 이 열 뿔이 과거 로마 제국이 있던 자리에서 일어날 열 개의 나라일 것이라 해석하고, 유럽 연합을 적그리스도의 나라로 지목해 왔습니다. 문제는 2004년에 열 개국으로 시작된 유럽 연합의 회원국이 현재는 스물일곱 개 국가로 확장되었다는 것입니다.[56] 따라서 본문에서 말하는 열 뿔을 유럽 연합으로 제한하는 것에는 무리가 있습니다.

다니엘서 7장 23절에서 묘사된 적그리스도의 나라도 유럽과 같이 어떤 지역에 국한된 나라가 아니라 "천하를 삼키고 부서뜨리는" 전 세계적인 제국, 즉 세계 정부임을 알 수 있습니다. 본문에서 말하는 열 뿔을 유럽 연합으로 제한할 수는 없다는 것입니다.

현재 전 세계적으로 일루미나티와 프리메이슨과 같은 어둠의 세력들이 이 땅에 세계 정부를 세우기 위해 오랫동안 분주히 일하고 있는데, 저들은 프리메이슨의 하부 조직인 '로마클럽'을 통해 이미 1974년에 세계를 열 개의 권역으로 나누어 통치할 계획을 발표한 적이 있습니다. 이것이 바로 성경에서 말하는 열 뿔과 열 개의 면류관으로 구성된 적그리스도의 나라인 세계 정부의 모습일 가능성이 큽니다.

2) 표범과 비슷하고 그 발은 곰의 발 같고 그 입은 사자의 입 같다고 합니다(2절).

이는 다니엘 7장 4-7절에 묘사된 짐승들의 모습과 일치합니다. 다니엘 7장에 묘사된 네 짐승 중 첫째 짐승인 사자는 바벨론과 그 왕을, 둘째 짐승인 곰은 바사-메대 제국과 그 통치자를, 셋째 짐승인 표범은 헬라와 그 왕을 상징하고 있습니다. 다니엘 7장 7절에 묘사된 "무섭고 놀라우며 또

---

56 위키백과, http://ko.wikipedia.org/wiki/%EC%9C%A0%EB%9F%BD_%EC%97%B0%
ED%95%A9_%ED%9A%8C%EC%9B%90%EA%B5%AD 2011년 9월 30일 검색.

매우 강하며 또 쇠로 된 큰 이를 가진" 네 번째 짐승은 로마를 상징하는데, 본문에 묘사된 이 짐승이 바로 로마에 뿌리를 둔 마지막 제국에서 등장할 마지막 통치자입니다.

다니엘서 7장에서 사자, 곰, 표범, 사나운 짐승의 순서로 묘사되던 세상 나라들이 개관 15의 본문에서는 그 반대 순서로 묘사되고 있습니다. 이는 짐승에 대한 예언이 성취된 시점에서 그 기원을 되짚어 가는 과정 가운데 순서가 바뀐 것으로 이해할 수 있습니다. 다니엘은 미래에 등장할 나라들을 본 것이고, 이것이 이미 성취된 요한계시록에서는 과거에 등장한 나라들과 적그리스도의 연관성을 짚어보고 있는 것입니다. 다니엘 7장에서 예언하는 무섭고 놀라운 짐승에 대한 예언이 7년 대환난 동안 성취될 것입니다.

3. 짐승의 행적

이제는 이 짐승의 행적을 살펴보겠습니다.

1) 그의 머리 하나가 상하여 죽게 된 것 같더니 그 죽게 되었던 상처가 나으매 온 땅이 놀랍게 여겨 짐승을 따른다고 합니다(3절).

짐승이 가지고 있던 일곱 머리 중 하나, 아마도 마지막 일곱 번째 머리인 적그리스도 자신을 상징하는 것으로 보이는데 그가 치명상을 입지만, 다시 살아나는 모습을 보고 많은 사람이 이상히 여겨 저를 따르게 된다는 것입니다. 12절에서도 적그리스도인 처음 짐승을 "죽게 되었던 상처가 나은 자"로 소개합니다.

아마도 적그리스도가 7년 대환난의 어느 시점에 치명적인 상처를 입고 죽은 것처럼 보이지만, 기적처럼 되살아나서 많은 사람에게 마치 부활하신 예수님처럼 신적인 존재로 숭배받게 된다는 것입니다. 거짓 그리스도인 적그리스도가 예수님의 부활을 흉내 내어 사람들로 하여금 자신을 믿고 경배하게 만든다는 것입니다.

2) 어린 양의 생명책에 창세 이후로 이름이 기록되지 못하고 이 땅에 사는 자들은 다 그 짐승에게 경배한다고 합니다(8절).

본격적인 환난이 시작되는 후반부 3년 반의 기간에는 이 땅에 사는 사람들이 1) 짐승과 용을 경배하는 자들과 2) 고난 속에서도 믿음을 지키는 성도들로 나뉘게 될 것입니다.

3) 마흔두 달 동안 일할 권세를 받는다고 합니다(5절).

적그리스도가 7년 대환난이 시작되기 전부터 등장하여 이스라엘과 7년간의 언약을 맺음으로 세계적인 지도자로 부상할 것이지만, 실권을 가지고 세상을 다스리는 기간은 7년 대환난의 후반부인 3년 반에 불과하다는 것입니다. 전반부 3년 반은 권력의 기반을 다지는 기간이 될 것인데, 아마도 이 기간에 전 세계가 열 개의 권역으로 재편될 것입니다. 사탄 마귀와 그의 대리인이 적그리스도에게 온 세상을 다스릴 수 있는 처음이자 마지막 기회를 주는 것입니다.

4) 마흔두 달 동안 세상을 다스리는 권세를 얻은 적그리스도가 할 일은 하나입니다. 지금까지 사탄 마귀가 그래왔듯이 하나님과 그의 택한 백성을 대적하고 핍박하는 일입니다.

6절에서는 "짐승이 입을 벌려 하나님을 향하여 비방하되 그의 이름과 그의 장막 곧 하늘에 사는 자들을 비방하더라"고 말합니다. 7절에서는 "권세를 받아 성도들과 싸워 이기게 되었다"고 말합니다. 7년 대환난 동안 회개하고 믿음을 갖게 된 환난성도들에게는 견디기 힘든 핍박과 고난의 시간이 될 것입니다.

4. 결론

바다에서 올라온 짐승인 적그리스도가 본격적인 통치를 시작하는 마흔두 달의 기간 동안 많은 성도가 사로잡히고 칼에 죽임을 당할 것입니다. 하지만 이렇듯 성도들을 사로잡는 자들은 저들도 사로잡히게 될 것이고, 칼로 죽이는 자는 마땅히 칼에 죽을 것입니다(13:10). 그러므로 환난의 때를 지내야 하는 성도들은 어떤 고난과 핍박이 있어도, 인내함으로 끝까지 믿음을 지키고 주님 앞에 부끄러움 없이 서야 합니다.

개관 16
거짓 선지자

/

계 13:11-18

[11]내가 보매 또 다른 짐승이 땅에서 올라오니 어린 양 같이 두 뿔이 있고 용처럼 말을 하더라 [12]그가 먼저 나온 짐승의 모든 권세를 그 앞에서 행하고 땅과 땅에 사는 자들을 처음 짐승에게 경배하게 하니 곧 죽게 되었던 상처가 나은 자니라 [13]큰 이적을 행하되 심지어 사람들 앞에서 불이 하늘로부터 땅에 내려오게 하고 [14]짐승 앞에서 받은 바 이적을 행함으로 땅에 거하는 자들을 미혹하며 땅에 거하는 자들에게 이르기를 칼에 상하였다가 살아난 짐승을 위하여 우상을 만들라 하더라 [15]그가 권세를 받아 그 짐승의 우상에게 생기를 주어 그 짐승의 우상으로 말하게 하고 또 짐승의 우상에게 경배하지 아니하는 자는 몇이든지 다 죽이게 하더라 [16]그가 모든 자 곧 작은 자나 큰 자나 부자나 가난한 자나 자유인이나 종들에게 그 오른손에나 이마에 표를 받게 하고 [17]누구든지 이 표를 가진 자 외에는 매매를 못하게 하니 이 표는 곧 짐승의 이름이나 그 이름의 수라 [18]지혜가 여기 있으니 총명한 자는 그 짐승의 수를 세어 보라 그것은 사람의 수니 그의 수는 육백육십육이니라.

163

요한계시록 12-13장에서 소개한 사탄 마귀의 삼위일체인 용과 바다에서 올라온 짐승과 땅에서 올라온 짐승 가운데 개관 16에서는 그 세 번째에 해당하는 땅에서 올라온 짐승에 대하여 살펴보려고 합니다. 본문을 통해 땅에서 올라온 짐승의 행적을 살펴보면 저가 사탄의 화신인 적그리스도를 신격화하고 온 세상 사람들에게 적그리스도를 섬기도록 미혹하는 것을 알 수 있습니다. 이러한 행적이, 적그리스도가 세상을 구원할 메시아인 것처럼 소개하는 '거짓 선지자'의 모습입니다.

이 땅에 루시퍼를 추종하며 세계 정부를 세우기 위해 암암리에 활동하고 있는 세력들이 있습니다. 그 기원과 활동 영역에 따라 예수회, 일루미나티, 프리메이슨, 엘리트 혹은 금융자본가로도 불리는데, 저들은 뉴월드 오더라는 구호 아래 이 땅에 세계 정부(성경적으로 표현한다면 바벨론[57]으로 묘사된 적그리스도의 나라)를 세우기 위해 동분서주하고 있습니다. 앞으로 세워질 세계 정부가 적그리스도의 나라입니다. 저들이 추구하는 세계화는 '경제(프리메이슨)'와 '정치(일루미나티)'와 '종교(예수회)'의 세 분야로 나뉘어 진행되고 있는데, 적그리스도가 세계의 경제와 정치를 통합하여 강력한 지도자(독재자)로 세상을 다스린다면, 거짓 선지자는 세계의 모든 종교를 통합하여 결국 적그리스도를 섬기게 만들 것입니다.

간혹 인터넷을 보면 로마의 교황청을 적그리스도의 나라로 묘사하고 교황을 적그리스도로 소개하는 사람들이 있습니다. 이 땅에 세계 정부를 세우기 위해 암약(暗約)하는 예수회가 바로 로마 교황청의 공식적인 조직이라는 점에서 일리가 있는 이론이지만, 교황이 세계의 정치와 경제를 통합하고 직접 다스린다는 것은 무리가 있는 해석 같습니다. 현재 기독교를

---

[57] 계 17-18장.

비롯한 세계의 모든 종교를 통합하여 하나의 종교로 만들려고 애쓰고 있는 로마의 교황청은 적그리스도가 아니라 거짓 선지자의 역할을 하게 될 것입니다. 지금의 교황이나 아니면 앞으로 7년 대환난의 기간 동안 새롭게 세워질 교황 가운데 거짓 선지자가 나타날 가능성이 큽니다.

이제는 본문의 말씀을 통해 '거짓 선지자의 모습과 행적'을 살펴봅시다.

1. 거짓 선지자의 모습

1) 또 다른 짐승이 땅에서 올라온다고 합니다(11절).

적그리스도를 예표하는 첫 번째 짐승이 바다에서 올라왔다고 했는데(13:1) 두 번째 짐승은 땅에서 올라왔다(13:11)고 했습니다. 여기에서 두 번째 짐승이 등장하는 땅은 무엇을 상징하고 있느냐 하는 문제가 남습니다. 어떤 주경가들은 요한계시록 13장에 등장하는 바다는 이방인들이 사는 곳을, 땅은 이스라엘 백성이 사는 거룩한 곳을 의미한다고 생각해서, 거짓 선지자가 유대인 가운데 일어날 것이라고 주장합니다.[58] 그리고 이것을 '반유대주의'의 근거로 제시하기도 합니다. 하지만 본문에 등장하는 땅을 가나안 땅으로 해석하는 것은 무리가 있습니다.

일반적으로 본문에 등장하는 '땅'은 '하늘'과 대조되는 의미로 해석합니다. 따라서 땅에서 올라왔다는 본문의 의미는 거짓 선지자의 기원이 하늘에서 온 것이 아니라 땅 즉, 세상에서 왔다는 것입니다(요일 2:16). 저가 전

---

58 John F. Walvoord, *the Revelation of Jesus Christ*(Chicago : The Moody Bible Institute, 1989), p. 205.

하는 메시지와 행하는 이적이 하늘 즉, 하나님께로부터 온 것이 아니라, 세상 곧 마귀에게서 온 것이라는 뜻입니다. 이때가 되면 "세상에 속한 자들"은 모두 거짓 선지자가 전하는 세상의 말을 듣게 될 것입니다.

2) 어린 양 같이 두 뿔이 있고, 용처럼 말한다고 합니다(11절 후).

마태복음 7장 15절에서 예수님은 "거짓 선지자들을 삼가라 양의 옷을 입고 너희에게 나아오나 속에는 노략질하는 이리라"고 경고하셨습니다. 양은 사실 예수님 자신을 상징하는 동물이기도 합니다. 거짓 선지자가 예수님의 선지자적 사역을 흉내 낸다는 것입니다. 하지만 저가 전하는 메시지는 용으로부터 온 것이요, 용처럼 미혹하는 말로 세상 사람들을 속여 적그리스도를 숭배하게 만들 것입니다.

이제는 거짓 선지자의 행적을 구체적으로 살펴봅시다.

2. 거짓 선지자의 행적

1) 이적으로 사람들을 미혹할 것이라고 합니다(13-14절).

큰 이적을 행하되 심지어 사람들 앞에서 불이 하늘에서 땅으로 내려오게 하고 짐승 앞에서 받은바 이적을 행함으로 땅에 거하는 자들을 미혹할 것이라고 합니다. 용, 즉 사탄 마귀의 권세와 능력이 비록 하나님과 같지는 않지만, 마귀에게도 이적을 일으킬 능력이 있음을 알아야 합니다.

출애굽기를 보면 모세가 바로 왕 앞에서 지팡이가 뱀이 되게 하는 이적을 베풀었을 때, 애굽의 술사들도 똑같은 이적을 행했습니다(출 7:10-

11). 오늘날에도 귀신의 능력을 받은 무당들이 앞일을 예견하고 신비한 능력을 행함을 볼 때가 있습니다. 이것을 무조건 속임수라고 해서는 안 됩니다. 어둠의 세력에게도 이적을 행하는 능력이 있기 때문입니다. 특별히 어둠의 세력이 세상을 지배하는 7년 대환난의 때가 되면, 짐승에게서 직접적인 권세와 능력을 받은 거짓 선지자가 하늘에서 불을 내리고, 많은 이적을 행함으로 사람들을 미혹할 것입니다.

데살로니가후서 2장에는 적그리스도와 거짓 선지자의 등장을 경고하는 말씀이 있습니다. 그 말씀 가운데 하나님께서 이 땅에 거짓 선지자들이 사람들을 미혹하도록 허락하시는 이유를 설명하는 내용이 있습니다.

"악한 자의 나타남은 사탄의 활동을 따라 모든 능력과 표적과 거짓 기적과 불의의 모든 속임으로 멸망하는 자들에게 있으리니 이는 그들이 진리의 사랑을 받지 아니하여 구원함을 받지 못함이라 이러므로 하나님이 미혹의 역사를 그들에게 보내사 거짓 것을 믿게 하심은 진리를 믿지 않고 불의를 좋아하는 모든 자들로 하여금 심판을 받게 하려 하심이라"(살후 2:9-12).

이 말씀 속에서 사도 바울은 거짓 선지자가 능력과 표적과 속임수로 사람들을 미혹하는 이유는 "진리의 사랑을 받지 아니한 자" 즉, 진리를 믿지 않고 불의를 좋아하는 자들을 심판하기 위함이라고 합니다. 하나님을 믿는다고 하면서도 그 믿음이 진리 즉, 말씀 위에 세워지지 않은 사람들이 있습니다. 교회 안에 알곡과 가라지, 양과 염소가 함께 뒤섞여 있다는 것입니다. 바로 이들을 가려 내기 위해서 거짓 선지자들이 역사하는 것을 허락하신다는 것입니다.

오늘날에도 선지자라는 직함을 가지고 있지만, 실제로는 성도들을 진

167

리의 길에서 멀어지게 미혹하는 거짓 선지자들이 많이 있습니다. 그럴듯한 교훈과 이적으로 미혹하는 자들이 있습니다. 따라서 진리 안에 바로 서서 이들의 미혹과 거짓 교훈을 물리쳐야 믿음을 지켜낼 수 있습니다.

> "사랑하는 자들아 영을 다 믿지 말고 오직 영들이 하나님께 속하였나 분별하라 많은 거짓 선지자가 세상에 나왔음이라 그들은 세상에 속한 고로 세상에 속한 말을 하매 세상이 그들의 말을 듣느니라 우리는 하나님께 속하였으니 하나님을 아는 자는 우리의 말을 듣고 하나님께 속하지 아니한 자는 우리의 말을 듣지 아니하나니 진리의 영과 미혹의 영을 이로써 아느니라" (요일 4: 1, 5-6).

2) 적그리스도를 경배하게 합니다(12절).

거짓 선지자가 많은 이적을 행하고 그럴듯한 말로 세상을 미혹하는 목적은 한 가지입니다. 바로 세상 사람들에게 먼저 나온 짐승인 적그리스도를 경배하도록 만들려고 하는 것입니다. 구약의 마지막 선지자였던 세례 요한이 많은 사람을 예수 그리스도에게 인도하였듯 거짓 선지자는 세상 사람들을 적그리스도에게 인도하여 저가 세상을 구원할 참 그리스도라고 믿게 만들 것입니다. 이런 믿음을 구체화하기 위해서 성전을 비롯한 많은 곳에 짐승의 우상들을 만들어 세우고, 사람이 그 우상 앞에 경배하도록 강요할 것입니다.

이때 거짓 선지자가 권세를 받아 그 짐승의 우상에게 생기를 주어 그 짐승의 우상이 말하게 할 것이라고 했습니다(15절). 여기에서 "생기를 준다"는 단어가 헬라어로 πνευμα라고 되어 있는데, 이는 "생명을 준다"는 뜻을 가진 ζωη와는 구별되는 단어입니다. 우상에게 생명을 불어넣는다는 것이 아니라, 우상이 마치 살아 있는 것처럼 (영어로 표현한다면) 애니메이션한다는 뜻입니다. 아마도 요즘 개발되고 있는 로봇 기술이 적용되어 어둠의 세력이 우상을 마치 살아 있는 존재처럼 느끼게 만들 것입니다. 이정도까지 되면 구원받지 못한 모든 세상 사람은 적그리스도를 하나님처럼 여기고 그 앞에 경배하게 될 것입니다.

"죽임을 당한 어린 양의 생명책에 창세 이후로 이름이 기록되지 못하고 이 땅에 사는 자들은 다 그 짐승에게 경배하리라"(계 13:8).

3) 짐승의 표에 대한 말씀이 등장합니다(16-17절).

거짓 선지자가 짐승의 우상을 만들어 사람에게 그 앞에 경배(절)하도록 강요할 것이고, 또 짐승의 표로 알려진 표를 받으라고 강요할 것입니다. '표'에 해당하는 헬라어 χαραγμα는 짐승이나 노예에게 찍는 낙인이라는 뜻이 있습니다.[59] 또 17절에 보면 이 표를 받지 않는 자는 매매를 할 수 없게 된다는 말씀을 통해 보면 이 표가 일종의 전자화폐, 크레디트 카드의 기능을 하게 된다는 사실을 알 수 있습니다.

노예의 표식과 같이 표를 받은 사람들을 통제하면서 화폐의 기능을 하게 될 이 '표'는 무엇일까요? 여기에 대하여 여러 의견이 있어 왔는데, 요즘에는 세계 정부가 이미 개발을 끝내고 보급에 앞장서고 있는 RFID(Radio Frequency Identification Device) 칩이 바로 이 '짐승의 표'가 될 것이라는 의견이 지배적입니다. 칩 안에 송수신 장치가 있어서 위성 추적이 가능하고, 칩을 삽입한 사람의 신분, 의료정보, 심지어 유전자 정보까

---

59 강병도, 『호크마 종합주석 요한일서-요한계시록』(서울 : 기독지혜사, 2000), p. 412.

지 담을 수 있으며, 물건을 사고 팔 때 결제가 가능한 이 RFID 칩이 바로 본문에서 말하고 있는 짐승의 표가 될 것이라고 봅니다.

RFID칩

앞으로는 요한계시록 13장에 나오는 '짐승의 표(666)'를 받지 않으면 성경에 기록된 것처럼 누구도 매매할 수 없을 때가 올 것입니다. 현재 짐승의 표로 논의되는 베리칩은 한 사람의 모든 유전자 정보를 담은 신분증으로 세계 정부(적그리스도의 정부)가 세계 모든 인류를 통제하기 위한 수단으로 사용하려고 개발한 핵심적인 통제기술입니다. 이 베리칩은 또한 유전자 정보와 연동된 일정한 전파 발생을 통해 이식자의 마음을 조종하는 것도 가능하다고 알려지고 있습니다. 베리칩이 짐승의 표인지 아닌지에 대한 확증이 아직 없다고 해도 이 사실(베리칩을 몸에 이식하는 즉시 자유의지를 잃고 통제를 당할 수 있다는 사실) 하나만 보더라도 그리스도인들이라면 마땅히 짐승의 표로 쓰일 것이 확실한 베리칩을 거부해야 하는 것입니다.

방월석 목사의 이 세대가 가기 전에 시리즈1 『왜 이세대인가?』 중에서

* 먼저 아랫글을 읽고 말씀을 통해 다시 꼭 묵상해 보십시오.

Q. 베리칩은 성경이 말하는 짐승의 표(666)가 맞는가? 베리칩을 받으면 정말 구원을 잃는 것일까?

〈베리칩이 666, 짐승의 표인가에 대한 성경적 견해〉

이 책에서는 '베리칩'이 짐승의 표라는 증거에 대해서 자세하게 분석하지는 않겠습니다. 이 책에서 깊이 있게 다룰 주제는 아니고 이미 다른 분들의 책에 많이 소개되었기 때문입니다. 그럼에도 이곳에 몇 자라도 적은 이유는 '베리칩'에 대하여 주의 깊게 관찰하고 성경에서 말하는 짐승의 표가 아니라는 확실한 증거를 얻기 전까지는 어떠한 일이 있어도 이식하지 마시기를 강권하기 위해서입니다.

먼저 간단한 질문 한 가지만 드리겠습니다. 우리 몸의 하고많은 부분을 빼고 '베리칩'이라는 것을 왜 하필이면 성경에서 받지 말라고 경고하고 명령하는 이마나 오른손(팔)에 받게 할까요? 혹시 성경의 예언(사단이 할 수만 있다면 택한 성도조차도 넓은 길로 끌고 가서 구원을 잃게 할 목적)을 성취하기 위해서는 아닐까를 생각해 볼 수 있는 문제입니다.

성경은 이 짐승의 표를 언급하면서 매매 기능을 하는 이 표에 대하여 이마나 오른손(팔)에 심거나 새기는 무언가로 표현하고 있습니다. 그런데 여기에서 또 흥미로운 사실을 발견할 수 있습니다. 속이는 자, 거짓의 아비인 사단은 하나님을 흉내 내기를 즐긴다는 점입니다. 이런 측면에서 표에 대한 문제도 접근하면, 우선 과거 모세의 시대에 이스라엘 백성은 '여호와의 명령과 규례와 법도'로서 하나님의 계명인 '말씀'을 손목에 매어 기호(표적, sign)로 삼거나 미간(두 눈 사이, 이마)에 붙여 표(symbol)로 삼으며 마음과 뜻과 힘을 다해서 하나님 여호와를 사랑해야만 했습니다(신 6:5-8). 이것은 하나님의 종된 자녀로서 하나님에 대한 충성을 다 하라는 뜻일 것입니다.

"실제로 이스라엘 백성은 이때부터 이 명령을 문자적으로 지키기 위해 천이나 가죽에 출애굽기와 신명기 말씀 중에 일부를 써서 손에 매거나 이마에 두름으로써 문자 그대로 이것을 그들의 손의 기호와 이마의 표로 삼았다고 합니다. 표는 증거가 될 만한 것을 말합니다. 성경에서는 '기념비', '증거물', '깃발', '표시' 등을 의미합니다. 성경에서 최초로 하나님께 표를 받은 사람은 가인이었습니다. 하나님께서는 이스라엘 백성에게 유월절 예식을 잊지 말고 지키라는 뜻에서 하나님이 말씀으로 손과 양 눈썹 사이에 표를 삼으라고 명령하셨습니다(출 13:9,16)"

(두란노 출판, 『비전성경사전』, p.1318 "표(Mark)"에서 발췌)

하나님은 우리에게 이 구절을 통해 손목과 미간에 표로 삼을 만큼 말씀(=말씀이신 하나님)을 사랑하라고 명령하십니다. 우리는 당시에 이스라엘 백성처럼 하나님에 대한 순종을 증명하는 방법의 하나로서 손목과 미간에 '말씀'을 매고 붙이며 가슴에 새겨야 합니다. 그런데 우리가 성경에서 받지 말라고 하는 짐승의 표(베리칩일 가능성이 있는)를 받으면 어떻게 될까요? 그 칩이 우리의 하나님이라는 사실을 인정하는 것이고, 또한 실제로 그 칩이 우리의 하나님이 되지 않을까요? 하나님의 명령에 순종하듯, 아마도 칩을 받는 즉시 우리도 모르게 자유의지를 잃고 우리의 생각과 행동을 통제당하여 칩이 시키는 명령대로 따르게 될 것입니다.

'표'에 해당하는 헬라어 χαραγμα는 노예에게 찍는 '낙인'이라는 뜻이 있습니다. 따라서 어떤 이유로든 짐승의 표를 받는 행위는 사단의 노예가 되겠다고 스스로 인정(우상숭배 및 경배)하는 행동이라고 하겠습니다. 표와 관련하여 성경은 또 무엇이라고 합니까?

요한계시록 20장 4절에서 보면 이마와 손에 짐승의 표를 받지 않은 자들이 천년왕국에서 왕 노릇을 할 것이라고 예언합니다. 22장 4절에서는 새 예루살렘 성에 입성한 영생을 얻은 어린 양의 종들의 이마에는 그분의 이름('신분증' 개념으로 생각해 볼 수도 있음)이 이마 안에 있다고 합니다.

이 밖에도 요한계시록 13장 16-18절, 14장 9-12절, 16장 2절(모두 표를 mark로 표현)에서 이 짐승의 표에 대해서 명확하게 알려 줍니다.(창세기 17장 13절에서도 보면 누구나 할례(표식)를 받아야 하며, 이것은 살에 새기는 하나님의 영원한 언약이라고 합니다. 따라서 우리는 이마에, 짐승의 표가 아닌 하나님의 인을 받아서 천국 백성으로서 영원한 언약인 '영생'을 소유해야 합니다.)

말씀에 비추어 볼 때, 소위 베리칩이라고 하는 것은 성경에서 말하는 짐승의 표에 가깝고, 만일 베리칩이 666, 짐승의 표가 맞다면 하나님이 받지 말라고 명령하신 이 칩을 받는 동시에 구원의 은혜와 기회를 영영 잃어 버리게 됩니다. 따라서 '베리칩이 666표가 아니라는 확실한 증거가 있기 전까지는' 어떠한 일이 있더라도 몸에 칩을 심거나 새겨서는 안 될 것입니다. 한 번의 잘못된 선택이 당신의 인생을 좌우하는 것이 아니라, 칩을 받는 즉시 당신의 영원한 생명을 잃어 버릴 수 있기 때문입니다.

새 예루살렘 성의 영원한 천국을 소유한 백성의 필수자격 조건 중에 하나는 이마와 손에 짐승의 표를 받지 않아야 합니다. 그들의 이마 안에는 오직 그분의 이름(하나

세계 정부주의자들의 음모를 파헤친 저서들 중에 다이넬 에스툴린 (Daniel Estulin)의 『빌더버그 클럽』이라는 책이 있습니다. 이 책에서는 장차 이 땅에 세계 정부가 세워지면, 사람들의 몸속에 바로 이 베리칩을 이식해서 사람들의 일거수일투족을 감시하게 될 것이라고 기술합니다. 문제는 몸속에 삽입되는 이 베리칩이 지속적으로 그 기능을 유지하려면 전원 공급이 필수적인데, 이를 위해서 연구를 계속하다가 충전을 계속할 수 있는 '리튬 전지'를 개발했다고 합니다. 그의 책에서는 베리칩을 움직이는 리튬 전지가 충전되는 과정을 아래와 같이 설명하고 있습니다.

"모토롤라의 바이오칩은 길이가 7밀리미터, 너비가 0.75밀리미터로 크기가 대략 쌀알만 하며, 저장장치와 재충전이 가능한 리튬 전지가 들어 있다. 전지는 더모파, 즉 감열전지 회로를 통해 충전되며 총 25만 개의 전자 부품으로 구성되어 있고, 체온이 감지될 때 전지를 발생시킨다.

리튬 전지는 체온의 변화 폭이 최대치를 나타내는 상황에서 상시 충전된다. 일화 하나를 들자면, 연구팀이 인체 내에서도 체온 변화의 극대화를 최대한 이용하려면 과연 어느 곳에 리튬 전지를 장착해야 할까 분석해 내는 데만 150만 달러가 소요되었다고 한다. 여하튼 수개월 간의 연구 끝에 연구팀은 칩을 장착하는 데 최적의 신체 부위 두 군데를 가려냈다. 가장 좋은 곳은 오른손이었고, 두 번째가 이마였다고 한다."[60]

왜 적그리스도가 '짐승의 표'를 오른손과 이마에 받게 한다고 했는지 (16절), 그 이유를 짐작할 수 있는 대목입니다. 이 또한 하나님을 흉내 내기 위한 것입니다. 신명기 말씀을 보면, 하나님께서는 이스라엘 백성에게 말씀을 늘 가까이 하라고 명령하시며 하나님의 말씀인 '쉐마(이스라엘아 들으라)'를 테필린 상자에 담아 이마와 손목에 두르라고 하셨는데, 이것은 말씀을 몸에 부착하고 하나님과 더불어 살라고 하는 영적인 의미가 있습니다. 그런데 하필이면 첨단과학 기술이 만들어 낸 베리칩을 이식해야 하는 위치 또한 이스라엘 백성에게 명령하신 오른손과 이마라는 것입니다. 그렇다면, 이것이 그저 우연이라고만 할 수 있겠습니까?

여기에 한 가지 더 살펴보자면, 16절 "그 오른손에나 이마에 표를 받게 한다"는 말씀이 NIV 성경에는 "to receive a mark on his right hand or on his forehead"라고 되어 있지만, 보다 권위 있는 사본을 번역한 것으로 알려진 KJV 성경에는 "in their right hands or in their foreheads"로 되어 있습니다. 오른손이나 이마의 위(on)에 짐승의 표를 받는 것이 아니라, 오른손이나 이마 안(in)에 짐승의 표를 받는 것으로 명확하게 기록하고 있는 것입니다. 따라서 성경에 묘사된 짐승의 표에 대한 설명을 보더라도 그것이 곧 오늘날 개발된 RFID 칩임을 분명하게 밝힌다는 생각을 지우기가 어렵습니다.

앞으로 사람들이 이 표를 받게 되면 결국 모든 사람이 이 칩과 연결

---

60   다니엘 에스툴린, 『빌더버그 클럽』(서울 : 랜덤하우스코리아, 2008), pp. 271-272.

된 슈퍼 컴퓨터를 통해서 통제를 받게 될 것입니다. 흥미로운 것은 현재 벨기에 브뤼셀에 있는 UN의 본부 건물 지하에는 세계의 모든 통신을 관장하고 있는 슈퍼 컴퓨터가 작동하고 있는데, 이 컴퓨터의 이름이 BEAST(짐승)라는 것입니다.[61] 저들은 BEAST가 Biometric Encryption and Satellite Tracking의 각 영어단어 첫 글자를 가져온 것이라고 주장하지만, BEAST라는 이름을 먼저 지어 놓고 여기에 억지로 다른 의미를 끼워 넣은 것 같은 느낌을 지울 수 없습니다. 이렇듯, 우연이라고 하기에는 어려운 일들이 곳곳에서 진행되고 있습니다.

4) 666

두 짐승을 소개한 요한계시록 13장에 등장하는 마지막 권면은 "총명 있는 자는 그 짐승의 수를 세어 보라"고 합니다. 그리고 666이라는 숫자가 등장합니다. 이 666이라는 숫자에 대하여 17절에서는 짐승의 이름이나 그 이름의 수라 하고, 18절에서는 사람의 수라고 합니다.

① 그 이름의 수

요한계시록이 쓰일 당시 통용되던 헬라어와 히브리어에는 각 알파벳마다 해당하는 숫자가 있는데, 본문에서 말하는 이름의 수라는 것은 장차 등장할 짐승의 이름에 사용될 알파벳 숫자들을 합하면 666이라는 것입니다. 예를 들어, 로마의 네로 황제의 히브리음인 '네론 가이살(NRON KSR)'의 각 철자가 나타내는 숫자들을 합하면 (50+200+6+50+100+60+200) 666

---

61   http://www.lightearth.net/159563 2011년 10월 8일 접속.

이라는 숫자가 나옵니다.[62] 앞으로 등장할 적그리스도의 이름도 이렇게 계산하여 666이라는 숫자가 될 것입니다.

② 사람의 수

18절에서는 이 수를 사람의 수라고 했는데, 성경에서 완전 숫자 혹은 하나님의 수인 7에서 하나가 모자란 6은 사람의 수입니다. 창세기에서도 인간이 천지창조 6일째에 지음을 받았다고 했습니다. 사람의 수인 6이 세 번이나 강조된 것은 마지막 때에 세워질 적그리스도가 비록 초인적인 능력과 권세를 가지게 될 것이지만, 하나님의 숫자인 7에 이르지 못한다는 것입니다. 즉 인간적인 한계를 벗어나지 못한다는 뜻입니다.

3. 결론

본문에서 사도 요한은 666으로 상징되는 짐승의 숫자를 소개하면서 "총명 있는 자는 그 짐승의 수를 세어 보라"고 권면합니다. 성경에 예언된 666이라는 숫자를 통해 총명 있는 자라면 누구나 '적그리스도'가 누구인지 분명히 알 수 있을 것이라는 말씀입니다. 적그리스도가 누구인지 알았다면 끝까지 짐승의 표를 거절하고 그 우상 앞에 절하는 것을 거부해야 합니다. 잠시 잠깐 환난을 피하겠다고 짐승의 표를 받으면 영원한 하나님의 심판을 피할 수 없기 때문입니다.

---

62   강병도, op. cit., p. 413.

개관 17
다가올 승리

/

계 14:1-20

¹또 내가 보니 보라 어린 양이 시온 산에 섰고 그와 함께 십사만 사천이 서 있는데 그들의 이마에는 어린 양의 이름과 그 아버지의 이름을 쓴 것이 있더라 ²내가 하늘에서 나는 소리를 들으니 많은 물 소리와도 같고 큰 우렛소리와도 같은데 내가 들은 소리는 거문고 타는 자들이 그 거문고를 타는 것 같더라 ³그들이 보좌 앞과 네 생물과 장로들 앞에서 새 노래를 부르니 땅에서 속량함을 받은 십사만 사천 밖에는 능히 이 노래를 배울 자가 없더라 ⁴이 사람들은 여자와 더불어 더럽히지 아니하고 순결한 자라 어린 양이 어디로 인도하든지 따라가는 자며 사람 가운데에서 속량함을 받아 처음 익은 열매로 하나님과 어린 양에게 속한 자들이니 ⁵그 입에 거짓말이 없고 흠이 없는 자들이더라 ⁶또 보니 다른 천사가 공중에 날아가는데 땅에 거주하는 자들 곧 모든 민족과 종족과 방언과 백성에게 전할 영원한 복음을 가졌더라 ⁷그가 큰 음성으로 이르되 하나님을 두려워하며 그에게 영광을 돌리라 이는 그의 심판의 시간이 이르렀음이니 하늘과 땅과 바다와 물들의 근원을 만드신 이를 경배하라 하더라 ⁸또 다른 천사 곧 둘째가 그 뒤를 따라 말하되 무너졌

도다 무너졌도다 큰 성 바벨론이여 모든 나라에게 그의 음행으로 말미암아 진노의 포도주를 먹이던 자로다 하더라 [9]또 다른 천사 곧 셋째가 그 뒤를 따라 큰 음성으로 이르되 만일 누구든지 짐승과 그의 우상에게 경배하고 이마에나 손에 표를 받으면 [10]그도 하나님의 진노의 포도주를 마시리니 그 진노의 잔에 섞인 것이 없이 부은 포도주라 거룩한 천사들 앞과 어린 양 앞에서 불과 유황으로 고난을 받으리니 [11]그 고난의 연기가 세세토록 올라가리로다 짐승과 그의 우상에게 경배하고 그의 이름 표를 받는 자는 누구든지 밤낮 쉼을 얻지 못하리라 하더라 [12]성도들의 인내가 여기 있나니 그들은 하나님의 계명과 예수에 대한 믿음을 지키는 자니라 [13]또 내가 들으니 하늘에서 음성이 나서 이르되 기록하라 지금 이후로 주 안에서 죽는 자들은 복이 있도다 하시매 성령이 이르시되 그러하다 그들이 수고를 그치고 쉬리니 이는 그들의 행한 일이 따름이라 하시더라 [14]또 내가 보니 흰 구름이 있고 구름 위에 인자와 같은 이가 앉으셨는데 그 머리에는 금 면류관이 있고 그 손에는 예리한 낫을 가졌더라 [15]또 다른 천사가 성전으로부터 나와 구름 위에 앉은 이를 향하여 큰 음성으로 외쳐 이르되 당신의 낫을 휘둘러 거두소서 땅의 곡식이 다 익어 거둘 때가 이르렀음이니이다 하니 [16]구름 위에 앉으신 이가 낫을 땅에 휘두르매 땅의 곡식이 거두어지니라 [17]또 다른 천사가 하늘에 있는 성전에서 나오는데 역시 예리한 낫을 가졌더라 [18]또 불을 다스리는 다른 천사가 제단으로부터 나와 예리한 낫 가진 자를 향하여 큰 음성으로 불러 이르되 네 예리한 낫을 휘둘러 땅의 포도송이를 거두라 그 포도가 익었느니라 하더라 [19]천사가 낫을 땅에 휘둘러 땅의 포도를 거두어 하나님의 진노의 큰 포도주 틀에 던지매 [20]성 밖에서 그 틀이 밟히니 틀에서 피가 나서 말 굴레에까지 닿았고 천육백 스다디온에 퍼졌더라.

요한계시록 12-14장은 일곱 나팔 재앙과 일곱 대접 재앙 사이에 삽입된 삽경입니다. 앞이나 뒤에 등장하는 본 계시의 내용을 보충하거나 구체적으로 설명할 목적으로 쓰인 것입니다. 일곱 나팔 재앙과 일곱 대접 재앙 사이에 이처럼 긴 삽경을 쓴 것은 이때가 7년 대환난 가운데서도 '야곱의 환난(렘 30:7)'으로 일컬어지는 본격적인 후반부 3년 반의 환난이 시작하는 시점이기 때문입니다.

지금까지 살펴본 12-13장을 간단히 요약하면 하늘에서 쫓겨난 붉은 용이 자기의 때가 얼마 안 남을 줄을 알고(12:12) 여자와 그의 남은 자손들을 진멸하려고, 그의 대리인인 적그리스도와 거짓 선지자에게 권세와 능력을 줍니다. 용으로부터 권세를 받은 두 짐승은 사람들에게 짐승의 우상 앞에 경배하며, 짐승의 표를 받기를 강요합니다. 믿음을 지키려는 이스라엘 백성과 7년 대환난의 기간 동안 회개하고 예수님을 믿은 환난성도들에게 본격적인 환난과 시험의 때가 찾아온 것입니다.

오늘 본문은 이러한 모진 환난 속에서도 1) 끝까지 믿음을 지킨 자들에게 주어질 구원과 상급에 대해서, 또 2) 짐승의 표를 받고 배도의 길을 간 자들에게 주어질 준엄한 심판에 대해서 말씀하고 있습니다. 이에 대해 구체적으로 살펴보겠습니다.

1. 144,000명(1절)

요한계시록 7장에 등장한 144,000명이 다시금 등장하고 있습니다. 요한계시록 7장과 오늘 본문에 등장하는 144,000명은 휴거 사건으로 이 땅에서 교회가 사라진 뒤, 그동안 교회가 감당하던 선교적 사명을 위임받은 이스라엘의 선택받은 '하나님의 종들'로 이해되고 있습니다. 요한계시록을 자세히 살펴보면 7년 대환난의 기간에도 회개와 구원의 역사는 계속될 것이지만, 이 사역의 중심은 교회가 아니라 이스라엘이라는 사실을 알수 있습니다. 오늘 본문에 등장하는 144,000명이 바로 그 중심에 서 있는 사람들인 것입니다.

요한계시록 7장이 인 맞은 144,000명을 이스라엘의 각 지파별로 소개하고 있다면, 개관 17의 본문에서는 어린 양과 함께 시온산에 서 있는 이들의 모습을 소개합니다(1절). 요한계시록 7장이 7년 대환난과 함께 복음전파의 사역을 시작하는 144,000명의 모습이라면, 14장의 본문은 7년간의 사역을 마치고 이제 재림하신 주님과 함께 시온산에서 승리자의 모습으로 서 있는 144,000명의 모습이라고 보면 될 것입니다.

4-5절에서는 7년 대환난의 기간에 저들이 보여 준 믿음과 충성스러운 행위를 다음과 같이 칭송합니다.

"이 사람들은 여자와 더불어 더럽히지 아니하고 순결한 자라 어린 양이 어디로 인도하든지 따라가는 자며 사람 가운데에서 속량함을 받아 처음 익은 열매로 하나님과 어린 양에게 속한 자들이니 그 입에 거짓말이 없고 흠이 없는 자들이더라"(14:4-5).

① 여자로 더불어 더럽히지 아니하고 정절이 있는 자라고 합니다. 육체적으로 또 영적으로 정절을 지켰다는 뜻입니다.
② 어린 양이 어디로 인도하든지 따라가는 자라고 합니다.
③ 사람들 가운데 구속받아 처음 익은 열매라고 합니다. 이들은 7년 대환난의 시작과 함께 구속을 받아 복음전파의 사명을 감당하게 될 것

입니다.

④ 하나님과 어린 양에게 속한 자들이라고 합니다. 7년 대환난 때에는 내가 누구에게 속할 것인지를 분명히 결단해야 합니다.

⑤ 그 입에 거짓말이 없고 흠이 없는 자들이라고 합니다. 흠 없는 행실과 거짓 없는 입술로 복음전파의 사명을 감당하게 될 것입니다.

또 1절에서는 이들이 어린 양과 함께 시온 산에 섰다고 했는데, 이는 장차 재림하실 주님과 함께 시온 산에서 세상을 심판하고 다스리는 권세를 얻게 될 이들의 모습을 묘사한 것입니다. 모진 환난 가운데서도 믿음의 정절을 지키고 복음전파 사역에 충성한 이들에게, 장차 천년왕국의 수도가 될 시온 산에서 주님과 함께 다스리는 권세가 주어질 것입니다.

2. 첫 번째 천사(6-7절)

144,000명을 소개한 말씀 뒤에 계속해서 특별한 사명을 위임받은 세 명의 천사들이 등장합니다. 그들 가운데 첫 번째 천사에게는 '영원한 복음'을 전하는 사명이 주어졌습니다.

본문에서 말하는 '공중'이 영어성경에는 the midst of heaven(KJV)이라고 되어 있는데, 이는 구름이 떠 있고 새들이 날아다니는 하늘, 곧 sky를 의미합니다. 7년 대환난의 어느 시점(후반부 3년 반의 대환난이 시작되기 직전일 것으로 예측됨)에 복음전파의 사명을 받은 주의 천사가 하늘에서 나타나 모든 사람이 지켜보는 가운데 '영원한 복음'을 전한다는 것입니다. 이 땅에 있는 모든 나라와 족속이 이해할 저들의 방언으로 누구나 분명히 알 수 있게 복음을 전한다고 합니다.

마태복음 24장 14절에는 "이 천국 복음이 모든 민족에게 증언되기 위하여 온 세상에 전파되리니 그제야 끝이 오리라"는 말씀이 있습니다. 이 말씀은 휴거 직전에 있을 사건이라기보다는 세상의 끝 즉, 예수님이 재림하셔서 세상을 심판하시기 직전에 이루어질 사건으로 보아야 합니다. 7년 대환난의 기간에 "천국 복음이 모든 민족에게 증언되기 위하여 온 세상에 전파될 것"이라는 예언이 이루어지게 되는데, 바로 오늘 본문에서 소개한 천사와 앞에서 소개한 인 맞은 144,000명을 통해 이루어질 것입니다.

마태복음 24장 14절에서는 특별히 "천국 복음이 모든 민족에게 '증언'되기 위하여 온 세상에 전파될 것"이라 말씀하고 있습니다. 복음을 받아들이고 믿음의 길을 가는 자들에게는 이 복음이 '구원의 증거'가 될 것이지만, 복음을 분명하게 듣고도 이를 거절하고 배역의 길을 가는 자들에게는 '멸망의 증거'가 될 것입니다.

오늘 본문 6절에서는 모든 백성에게 전할 '영원한 복음'을 전한 첫 번째 천사가, 7절에서는 곧바로 "하나님을 두려워하며 그에게 영광을 돌리라 이는 그의 심판의 시간이 이르렀다"는 메시지를 전하고 있습니다. 영원한 복음을 받아들이고 구원의 길을 갈 것인지, 아니면 영원한 하나님의 심판을 받을 것인지 빨리 선택하라는 것입니다.

3. 두 번째 천사(8절)

또 다른 천사인 두 번째 천사가 첫 번째 천사를 따라 바벨론의 멸망을 선언합니다. 첫 번째 천사가 공중에 나타나 복음의 소식을 전한 뒤 바로 두 번째 천사가 하늘에 등장하여 바벨론의 멸망을 선언할 것으로 보고 있습니다.[63] 이렇게, 굿 뉴스(good news)와 베드 뉴스(bad news)를 함께 선포합니다.

창세기 10장 10절에서 처음 등장하는 바벨 혹은 바벨론은 하나님을 대적한 세상 나라와 어둠의 세력을 상징합니다. 요한계시록 17-18장에는 이 바벨론의 멸망이 구체적으로 묘사되고 있는데, '음녀 바벨론'과 '큰 성 바벨론'으로 나누어 설명합니다. 일반적으로 17장에 소개하는 음녀 바벨론은 세상을 음행의 길로 인도하는 종교 세력 혹은 타락한 교회를, 18장에 등장하는 큰 성 바벨론은 적그리스도가 장차 세상을 통치하게 될 세계 정부의 수도를 의미하는 것으로 알려져 있습니다.

존 월부어는 세상을 음행의 길, 우상숭배의 길로 인도하는 음녀 바벨론을 배도의 길을 걷고 있는 교회로 정의하는데,[64] 현재 기독교를 비롯한 세계의 모든 종교를 통합하여 하나로 만들기 위해 동분서주하고 있는 로마 가톨릭이 바로 음녀 바벨론이 될 것으로 보입니다. 하지만 이처럼 세계 정부(적그리스도의 나라)가 세워지는 과정에서 중요한 역할을 담당하는 음녀 바벨론도 요한계시록 17장 16절에 보면 결국 열 뿔과 짐승에게 미움을 받아 멸망을 받게 될 것입니다. 7년 대환난의 전반부가 끝나기 직전에 음녀 바벨론이 멸망하게 된다는 것입니다.

7년 대환난을 전후로 해서 적그리스도가 세계 정부를 세우고 정부의 통치 수단으로서 세계의 모든 종교를 통합하여 하나가 되게 할 것이지만,

---

63　John F. Walvoord, *the Revelation of Jesus Christ*(Chicago : The Moody Bible Institute, 1989), p. 218.

64　Ibid..

결국에는 모든 종교를 부정하고 자신만을 신으로 섬기도록 강요하게 될 것입니다(13:15). 그 과정 속에서 쓸모가 없어진 음녀 바벨론은 결국 비참한 최후를 맞이하게 됩니다. 간부를 쫓아 신실한 남편 호세아를 떠났다가 결국 간부에게도 버림받았던 음녀 고멜과 같이, 음녀 바벨론도 적그리스도에게 버림을 받게 될 것입니다.

이처럼 7년 대환난의 중반부에 멸망의 길을 가는 음녀 바벨론과는 달리 '큰 성 바벨론'은 마지막까지 세계 정부의 수도의 역할을 감당하다가 예수님의 재림 직전에 멸망하게 될 것입니다. 구체적으로 큰 성 바벨론의 장소가 어디일 것이냐에 대해서는 의견이 분분(뉴욕, 로마, 현재의 이라크 혹은 두바이)하지만, 세상 나라를 상징하는 큰 성 바벨론이 멸망한다는 사실에는 변함이 없습니다. 그래서 이사야 19장 18절에서 이 세상 나라를 '장망성(將亡城; 장차 망할 도성)'이라고 불렀습니다. 따라서 장망성인 바벨론을 마음에 두고 사는 자는 바벨론의 멸망과 함께 그의 소망 또한 사라지게 될 것입니다.

4. 두 가지 운명(9-13절)

7년 대환난의 기간에도 복음전파의 역사는 지속될 것인데, 먼저 이스라엘 족속들 가운데 선택된 144,000명의 인 맞은 하나님의 종들이 온 세계로 흩어져 거짓 없는 입과 흠 없는 행실로 복음을 전할 것입니다(5절). 또 적그리스도가 짐승의 표를 강요하고 본격적인 핍박을 가하기 전에 공중에서 한 천사가 나타나서 여러 나라와 족속과 방언과 백성에게 영원한 복음과 하나님의 심판을 전하게 될 것입니다(6-7). 이 "천국 복음이 모든 민족에게 '증언' 되기 위하여 온 세상에 전파될 것(마 24:14)"이라고 하셨는데, 복음을 받아들이고 모진 핍박 가운데서도 믿음을 지키기로 결단한 자들에게는 '구원의 증거'가 될 것이지만, 복음을 거절하고 짐승의 표를 받고 짐승을 경배하는 자들에게는 '심판의 증거'가 될 것입니다.

오늘 본문에는 이 복음을 받아들이고 믿음의 길을 가는 자와, 배도의 길을 가는 자에게 주어지는 두 가지 결과가 소개되고 있습니다.

1) 짐승의 표를 받은 자에게 심판이 선언되고 있습니다(9-11절).

하늘에 나타나 여러 나라와 족속과 방언과 백성에게 영원한 복음을 전했던 첫 번째 천사와, 바벨론의 멸망을 선언했던 두 번째 천사에 이어 세 번째로 등장한 천사는 누구든지 짐승의 표를 받고 짐승과 그의 우상에게 경배하면 영원한 하나님의 진노와 심판이 주어질 것이라고 선언하고 있습니다.

요한계시록 13장 7절에도 등장하는 '짐승의 표'는 짐승을 경배하고 그에게 충성을 다하겠다는 일종의 서약이 담긴 표식입니다. 현재 개발이 끝난 RFID 칩이 장차 짐승의 표로 쓰일 것이라는 사실에는 누구나 공감하고 있지만, 이것이 짐승의 표가 되기 위해서는 먼저, 짐승으로 묘사되고 있는 적그리스도와 그의 나라가 등장해야 한다는 것입니다. 본문에서 묘사된 짐승의 표는 짐승과 그의 우상에게 경배하고 충성을 맹세한 뒤에 받게 되는 일종의 '충성의 표식'이라는 사실을 알 수 있습니다. 이처럼 적그리스도를 경배하고 그를 따르겠다는 충성의 표식으로 짐승의 표를 받는 자에게는 더 이상 구원의 기회가 주어지지 않으며, 영원한 하나님의 심판이 기다리고 있습니다.

7년 대환난, 특히 적그리스도가 짐승의 표를 강요하는 마지막 3년 반(=

후 3년 반)의 환난이 시작될 때면, 이 땅에는 적그리스도를 경배하고 그를 따르는 자들과 짐승의 표를 거부하고 끝까지 믿음을 지키는 하나님의 백성으로 나뉘게 될 것입니다. 그리고 누구든지 짐승과 그의 우상에게 경배하고 이마나 손에 표를 받으면 "섞인 것이 없이 부은 하나님의 진노의 포도주"를 마실 것이라고 합니다(10절).

"섞인 것이 없이 부은 포도주" 즉, 물을 섞지 않은 순수한 포도주는 농도가 짙어 사람들이 그것을 마시게 되면 금방 취하게 됩니다. 마찬가지로 짐승의 표를 받은 자에게 부어지는 하나님의 진노가 매우 맹렬하여 저들을 파괴와 멸망으로 이끌어 간다는 것입니다.[65] 저들은 영원토록 꺼지지 않는 불과 유황의 고난을 받게 될 것입니다(10-11절). 지옥의 형벌이 기다리고 있다는 말씀입니다.

2) 믿음을 지킨 자에게 복이 있다고 합니다(12-13절).

짐승과 그 우상에게 경배하고 그 표를 받는 자에게는 하나님의 진노와 영원한 지옥불의 심판이 기다리고 있지만, 어떠한 고난 속에서도 믿음을 지키고 인내하는 자에게는 하늘의 상급이 기다린다고 합니다.

12절에서는 이런 은총에 참여할 성도들을 "하나님의 계명과 예수에 대한 믿음을 지키는 자"라고 정의하고 있습니다. 하나님의 말씀과 예수 그리스도에 대한 믿음을 끝까지 버리지 않고 지키는 자가 이 은총에 참여할 "성도"입니다.

13절에서는 "지금 이후로 주 안에서 죽는 자들은 복이 있도다 하시매 성령이 이르시되 그러하다 그들이 수고를 그치고 쉬리니 이는 그들의 행

---

65   강병도, 『호크마 종합주석 요한일서-요한계시록』(서울 : 기독지혜사, 2000), p.430.

한 일이 따름이라"고 합니다. 어찌 보면 이 말씀은 노골적으로 순교를 권면하는 말씀입니다. 짐승에게 경배하고 그 표를 받는 것보다, 믿음을 지키다가 주 안에서 죽는 자가 복이 있다는 것입니다. 왜입니까? 저희 수고가 그치고 안식이 주어질 것이며, 저희 행한 일, 믿음의 행위를 따라 상급이 주어질 것이기 때문입니다. 아마도 저들에게는 죽도록 충성한 자에게 약속된 '생명의 면류관(2:10)'이 주어질 것입니다.

"몸은 죽여도 영혼은 능히 죽이지 못하는 자들을 두려워하지 말고 오직 몸과 영혼을 능히 지옥에 멸하실 수 있는 이를 두려워하라"(마 10:28).

5. 두 가지 추수

14절부터 20절까지는 15장부터 소개될 일곱 대접 재앙을 '추수'로 표현하는 말씀이 등장합니다. 1) 어린 양이 이한 낫을 가지고 곡식을 추수하는 환상과, 2) 성전에서 나온 천사가 포도를 거두는 환상입니다. 여기에서 본문은 두 종류의 추수가 그 추수의 결과를 말하고 있습니다.

1) 곡식을 추수합니다(14-16절).

이 추수를 행하시는 이는 사람의 아들로 묘사되고 있는 그리스도입니다. 영광의 구름을 타신 인자가 머리에는 금 면류관을 썼고, 그 손에는 이한(날카로운) 낫을 가졌다 했습니다(14절). 본문에 등장하는 "면류관"은 στε φανος라고 해서 승리한 자에게 주어지는 것입니다. 초림의 주님이 겸손히 섬기는 자의 모습으로 죄인을 구원하기 위해 오셨다면, 재림의 주님은 승리자의 모습으로 세상과 죄인들을 심판하기 위해 오실 것입니다.

하나님의 명령을 받아 인자되신 예수님이 행하시는 추수는 곡식을 추수합니다(15절). 곡식을 추수하사 "알곡은 모아 곳간에 들이고 쭉정이는 꺼지지 않는 불에 태우실 것(눅 3:17)"입니다. 곡식을 거둔다고 하는 것은 예수님께서 환난의 와중에도 믿음을 지킨 성도들을 천국 곳간으로 거두어 가신다는 뜻입니다.[66]

2) 포도를 거둡니다(17-20절).

1) 곡식을 거두는 추수가 믿는 자를 구원하시는 하나님의 사역을 의미한다면, 2) 포도송이를 거두는 추수는 죄인들을 향한 하나님의 진노와 심판을 의미합니다. 흔히 가을을 추수의 계절이라고 하는데, 추수의 때는 또 심판의 때이기도 합니다. 봄부터 씨를 뿌리고 기르는 수고를 아끼지 않아 풍성한 열매를 맺은 농부에게, 추수의 때는 그 어느 때보다 기다려지는 은총의 시간입니다. 하지만 아무것도 거둘 것이 없는 자에게 가을은 혹독한 심판의 계절입니다. 아무런 준비도 없이 매서운 겨울을 맞이해야 하기 때문입니다.

본문에서도 곡식을 거두는 어린 양의 추수에 참여하지 못한 자들은 모두 '하나님의 진노의 큰 포도주 틀에 던져지는 포도의 추수'에 참여하게 될 것이라고 합니다.

---

66   강병도, op. cit., pp. 431-432.

하나님의 백성 분류	곡식	포도(송이)
대상	7년 대환난 중에 민족적으로 회개한 이스라엘과 회개한 열국 백성	7년 대환난 중에 적그리스도와 그를 따르는 자
구체적 내용	알곡 성도	알곡을 제외한 나머지 죄인 전체
이분법	추수의 대상	심판의 대상
축복과 저주	구원	불, 진노와 심판
추수하는 자	예수님	성전에서 나온 이한 낫을 든 천사, 불을 다스리는 천사(진노와 심판 대행)
추수의 형태	알곡을 거두는 어린 양의 추수	포도의 추수
상급과 형벌	생명의 면류관	성 밖, 진노의 포도주 틀이 밟히는 심판(아마겟돈 전쟁 때 주님이 하시는 심판) 틀에서 피가 말 굴레까지 1,600 스다디온에 퍼짐

알곡을 거두는 추수를 예수님이 직접 행하셨다면, 포도를 거두는 추수는 성전에서 나온 천사가 행하고 있습니다. 하늘에 있는 성전에서 이한 낫을 든 천사가 나오는데, 불을 다스리는 또 다른 천사가 제단으로부터 나와 이한 낫을 든 천사에게 포도송이를 거두는 추수를 행하라고 명령합니다(17-18절). 그러자 천사가 낫을 휘둘러 땅의 포도를 거두어 하나님의 진노의 큰 포도주틀에 던지매 성 밖에서 그 틀이 밟히니 틀에서 피가 나서 말 굴레에까지 닿았고, 1,600스다디온에 퍼졌다고 했습니다(19-20절). 이에 대해 구체적으로 살펴보겠습니다.

① 18절에 등장하는 불을 다스리는 천사는 하나님의 진노와 심판을 대행하는 천사로 여겨집니다.[67]

② 이 천사가 '제단'에서 나왔다고 했는데, 이는 요한계시록 6장 9-10절

---

67   강병도, op. cit., p. 432.

에서 7년 대환난의 기간 동안 믿음을 지키다가 순교한 성도들이 제단 아래 엎드려 신원해 달라고 강청하는 모습을 기억나게 합니다. 요한계시록 8장 3-5절까지의 말씀에서는 한 천사가 나타나 성도의 기도를 담은 금향로를 하늘로 가져가는데, 이 천사가 또다시 이 금향로에 단 위에 있는 불을 담아 땅에 쏟았다고 했습니다.

순교한 성도들의 기도를 들으시고, 7년 대환난 동안 하나님을 대적하고 성도들을 핍박한 적그리스도와 그를 따르는 자들에게 포도주 틀의 심판을 내리신다는 것입니다.

③ 진노의 포도주 틀이 밟히는 심판은 특별히 아마겟돈 전쟁에서 행해질 심판을 묘사한 것으로 알려집니다. 20절에 보니 성 밖에서 그 틀이 밟히니 틀에서 피가 나서 말 굴레에까지 닿았고 천육백 스다디온에 퍼졌다고 했습니다. 7년 대환난의 마지막 순간에 적그리스도가 이끄는 세상의 임금들과 군대들이 예루살렘을 치기 위해 아마겟돈에 모이는데(16:16), 이때 이들이 재림하시는 주님께 심판을 받아 멸망의 길을 가게 된다는 것입니다. 그 심판이 얼마나 철저하고 준엄한지 예루살렘을 치기 위해 모였던 자들이 심판을 받아 흘린 피가 말 굴레까지 닿아 1,600스다디온 약 320킬로미터까지 퍼져간다고 합니다.

영원한 복음은 선포되었습니다. 이제 이 복음을 믿고 하나님과 어린 양을 따를 것인지, 아니면 복음을 거절하고 짐승을 따를 것인지 결정해야 합니다. 어떤 고난 속에서도 하나님의 계명과 예수님에 대한 믿음을 지키는 자에게는 생명의 면류관이 주어질 것이지만, 복음을 거절하고 짐승을 따르는 자에게는 무섭고도 준엄한 심판이 내려질 것입니다.

개관 18
일곱 대접 재앙

/

계 16:1-21

¹또 내가 들으니 성전에서 큰 음성이 나서 일곱 천사에게 말하되 너희는 가서 하나님의 진노의 일곱 대접을 땅에 쏟으라 하더라 ²첫째 천사가 가서 그 대접을 땅에 쏟으매 짐승의 표를 받은 사람들과 그 우상에게 경배하는 자들에게 악하고 독한 종기가 나더라 ³둘째 천사가 그 대접을 바다에 쏟으매 바다가 곧 죽은 자의 피 같이 되니 바다 가운데 모든 생물이 죽더라 ⁴셋째 천사가 그 대접을 강과 물 근원에 쏟으매 피가 되더라 ⁵내가 들으니 물을 차지한 천사가 이르되 전에도 계셨고 지금도 계신 거룩하신 이여 이렇게 심판하시니 의로우시도다 ⁶그들이 성도들과 선지자들의 피를 흘렸으므로 그들에게 피를 마시게 하신 것이 합당하니이다 하더라 ⁷또 내가 들으니 제단이 말하기를 그러하다 주 하나님 곧 전능하신 이시여 심판하시는 것이 참되시고 의로우시도다 하더라 ⁸넷째 천사가 그 대접을 해에 쏟으매 해가 권세를 받아 불로 사람들을 태우니 ⁹사람들이 크게 태움에 태워진지라 이 재앙들을 행하는 권세를 가지신 하나님의 이름을 비방하며 또 회개하지 아니하고 주께 영광을 돌리지 아니

하더라 ¹⁰또 다섯째 천사가 그 대접을 짐승의 왕좌에 쏟으니 그 나라가 곧 어두워지며 사람들이 아파서 자기 혀를 깨물고 ¹¹아픈 것과 종기로 말미암아 하늘의 하나님을 비방하고 그들의 행위를 회개하지 아니하더라 ¹²또 여섯째 천사가 그 대접을 큰 강 유브라데에 쏟으매 강물이 말라서 동방에서 오는 왕들의 길이 예비되었더라 ¹³또 내가 보매 개구리 같은 세 더러운 영이 용의 입과 짐승의 입과 거짓 선지자의 입에서 나오니 ¹⁴그들은 귀신의 영이라 이적을 행하여 온 천하 왕들에게 가서 하나님 곧 전능하신 이의 큰 날에 있을 전쟁을 위하여 그들을 모으더라 ¹⁵보라 내가 도둑 같이 오리니 누구든지 깨어 자기 옷을 지켜 벌거벗고 다니지 아니하며 자기의 부끄러움을 보이지 아니하는 자는 복이 있도다 ¹⁶세 영이 히브리어로 아마겟돈이라 하는 곳으로 왕들을 모으더라 ¹⁷일곱째 천사가 그 대접을 공중에 쏟으매 큰 음성이 성전에서 보좌로부터 나서 이르되 되었다 하시니 ¹⁸번개와 음성들과 우렛소리가 있고 또 큰 지진이 있어 얼마나 큰지 사람이 땅에 있어 온 이래로 이같이 큰 지진이 없었더라 ¹⁹큰 성이 세 갈래로 갈라지고 만국의 성들도 무너지니 큰 성 바벨론이 하나님 앞에 기억하신 바 되어 그의 맹렬한 진노의 포도주 잔을 받으매 ²⁰각 섬도 없어지고 산악도 간 데 없더라 ²¹또 무게가 한 달란트나 되는 큰 우박이 하늘로부터 사람들에게 내리매 사람들이 그 우박의 재앙 때문에 하나님을 비방하니 그 재앙이 심히 큼이러라.

"미래는 우리 손에 달려 있다." 이는 지구 온난화를 주장하는 환경론자들의 슬로건입니다. 지구의 미래가 우리 손에 달려 있으니 탄소 가스 배출을 줄이고 온난화를 막아 지구를 살리자는 것입니다. 일견 호소력 있는 구호 같지만, 그 내용을 살펴보면 실상은 이 땅을 창조하고 운행하시는 창조주 하나님을 고의적으로 외면하고 모독하는 구호입니다.

성경은 지구와 인류의 미래가 사람의 손에 달린 것이 아니라, 하나님의 손에 달린 것이라고 분명히 선언합니다. 골로새서 1장 17절에서 사도 바울은 "또한 그가 만물보다 먼저 계시고 만물이 그 안에 함께 섰느니라"고 합니다. 우리가 아니라 하나님이 만물을 붙들고 계신다는 뜻입니다. 그런가 하면 히브리서 1장 3절에서는 "그의 능력의 말씀으로 만물을 붙드신다"고 합니다. 지구의 미래가 우리의 손이 아니라 하나님의 손에 달려 있다는 것입니다.

성경을 보면 과거부터 미래까지 펼쳐질 지구의 생태변화를 네 단계로 소개합니다. 먼저, 1) 에덴동산에서 경험했던 생태환경이 있습니다. 인간이 타락하기 전 모든 것이 풍족하고 하나님 보시기에 아름다웠던 에덴의 생태환경이 있습니다. 이런 에덴의 생태환경은 인간이 타락하여 범죄한 이후부터 2) 적대적인 모습으로 바뀌게 됩니다. 땅은 범죄한 인간 때문에 저주를 받고 가시덤불과 엉겅퀴를 내게 됩니다(창 3:17-18). 이것이 지구의 두 번째 생태환경입니다.

이렇듯 인간의 타락과 함께 저주를 받은 지구의 생태환경은 3) 노아의 홍수 사건으로 다시 한 번 격변을 경험합니다. 궁창 위를 덮고 있던 물이 쏟아져(창 7:11) 하늘에서는 인간의 생명을 단축시키는 태양광선이 쏟아지게 되었고, 지구는 사계절이 뚜렷한 기후 변화를 경험합니다. 또 노아의 홍수 사건 이후에 하나로 뭉쳐 있던 땅이 갈라져[68] 오대양 육대주를 가진 현재 지구의 모습으로 바뀌게 됩니다. 이것이 현재 우리가 경험하고 있는 세 번째 생태환경입니다.

그리고 현재 우리가 경험하고 있는 지구의 생태환경은 또다시 4) 7년

---

[68] "에벨은 두 아들을 낳고 하나의 이름을 벨렉이라 하였으니 그 때에 세상이 나뉘었음이요" (창 10:25).

대환난의 사건을 통해 철저히 파괴되는 경험을 할 것입니다. 일곱 인과 일곱 나팔과 오늘 본문에서 소개하고 있는 일곱 대접 재앙으로 처참할 만큼 철저히 파괴될 것입니다. 그리고 이렇게 파괴된 지구의 생태환경은 예수님이 재림하심으로써 다시금 새롭게 되어 과거 에덴동산과 같은 모습으로 바뀌게 될 것입니다. 이것이 성경에서 말하고 있는 지구의 네 번째 생태환경입니다.

현재 세계 정부주의자들은 지구가 온난화되고 있다는 주장을 앞세워 각국이 탄소 가스 배출을 규제하지 않으면 지구의 기온이 올라가 결국 지구의 생태계가 파괴될 것이라 하고 있는데, 이는 과학적 근거가 없는 사이비입니다. 지구의 온난화는 태양의 활동이 증가하면서 나타나는 자연스러운 현상입니다. 현재 지구가 더워졌다고 하지만, 역사적으로 살펴보면 서기 10세기부터 15세기까지 지구의 평균 기온은 지금보다 훨씬 높았고, 공기 중에 탄소의 양도 많았다고 합니다. 그런데 바로 이 시기에 유럽에서는 인구가 폭발적으로 증가하는 현상이 나타났는데, 이는 온도 상승과 공기 중에 이산화탄소 양의 증가가 경작지 확대와 작물 생산에 도움을 주었기 때문이라고 말합니다.[69] 온난화와 탄소가스의 증가가 생태환경에 부정적인 영향을 주는 것이 아니라, 오히려 긍정적인 영향을 준다는 것입니다. 이 사실을 잘 알고 있으면서도 세계 정부주의자들은 '지구 온난화'라고 하는 사이비 과학을 퍼뜨려 이것을 세계를 통제하는 수단으로 삼고 있는 것입니다.

여하튼 지구의 생태계는 저들이 주장하듯 사람의 손에 달려 있는 것이 아니라, 하나님의 손에 달려 있다고 성경은 증거합니다. 이제 본문은 현

69　　Ron J. Bigalke, *The Myth of "Global Warming*, http://www.bibleprophecyblog.com/2011/10/myth-of-global-warming-part-1.html 2011년 11월 13일 접속.

재 우리가 경험하고 있는 제3의 생계가 일곱 대접의 심판으로 철저히 파괴될 것이라고 선언합니다. 이것에 대해 구체적으로 살펴볼까요?

1. 첫째 대접 재앙(2절)

짐승의 표를 받고 우상에게 경배하는 자들에게 독한 헌데가 난다고 합니다(2절). 요한계시록 14장 11절에서는 "짐승과 그의 우상에게 경배하고 그의 이름 표를 받는 자는 누구든지 밤낮 쉼을 얻지 못하리라"고 했는데, 바로 이 말씀이 첫째 대접 재앙에서 실현되고 있는 것입니다. 본문에서 '헌데'에 해당되는 헬라어 $\dot{\epsilon}\lambda\kappa o\varsigma$는 애굽 땅에 내린 여섯째 재앙인 '독종(출 9:8-11)'과 욥의 몸에 난 '악창(욥 2:7)'과 같은 것입니다. 모세의 말을 듣지 않았던 애굽 땅에 독종의 재앙이 내렸고, 욥은 그가 겪은 악창으로 상상하기 어려운 고통을 경험했습니다.[70] 7년 대환난의 기간에 '짐승의 표'를 받은 자들에게 이러한 재앙이 내려질 것입니다.

지금도 짐승의 표가 될 것이 확실한 베리칩을 이식한 반려동물의 몸에 악창이 생기는 부작용이 있다고 합니다. 7년 대환난 동안에는 이 짐승의 표를 이식한 자들 모두에게 이런 악창이 생겨나게 될 것입니다.

---

[70] 강병도, 『호크마 종합주석 요한일서-요한계시록』(서울 : 기독지혜사, 2000), p. 458.

2. 둘째 대접 재앙(3절)

바다가 죽은 자의 피같이 되어 모든 생물이 죽게 될 것이라고 합니다
(3절). 이 말씀을 보면 최근 우리나라 남해에서 유행했던 '적조 현상'이 생
각납니다. 여름이면 바닷물이 오염되어 붉은빛을 띠는 조류인 적조가 이
상 증식해서 바다를 온통 붉게 물들이고 양식장에 있는 물고기들을 폐사
시켰다는 소식을 듣곤 했었습니다. 이런 적조가 전 세계의 바다에 퍼져
바다의 모든 생물을 죽인다면, 이는 바다의 모든 생태계가 완전히 파괴되
는 재앙이 될 것입니다. 또 바다가 피가 되는 두 번째 재앙은 더 이상 선
박들이 바다를 항해하지 못하게 하는 상황을 만들 것입니다.

3. 셋째 대접 재앙(4-6절)

강과 물 근원에 쏟아지매 피가 되고, 성도들의 피를 흘린 자들이 그 피
를 마시게 될 것이라고 합니다(4-6절). 둘째 대접 재앙이 바다가 피같이
되는 재앙이라면, 셋째 대접 재앙은 강과 물의 근원이 피가 되는 재앙입
니다. 강과 물의 근원이 피가 되는 재앙 때문에 세상 사람들은 이 악취 나
는 피조차도 마셔야 하는 상황이 오게 되는데, 이는 저들이 성도와 선지
자들의 피를 흘린 죄에 대한 보응이라고 합니다(6절).

4. 넷째 대접 재앙(8-9절)

해가 권세를 받아 불로 사람들을 태울 것이라고 합니다(8절). 이집트의 신화에 등장하는 태양신 호루스는 바로 적그리스도를 상징하는 인물입니다. 1달러 지폐 속에 있는 피라미드 그림에 등장하는 전시안이 바로 호루스의 눈입니다. 이 땅에 세계 정부를 세우려고 애쓰는 자들이 섬기는 신이 바로 태양신인 호루스입니다. 하나님이 내리신 넷째 대접 재앙은 바로 이러한 저들의 믿음에 대한 심판입니다. 그동안 저들이 믿고 숭배하던 태양이 오히려 저들을 해치는 심판의 도구가 되고 있습니다. 태양의 활동이 비정상적으로 왕성해져서 지상에 있는 사람들을 태우게 되면 아마도 대기권 밖에 있는 인공위성들도 대부분 파괴되어 더 이상 사용하지 못하는 상태에 이를 것입니다. 정보와 통신이 제한되는 힘든 시기가 온다는 것입니다.

9절에 보면 "사람들이… 이 재앙들을 행하는 권세를 가지신 하나님의 이름을 비방하며 또 회개하지 아니하고 주께 영광을 돌리지 아니하더라"고 했습니다. 첫째부터 넷째 대접 재앙이 내려질 때, 세상 사람들은 이 재앙이 하나님께로부터 온 것임을 분명히 알게 될 것입니다. 하지만 하나님의 심판이라는 사실을 알면서도 저들은 그 와중에 회개하지 않고, 오히려 하나님을 훼방하다가 결국 멸망의 길을 갈 것입니다. 회개도 유통기한이 있다고 했습니다. 회개할 기회를 주셨음에도 회개하지 않으면 나중에는 양심이 화인 맞아서 회개하고 싶어도 회개할 수 없는 시간이 찾아오게 됩니다.

5. 다섯째 대접 재앙(10-11절)

짐승의 보좌가 어두워지고 사람들이 고통을 크게 겪을 것이라고 합니다(10-11절). "짐승의 보좌"는 적그리스도가 7년 대환난 동안 다스릴 본부가 있는 곳, 세계 정부의 수도라고 할 수 있습니다. 요한계시록 18장에는 "큰 성 바벨론"의 멸망을 예언하는 말씀이 소개되고 있는데, 그곳이 바로 짐승의 보좌가 자리 잡을 세계 정부의 수도입니다. 이곳이 구체적으로 어디일까에 대해서는 지금까지도 의견이 나뉘는데, 여하튼 다섯째 대접 재앙으로 이 짐승의 보좌가 어두워지고 사람들이 큰 고통을 겪게 될 것입니다. 짐승의 보좌가 어두워지는 것은 스스로를 태양의 신, 혹은 광명의 신으로 자처하던 적그리스도에게 내린 심판입니다. 스스로 태양의 신을 자처하면서 자신이 다스리는 보좌도 밝히지 못하는 저의 무능함과 거짓됨을 폭로하는 심판입니다. 그리고 이처럼 참 하나님을 버리고 거짓되고 무능한 지도자를 추종하는 자들에게 큰 고통이 임할 것이라고 합니다. 하지만 극심한 고통 속에서도 세상 사람들은 여전히 회개하기를 거부하고, 하나님을 비방할 것이라고 합니다(11절).

6. 여섯째 대접 재앙(12-16절)

유브라데 강이 말라서 동방에서 오는 왕들의 길이 예비될 것이라고 합니다(12-16절). 둘째 대접의 심판으로 바닷길이 막히고, 넷째 대접의 심판으로 하늘길이 막히게 되면,[71] 유일하게 동원할 수 있는 군대는 지상군밖에 없습니다. 적그리스도가 바로 이 지상군들을 동원해서 재림하실 주님이 다스릴 예루살렘을 치려고 할 것입니다. 이것이 바로 아마겟돈 전쟁입니다.

스가랴 12장과 14장에서도 이 전쟁에 대하여 묘사하고 있는데, 스가랴 12장 3절에서는 "그 날에는 내가 예루살렘을 모든 민족에게 무거운 돌이 되게 하리니 그것을 드는 모든 자는 크게 상할 것이라 천하 만국이 그것을 치려고 모이리라"고 합니다. 14장 2절에는 "내가 이방 나라들을 모아 예루살렘과 싸우게 하리니 1) 성읍이 함락되며 2) 가옥이 약탈되며 3) 부녀가 욕을 당하며 성읍 백성이 4) 절반이나 사로잡혀 가려니와 남은 백성은 성읍에서 끊어지지 아니하리라"고 합니다. 적그리스도의 끊임없는 공격에도 예루살렘의 절반은 함락되지 않은 채 끝까지 남아 재림하시는 주님을 맞이하게 될 것이라는 말씀입니다.

13절에서는 세 더러운 영, 즉 용의 입과 짐승의 입과 거짓 선지자의 입에서 나온 세 더러운 영이 천하의 임금들을 미혹하여 이 전쟁에 참여하게 될 것이라고 합니다. 또 12절에서는 유브라데 강이 말라 동방에서 오는 왕들의 길이 예비되었다고 하는데, 아마겟돈 전쟁의 주력 부대가 동방, 아마도 인도와 중국 그리고 한국과 일본에서 파병한 군대가 될 것으로 보입니다.

태양이 권세를 얻는 넷째 대접 재앙이 임하면 유브라데 강의 수원인 아라랏산의 만년설도 다 녹아 내리게 될 것입니다. 그러면 유브라데 강이 마르게 될 것이고 대적들은 이것이 이스라엘을 칠 수 있는 절호의 기

---

71 태양이 힘을 얻어 대기권 밖에 있는 위성들을 파괴하면, 통신 장애 때문에 공군을 투입하거나 미사일로 공격하는 것이 불가능하게 될 것이다.

회라 여기고 군사를 동원할 것입니다. 하지만 이것은 결국 저들을 멸망으로 이끌어 가는 함정이 될 것입니다. 그 옛날 하나님께서 홍해를 말리시고 애굽의 군사들을 그곳으로 이끌어 진멸하셨던 것처럼, 이제 유브라데 강을 말리시고 세상의 군대들을 므깃도 평야에 모아 진멸하실 것입니다.

7. 일곱째 대접 재앙(17-21절)

번개, 음성, 뇌성, 큰 지진, 우박으로 섬과 산악이 사라질 것이라고 합니다(17-21절). 마지막 일곱째 대접 재앙은 번개와 음성과 큰 지진과 우박으로 큰 성 바벨론을 무너뜨리고, 지상의 생태계를 완전히 파괴하는 재앙입니다. 이 재앙이 내려지면 하늘에서는 "되었다(17절)"고 선언합니다. 이것은 일곱째 대접의 심판으로 하나님을 대적하던 이 땅과 세상 사람들에 대한 심판이 끝났다는 선언입니다.

이 일곱 대접 재앙으로 우리가 알고 있는 지구의 생태계는 모두 파괴될 것이고, 하나님을 대적하는 세상 나라와 인생들은 철저히 심판을 받게 될 것입니다. 하지만 재림의 주님이 오시면 고난과 핍박 가운데서도 믿음을 지킨 그분의 백성을 구원하시고, 하나님의 심판으로 철저히 파괴된 지구의 생태계를 새롭게 하신 후 이 땅에 하나님의 나라(천년왕국)를 건설하실 것입니다. 이것이 성경에서 말하는 지구의 네 번째 생태환경입니다.

개관 19
음녀 바벨론

/

계 17:1-18

¹또 일곱 대접을 가진 일곱 천사 중 하나가 와서 내게 말하여 이르되 이리로 오라 많은 물 위에 앉은 큰 음녀가 받을 심판을 네게 보이리라 ²땅의 임금들도 그와 더불어 음행하였고 땅에 사는 자들도 그 음행의 포도주에 취하였다 하고 ³곧 성령으로 나를 데리고 광야로 가니라 내가 보니 여자가 붉은 빛 짐승을 탔는데 그 짐승의 몸에 하나님을 모독하는 이름들이 가득하고 일곱 머리와 열 뿔이 있으며 ⁴그 여자는 자주 빛과 붉은 빛 옷을 입고 금과 보석과 진주로 꾸미고 손에 금 잔을 가졌는데 가증한 물건과 그의 음행의 더러운 것들이 가득하더라 ⁵그의 이마에 이름이 기록되었으니 비밀이라, 큰 바벨론이라, 땅의 음녀들과 가증한 것들의 어미라 하였더라 ⁶또 내가 보매 이 여자가 성도들의 피와 예수의 증인들의 피에 취한지라 내가 그 여자를 보고 놀랍게 여기고 크게 놀랍게 여기니 ⁷천사가 이르되 왜 놀랍게 여기느냐 내가 여자와 그가 탄 일곱 머리와 열 뿔 가진 짐승의 비밀을 네게 이르리라 ⁸네가 본 짐승은 전에 있었다가 지금은 없으나 장차 무저갱으로부터 올라와 멸망으로 들어갈 자니 땅에 사는 자들

로서 창세 이후로 그 이름이 생명책에 기록되지 못한 자들이 이전에 있었다가 지금은 없으나 장차 나올 짐승을 보고 놀랍게 여기리라 ⁹지혜 있는 뜻이 여기 있으니 그 일곱 머리는 여자가 앉은 일곱 산이요 ¹⁰또 일곱 왕이라 다섯은 망하였고 하나는 있고 다른 하나는 아직 이르지 아니하였으나 이르면 반드시 잠시 동안 머무르리라 ¹¹전에 있었다가 지금 없어진 짐승은 여덟째 왕이니 일곱 중에 속한 자라 그가 멸망으로 들어가리라 ¹²네가 보던 열 뿔은 열 왕이니 아직 나라를 얻지 못하였으나 다만 짐승과 더불어 임금처럼 한동안 권세를 받으리라 ¹³그들이 한 뜻을 가지고 자기의 능력과 권세를 짐승에게 주더라 ¹⁴그들이 어린 양과 더불어 싸우려니와 어린 양은 만주의 주시요 만왕의 왕이시므로 그들을 이기실 터이요 또 그와 함께 있는 자들 곧 부르심을 받고 택하심을 받은 진실한 자들도 이기리로다 ¹⁵또 천사가 내게 말하되 네가 본 바 음녀가 앉아 있는 물은 백성과 무리와 열국과 방언들이니라 ¹⁶네가 본 바 이 열 뿔과 짐승은 음녀를 미워하여 망하게 하고 벌거벗게 하고 그의 살을 먹고 불로 아주 사르리라 ¹⁷이는 하나님이 자기 뜻대로 할 마음을 그들에게 주사 한 뜻을 이루게 하시고 그들의 나라를 그 짐승에게 주게 하시되 하나님의 말씀이 응하기까지 하심이라 ¹⁸또 네가 본 그 여자는 땅의 왕들을 다스리는 큰 성이라 하더라.

앞에서 살펴본 16장 19-21절까지는 '바벨론의 멸망'을 선언하고 있습니다. 이 말씀에 이어지는 요한계시록 17-18장에서는 바벨론이 멸망하는 자세한 과정을 소개하고 있습니다.

본문에서 말씀하고 있는 바벨론은 다니엘 2장과 7장에 예언된 종말의 때에 나타나 "천하를 삼키고 밟아 부숴뜨릴(단 7:23)" 마지막 세계 제국을 의미합니다. 루시퍼를 추종하는 예수회, 일루미나티, 프리메이슨과 비밀

단체들이 세계 정부수립을 위해 오랫동안 준비해 왔는데, 이제 이를 실현하려 하고 있습니다. 이것이 바로 성경에서 예언한 바벨론 제국(혹은 적그리스도의 나라)입니다.

좀 더 구체적으로 살펴보면, 저들이 이 땅에 바벨론 제국 세계 정부를 세우기 위해 내걸고 있는 구호가 뉴월드 오더(New World Order; 신세계질서)입니다. 이 땅에 새로운 세계질서를 구현하자는 것입니다. 이 뉴월드 오더를 구체화하기 위한 계획은 또 다시 정치·경제·종교 세 분야로 나뉘어 진행 중인데, 이것을 소위 '삼발의자의 계획'이라고 합니다. 각각 정치·경제·종교의 통합을 의미하는 뉴월드 폴리틱 오더(New World Politic Order; 정치), 뉴월드 이코노믹 오더(New World Economic Order; 경제), 뉴월드 릴리전 오더(New World Religion Order; 종교)를 세우려 합니다. 먼저 정치·경제·종교 세 분야를 통합함으로써 결국 세계 정부를 완성한다는 계획입니다.

이 삼발의자의 계획 중에 요한계시록 17장에 등장하는 음녀 바벨론이 감당하는 분야가 바로 뉴월드 릴리전 오더를 세우는 것입니다. 새로운 세계 종교의 질서, 즉 모든 종교가 공존 혹은 통합된 새로운 종교를 만드는 것입니다. 그리고 현재 전 세계적으로 진행 중인 경제 위기는 뉴월드 이코노믹 오더를 세우는 과정으로 보아야 합니다. 지금까지의 경제 질서를 무너뜨림으로 새로운 세계의 경제 질서, 즉 세계의 모든 경제가 통합된 새로운 세계 경제의 질서를 실현하겠다는 것입니다. 현재 우리가 겪고 있는 세계적인 경제 위기가 우연히 발생한 것이 아니라, 오랫동안 치밀한 계획 속에 진행된 일이기 때문에 막을 수 없다고 보는 것입니다. 그리고 이렇게 저들의 뜻대로 세계경제가 통합되면 곧이어 이것을 조정할 세계 정부가 세워지게 될 것입니다. 이것은 곧 뉴월드 폴리틱 오더, 즉 새로운 세계 정치의 질서가 실현됨을 의미합니다.

이 땅에 세계 정부를 실현하기 위해 애쓰는 세력들이 사용하는 전략은 "혼란 속에 새로운 질서"를 만드는 것입니다. 그래서 일부러 경제적 · 정치적 · 종교적 · 사회적 혼란을 일으켜서 사람들에게 새로운 세계 질서의 필요성을 인식하고 받아들이게 하는 것입니다. 아마 현재 진행 중인 세계적인 경제 위기가 경제 붕괴로까지 가게 된다면 이 때문에 어려움을 겪는 사람들이 쉽게 뉴월드 오더를 받아들이게 될 것입니다. 여하튼 현재 진행되고 있는 세계화가 결국 요한계시록 17-18장에서 예언하고 있는 적그리스도의 나라, 바벨론 제국 건설의 과정이라고 보면 될 것입니다.

그렇다면 장차 세워질 세계 정부, 바벨론 제국의 모습은 어떤 것일까요? 이를 알기 위해서는 먼저, 창세기 11장에 묘사된 바벨탑 사건을 살펴보아야 합니다. 창세기 11장 1절부터 9절까지 말씀에는 바벨탑 사건을 다음과 같이 소개합니다.

"온 땅의 언어가 하나요 말이 하나였더라 이에 그들이 동방으로 옮기다가 시날 평지를 만나 거기 거류하며 서로 말하되 자, 벽돌을 만들어 견고히 굽자 하고 이에 벽돌로 돌을 대신하며 역청으로 진흙을 대신하고 또 말하되 자, 성읍과 탑을 건설하여 그 탑 꼭대기를 하늘에 닿게 하여 우리 이름을 내고 온 지면에 흩어짐을 면하자 하였더니 여호와께서 사람들이 건설하는 그 성읍과 탑을 보려고 내려오셨더라 여호와께서 이르시되 이 무리가 한 족속이요 언어도 하나이므로 이같이 시작하였으니 이 후로는 그 하고자 하는 일을 막을 수 없으리로다 자, 우리가 내려가서 거기서 그들의 언어를 혼잡하게 하여 그들이 서로 알아듣지 못하게 하자 하시고 여호와께서 거기서 그들을 온 지면에 흩으셨으므로 그들이 그 도시를 건설하기를 그쳤더라 그러므로 그 이름을 바벨이라 하니 이는 여호와께서 거기서 온 땅의 언어를 혼잡하게 하셨음이니라 여호와께서 거기서 그들을 온 지면에 흩으셨더라"(창 11:1-9).

바벨탑은 노아의 홍수 심판 이후 이 땅에서 번성하던 인류가 시날 평지에 쌓은 높은 탑입니다. 탑이라고 표현되지만, 사실은 탑의 형태를 갖춘 거대한 도시, 일종의 '마천루'라고 할 수 있습니다. 그렇다면 왜 그렇게 넓은 땅을 놔두고 마천루를 높이 쌓아 그곳에 거하려고 했을까요? 홍수 심판에 대한 두려움 때문입니다. 홍수 심판이 있은 뒤, 하나님은 노아에게 언약의 무지개를 보여 주시면서 "다시는 세상을 물로 심판하지 않겠다(창 9:11)"고 약속하시지만, 인간들은 하나님의 그 언약을 믿지 못하고 높이 대를 쌓아 그곳에 머물려고 했습니다. 바벨탑은 그 자체가 하나님의 언약을 믿지 못해 생겨난 '불신앙'의 상징물입니다.

또 4절에 보면 "성읍과 탑을 건설하여 그 탑 꼭대기를 하늘에 닿게 하자"라는 말씀이 등장합니다. 탑을 높이 쌓기만 하면 하늘에 닿을 수 있을 것이라는 생각으로 헛된 수고를 한 것입니다. 결국 바벨탑은 인간의 노력과 수고로 하늘(천국 혹은 신의 경지)에 닿을 수 있다고 믿는 '자력구원'의 상징이라고 하겠습니다. "선악과를 먹으면 하나님처럼 될 수 있다(창 3:5)"는 말로 하와를 속였던 뱀이, 저들에게 "바벨탑을 쌓으면 하늘에 닿을 수 있다"는 거짓된 말로 속여 이 헛된 일을 하게 한 것입니다.

계속해서 4절을 보면 "우리 이름을 내고"라는 말씀이 등장합니다. 바벨탑을 세운 목적 자체가 인간의 이름을 드러내고 자랑하는 데 있었다는 것입니다. 창조주가 되신 하나님의 이름을 드러내고 자랑하기보다는 바벨탑을 쌓아 자신들의 이름을 드러내고 스스로 영광받기를 원했던 것입니다. 실제로 바벨탑을 쌓았던 건축가들은 건축에 사용되는 벽돌마다 자신들의 이름을 새겨 넣어 이것으로 탑을 쌓았다고 합니다.

이처럼 불신앙과 무지와 교만의 상징이었던 바벨탑은 결국 하나님의 심판으로 무너지게 됩니다(창 11:9). 이 사건을 통해 하나님께서는 바벨탑을 건설하려고 했던 저들의 의도가 헛되고 패역하다는 것을 보여 주십니다. 문제는 오늘날에도 이런 헛된 바벨탑 혹은 바벨론 제국을 또다시 세우려는 세력들이 있다는 것입니다. 그들이 바로 세계 정부주의자들입니다.

세계 정부주의자들이 누구이고 저들의 목적이 무엇인지를 알기 위해서는 먼저 이 땅에 최초로 하나님을 대적하는 나라 바벨론 혹은 바벨탑을 건설한 인물에 대해서 살펴보아야 합니다. 창세기 10장 8-9절에서 소개하는 '니므롯'이 바로 바벨탑 건축을 주도했던 인물입니다.

"구스가 또 니므롯을 낳았으니 그는 세상에 첫 용사라 그가 여호와 앞에서 용감한 사냥꾼이 되었으므로 속담에 이르기를 아무는 여호와 앞에 니므롯 같이 용감한 사냥꾼이로다 하더라"(창 10:8-9).

니므롯은 함의 아들 중에 하나인 구스가 낳은 아들입니다. 노아의 증손자입니다. 성경에서는 니므롯을 "여호와 앞에서 용감한 사냥꾼"이라고 소개합니다. "여호와 앞에서"라는 말씀은 정확히 말하면 "여호와를 대적한다"는 뜻입니다. "용감한 사냥꾼"의 문자적인 뜻은 '짐승을 난폭하게 잡는 사냥꾼'이라는 의미입니다. 하지만 고대 전쟁의 영웅들을 '사냥꾼의 제자'라고 일컫던 관습에 비추어 보면, "용감한 사냥꾼"이란 표현은

'잔혹한 전쟁광'이라는 뜻으로 보아야 합니다.[72] 그는 무자비한 전쟁을 통해 마을과 도시들을 정복하여 최초의 제국인 바벨론 혹은 바벨탑을 건설했습니다. 이 니므롯이 바로 '적그리스도'를 예표하는 첫 번째 인물입니다.

니므롯에게는 '세미라미스(Semiramis)'라고 하는 아내가 있었는데, 본래는 니므롯의 어머니였지만, 남편 구스가 죽자 아들인 니므롯과 결혼해서 황후의 권세를 얻었다고 알려지고 있습니다. 훗날 바벨탑을 건설한 사건으로 니므롯도 하나님의 심판을 받아 죽게 됩니다. 그러자, 이번에는 세미라미스가 사생아를 낳아 사람들에게 그 아이를 니므롯이 환생한 것이라고 소개합니다. 그 아이의 이름이 담무스였는데, 세미라미스는 다시금 그 아이와 결혼해서 황후의 권세를 이어갔다고 합니다.

바벨탑을 건설했던 니므롯은 태양의 신인 바알로, 세미라미스는 달의 신인 이슈타르(Ishtar)로, 아들인 담무스는 니므롯의 환생으로 섬겨지게 되는데, 이것이 프리메이슨(일루미나티)들이 섬기는 사탄의 삼위일체입니다.

이런 바벨론의 신앙은 이집트로 넘어가 오시리스, 이시스, 호루스의 신화로 바뀌게 되었는데, 1달러짜리 화폐에 새겨진 피라미드 위에 있는 전시안이 바로 호루스의 눈입니다. 태양신의 아들 혹은 태양신의 화신인 호루스는 프리메이슨의 상징으로 자주 등장하는데, 그가 바로 적그리스도를 예표하는 인물입니다. 바벨론 신앙은 가나안 땅으로 넘어가서는 바알과 아세라 신앙으로 바뀌게 되었고, 특별히 니므롯의 아내였던 세미라미스는 모든 여신 숭배의 기원이 되었습니다.

---

72   강병도, 『호크마 종합주석 창세기』(서울 : 기독지혜사, 2000), p. 272.

사탄의 삼위일체

3대 인물	니므롯	세미라미스	담무스
상징(위치)	적그리스도를 예표하는 첫 번째 인물	구스의 아내. 니므롯의 어머니. 남편이 죽자 아들인 니므롯의 아내가 됨	니므롯과 세미라미스 사이의 아들. 아버지인 니므롯의 환생으로 섬겨짐
특징	여호와 앞에서 용감한 사냥꾼. 바벨탑 건설	모든 여신 숭배의 기원 가톨릭의 성모로 추앙	가톨릭의 성자로 추앙
바벨론 신앙	바알(태양신)	이슈타르(달의 신)	니므롯의 환생
이집트 신앙 (신화)	오시리스	이시스	호루스(태양신의 아들, 태양신의 화신): 피라미드와 함께 프리메이슨의 상징이 된 호루스의 눈(=전시안) 예) 미 1달러 화폐의 전시안
가나안 신앙	바알	아세라	

이렇듯 바벨론 신앙은 기독교가 전파되던 로마에 이미 오래 전부터 깊이 뿌리를 내리고 있었는데, AD 313년 콘스탄틴 대제가 기독교를 로마의 국교로 선포하면서 교회 안에 바벨론 신앙을 끌어들인 것으로 알려지고 있습니다. 이러한 전통을 로마 가톨릭이 지금까지 계승하고 있는 것입니다. 예를 들어, 우리가 성탄절이라고 하는 12월 25일은 본래 태양신인 바알의 생일로 지켜졌던 절기입니다. 또 이스터(easter)라고 해서 우리가 지키는 부활절도, 달의 신으로 알려진 이슈타르라는 이름에서 기원한 것입니다. 부활절에 계란을 나눠 주는 것은 교회의 전통이 아니라, 이슈타르가 계란에서 탄생했다는 신화에서 유래한 것입니다. 가톨릭의 마리아 숭배도 바로 여신 세미라미스 혹은 이슈타르를 섬기던 바벨론 종교에서 기원했습니다. 그 외에도 바티칸에서 사용하는 여러 건물과 상

징들 속에서 지금도 어렵지 않게 바벨론 종교의 흔적을 찾아볼 수 있습니다.

오늘 본문에서 마지막 때에 세계 종교를 통합하여 우상숭배의 길로 이끄는 종교 세력을 '음녀 바벨론'이라고 묘사하는데, 음녀는 '영적 간음을 행하는 여자'라는 뜻입니다.[73] 간음을 행한다는 것은 신실한 남편을 두고 다른 남자와 바람을 피우는 것을 말합니다. 본래는 하나님의 신부였지만, 실상은 우상에게 마음을 빼앗겨 오히려 우상을 더 좋아하고 따르는 자가 된 것입니다. 교회 안에 바벨론 종교를 들여와 우상숭배를 일삼고, 이 땅에 뉴월드 릴리전 오더를 세우기 위해 애쓰고 있는 로마 가톨릭이 바로 음녀 바벨론입니다.

마지막 때에 세계의 모든 종교를 통합하여 우상숭배의 길로 이끌 '음녀'는 그리스도의 신부라는 이름은 가졌지만, 실상은 우상을 좇는 '배도한 교회'를 의미합니다. AD 313년 로마의 국교가 되면서 바벨론 종교와 혼합되어 버린 로마 가톨릭이 바로 성경에서 특정하고 있는 '음녀 바벨론'입니다. 이에 대해 구체적으로 살펴봅시다.

1. 음녀 바벨론

1) 이 음녀가 자주 빛과 붉은 빛 옷을 입고 금과 보석과 진주로 꾸몄다고 합니다(4절).

"자주 빛과 붉은 빛 옷"은 비싼 염료로 만든 옷으로, 예수님 당시 왕족

---

73   John F. Walvoord, *the Revelation of Jesus Christ*(Chicago : The Moody Bible Institute, 1989), p. 244.

들만 입을 수 있었습니다. 여기에다 온 몸을 "금과 보석과 진주"로 장식했다고 합니다. 부귀영화를 상징합니다. 세상의 권세와 부를 한 몸에 누리고 있는 음녀의 모습을 보여 줍니다.

음녀의 이런 화려한 모습은 "세마포" 옷을 입고 있는(계 19:8) 그리스도의 신부와 비교됩니다. 단순하지만, 정결한 세마포 옷을 입고 신앙의 정절을 지킨 그리스도의 신부인 참된 교회와, 온갖 세상의 부귀영화로 자신의 몸을 치장하고 있지만, 음행으로 스스로를 더럽히고 있는 음녀 바벨론(배도한 교회)의 모습을 극단적으로 보여 줍니다.

음녀가 입고 있는 "붉은빛"의 옷은 그가 얻은 세상의 영광을 상징하기도 하지만, '죄'를 상징하는 색이기도 합니다. 이사야 1장 18절에서는 "너희의 죄가 주홍 같을지라도 눈과 같이 희어질 것이요 진홍 같이 붉을지라도 양털 같이 희게 되리라"고 했습니다. 여기에서는 죄를 상징하는 색깔로 "주홍색"을 사용하고 있습니다. 주홍색은 어디에서도 눈에 띄는 색깔입니다. 그러기에 "죄가 주홍 같다"는 표현은 감출 수 없는 죄라는 의미인 것입니다. 음녀가 이런 죄를 부끄러워하거나 감추려 하지 않고 오히려 자랑하듯 옷을 입고 다녔다는 것입니다.

3절에 보면 여자가 탄 짐승도 붉은빛이라고 설명하고 있는데 이것도 이 짐승이 가지고 있는 권세와 함께 '주홍 같은 죄'를 상징합니다.

2) 이 음녀가 가증한 물건과 그의 음행의 더러운 것들이 가득한 금잔을 가지고 있었다고 합니다(4절).

여기에서 "가증한 물건과 그의 음행"은 모두 우상숭배와 관련된 용어입니다. 우리는 로마 가톨릭을 '음녀 바벨론'이라고 특정했습니다. 하나님을 섬긴다고 하면서도 실제로는 태양신인 바알과 루시퍼를 섬기고, '성상'

이라는 이름으로 수많은 우상을 만들어 이를 섬기는 행동이 바로 '음행의 더러운 것들'입니다.

6절에서는 이 음녀가 "성도들의 피와 예수님의 증인들의 피에 취하였다"고 합니다. 가증한 물건과 더러운 음행이 담긴 금잔에 또다시 성도들의 피를 담아 취하도록 마셨다는 것입니다. 이는 종교개혁을 통해 바벨론 종교에서 벗어나 하나님 말씀에 근거한 바른 믿음을 가지려고 애썼던 많은 성도와 하나님의 종을 핍박하고 죽였던 과거의 사건과, 또한 7년 대환난 때 다시 시작될 종교재판과 핍박에 대한 묘사입니다.

예수회, 일루미나티, 프리메이슨과 같은 세계 정부주의자들이 세상을 자신들의 통제 아래 두기 위해 사용하는 두 가지 전략이 있습니다. '조작(매니퓰레이션; Manipulation)'과 '위협(인티미데이션; Intimidation)'이 그것입니다. 세력이 약할 때는 자신들의 정체를 숨기고 조용히 내적으로 활동하지만, 세력이 강할 때는 과감하게 자신들의 정체를 드러내고 반대자들을 척결하는 전략입니다. 종교개혁 이후 무자비하게 개신교도들을 핍박하던 로마 가톨릭이 지금은 개신교도들의 힘이 강해지자 그 발톱을 숨기고 유화적인 모습을 보이고 있습니다. 하지만 언젠가 저들의 세력이 또다시 힘을 얻게 되면 그때는 다시금 본색을 드러내어 믿음을 지키려는 성도들을 잔인하게 핍박하고 죽일 것입니다.

또 본문에서 이 음녀가 "성도들의 피와 예수님의 증인들의 피에 취하였다"고 했는데, 여기에서 "피에 취했다"는 말씀에 주목해야 합니다. 미국에서는 스스로를 뱀파이어의 후손이라 자칭하면서 주기적으로 사람의 피를 마시는 사람들이 있다고 합니다. 그런데 우리가 어떤 경우이든지 사람의 피를 한 번, 두 번 마시게 되면 여기에 중독되어 나중에는 피를 마시지 않으면 견딜 수 없게 된다고 합니다. 사람이 극심한 공포를 느끼게 되면 몸속에서 아드레날린이 분비되어 피에 섞이게 되는데, 이 피를 마시면 마치 마약을 했을 때처럼 황홀경에 빠지고, 또 중독되어 다시 피를 찾게 된다는 것입니다. 성도들의 피에 취한 음녀의 모습이 바로 이런 것입니다. 처음에는 여러 이유로 성도들을 핍박하고 죽이다가, 나중에는 그 자체에 중독되어서 그 일을 즐기고 더 많은 피를 원하는 음녀의 모습이 잘 표현되어 있습니다.

3) 이 음녀가 붉은 빛 짐승을 탔다고 합니다(3절).

일곱 머리와 열 뿔을 가진 이 짐승은 요한계시록 13장에 묘사된 바다에서 올라온 짐승인 '적그리스도'입니다(13:1). 음녀가 이 짐승을 탔다는 것은 음녀의 권세와 영광이 적그리스도와 그의 나라로부터 주어질 것임을 보여 줍니다. 짐승으로부터 권세를 받아 성도들을 핍박하여 죽이고 온 세상을 음행(우상숭배)의 길로 이끌게 될 것입니다.

9절부터는 짐승의 일곱 머리와 열 뿔에 대하여 설명하는 말씀이 등장합니다. 먼저, 일곱 머리가 있었다고 합니다. 일곱 머리는 성경의 역사 속에서 하나님을 대적했던 제국들과 그 왕들을 상징합니다. "일곱 머리는 여자가 앉은 일곱 산이요, 또 일곱 왕이라(9-10절)"고 하신 말씀의 의미가 그런 것입니다. 10절에 보니 이 일곱 머리 중에 "다섯은 망하였고, 하나는 있고, 다른 이는 아직 이르지 아니하였다"고 합니다. 망한 다섯 머리, 다섯 제국은 애굽과 앗수르, 바벨론과 페르시아 그리고 헬라(앞글자 애앗바페헬) 제국과 그 왕들을 의미합니다. 사도 요한이 계시를 받을 당시 존재했던 여섯 번째 제국은 로마입니다. 그리고 아직 이르지 아니했다 하신 일곱 번째 제국은 옛 로마가 있던 자리에서 새롭게 등장할 '신성로마제국'인 유럽 연합 혹은 유럽합중국이 될 것으로 보입니다.

11절에서는 이 짐승이 일곱 중에 속하였다가 여덟 번째 왕이 된다고 했습니다. 적그리스도가 7년 대환난의 초창기 때는 신성로마제국의 왕 즉 유럽 연합의 대통령으로 시작하지만, 3년 반이 지나고 세계 정부 곧 짐승의 정부가 완성되면 명실상부한 세계의 대통령으로서 여덟 번째 왕이 된다는 것입니다.

이때는 12절의 말씀처럼 전 세계가 열 개의 권역으로 나뉘어 열 뿔로 상징되는 열 명의 왕들이 적그리스도의 분봉 왕이 되어 적그리스도와 함께 통치하게 될 것입니다. 12절에서는 "이들이 짐승과 더불어 임금처럼 권세를 한 동안 받으리라"고 증거합니다.

또 저들이 짐승과 연합하여 어린 양과 더불어 싸울 것이나(13절) 결국 만주의 주시오, 만왕의 왕이신 예수님이 이길 것(14절)이라고 합니다.

이처럼 음녀 바벨론은 짐승으로부터 권세를 받아 성도들을 핍박하고 이 땅에 세계 정부를 실현하는 데 중요한 역할을 하지만, 결국 자신도 열 뿔과 짐승으로부터 버림을 받아 비참한 최후를 맞이하게 될 것입니다 (16절).

음녀 바벨론으로 지목받는 로마 가톨릭은 현재 세계의 모든 종교를 통합한 새로운 세계 종교 질서를 만들기 위해 애쓰고 있습니다. 전 세계의 정치와 경제와 종교가 통합된 세상이 바로 세계 정부의 모습입니다. 이 가운데서 종교 통합의 역할을 맡은 조직이 바로 로마 바티칸입니다. 문제는 세계 정부, 적그리스도의 나라가 세워진 후에는 더 이상 음녀 바벨론의 역할이 남아 있지 않게 된다는 것입니다.

요한계시록 13장 12절의 말씀을 보면 일단 적그리스도가 권세를 잡게 되면 세상의 모든 종교를 부정하고 자신에게만 경배하도록 요구할 것이라고 합니다. 세상의 모든 종교가 사라지니 종교통합의 역할을 감당하던 음녀 바벨론의 역할도 사라지는 것입니다. 그리고 더 이상 짐승에게 쓸모가 없어진 음녀는 결국 짐승에게도 버림을 받아 비참한 최후를 맞이하게 된다는 것입니다. 이것이 하나님을 저버리고 음행의 길로 간 배도한 교회, 로마 바티칸의 최후입니다. 그 옛날 신실한 남편인 호세아를 떠나 간부를 쫓아갔다가 결국 그에게도 버림받았던 음녀 고멜과 같은 운명을 맞이하게 될 것입니다.

짐승의 권세를 등에 업고 신실한 성도들을 핍박하며 한동안 세상의 부귀영화를 얻지만, 결국 짐승에게도 버림받아 멸망의 길을 가는 것이 음녀 바벨론의 운명입니다. 잠시뿐인 세상의 권세와 영광을 얻겠다고 신앙의 정절을 버리고 음행의 길 적그리스도를 따르는 배도의 길을 가면 우리도 음녀 바벨론과 같은 심판을 피할 수 없음을 알아야 합니다.

개관 20
큰 성 바벨론
/

계 18:1-24

^{1}이 일 후에 다른 천사가 하늘에서 내려 오는 것을 보니 큰 권세를 가졌는데 그의 영광으로 땅이 환하여지더라 ^{2}힘찬 음성으로 외쳐 이르되 무너졌도다 무너졌도다 큰 성 바벨론이여 귀신의 처소와 각종 더러운 영이 모이는 곳과 각종 더럽고 가증한 새들이 모이는 곳이 되었도다 ^{3}그 음행의 진노의 포도주로 말미암아 만국이 무너졌으며 또 땅의 왕들이 그와 더불어 음행하였으며 땅의 상인들도 그 사치의 세력으로 치부하였도다 하더라 ^{4}또 내가 들으니 하늘로부터 다른 음성이 나서 이르되 내 백성아, 거기서 나와 그의 죄에 참여하지 말고 그가 받을 재앙들을 받지 말라 ^{5}그의 죄는 하늘에 사무쳤으며 하나님은 그의 불의한 일을 기억하신지라 ^{6}그가 준 그대로 그에게 주고 그의 행위대로 갑절을 갚아 주고 그가 섞은 잔에도 갑절이나 섞어 그에게 주라 ^{7}그가 얼마나 자기를 영화롭게 하였으며 사치하였든지 그만큼 고통과 애통함으로 갚아 주라 그가 마음에 말하기를 나는 여왕으로 앉은 자요 과부가 아니라 결단코 애통함을 당하지 아니하리라 하니 ^{8}그러므로 하루 동안에 그 재앙들이 이르리니 곧 사망과 애통함과 흉년이라 그가 또한 불

에 살라지리니 그를 심판하시는 주 하나님은 강하신 자이심이라 ⁹그와 함께 음행하고 사치하던 땅의 왕들이 그가 불타는 연기를 보고 위하여 울고 가슴을 치며 ¹⁰그의 고통을 무서워하여 멀리 서서 이르되 화 있도다 화 있도다 큰 성, 견고한 성 바벨론이여 한 시간에 네 심판이 이르렀다 하리로다 ¹¹땅의 상인들이 그를 위하여 울고 애통하는 것은 다시 그들의 상품을 사는 자가 없음이라 ¹²그 상품은 금과 은과 보석과 진주와 세마포와 자주 옷감과 비단과 붉은 옷감이요 각종 향목과 각종 상아 그릇이요 값진 나무와 구리와 철과 대리석으로 만든 각종 그릇이요 ¹³계피와 향료와 향과 향유와 유향과 포도주와 감람유와 고운 밀가루와 밀이요 소와 양과 말과 수레와 종들과 사람의 영혼들이라 ¹⁴바벨론아 네 영혼이 탐하던 과일이 네게서 떠났으며 맛있는 것들과 빛난 것들이 다 없어졌으니 사람들이 결코 이것들을 다시 보지 못하리로다 ¹⁵바벨론으로 말미암아 치부한 이 상품의 상인들이 그의 고통을 무서워하여 멀리 서서 울고 애통하여 ¹⁶이르되 화 있도다 화 있도다 큰 성이여 세마포 옷과 자주 옷과 붉은 옷을 입고 금과 보석과 진주로 꾸민 것인데 ¹⁷그러한 부가 한 시간에 망하였도다 모든 선장과 각처를 다니는 선객들과 선원들과 바다에서 일하는 자들이 멀리 서서 ¹⁸그가 불타는 연기를 보고 외쳐 이르되 이 큰 성과 같은 성이 어디 있느냐 하며 ¹⁹티끌을 자기 머리에 뿌리고 울며 애통하여 외쳐 이르되 화 있도다 화 있도다 이 큰 성이여 바다에서 배 부리는 모든 자들이 너의 보배로운 상품으로 치부하였더니 한 시간에 망하였도다 ²⁰하늘과 성도들과 사도들과 선지자들아, 그로 말미암아 즐거워하라 하나님이 너희를 위하여 그에게 심판을 행하셨음이라 하더라 ²¹이에 한 힘 센 천사가 큰 맷돌 같은 돌을 들어 바다에 던져 이르되 큰 성 바벨론이 이같이 비참하게 던져져 결코 다시 보이지 아니하리로다 ²²또 거문고 타는 자와 풍류하는 자와 퉁소 부는 자와 나팔 부는 자들의 소리가 결코 다시 네 안에서 들리지 아니하고 어떠한 세공업자든지 결코 다시 네 안에서 보이지 아니하고 또 맷돌 소리가 결코 다시 네 안에서 들리지 아니하고 ²³등불 빛이 결코 다시 네 안에서 비치지 아니하고 신랑과 신부의 음성이 결코 다시 네 안에서 들리지 아니하리로다 너의 상인들은 땅의 왕족들이라 네 복술로 말미암아 만국이 미혹되었도다 ²⁴선지자들과 성도들과 및 땅 위에서 죽임을 당한 모든 자의 피가 그 성 중에서 발견되었느니라 하더라.

개관 19에서는 '교회'라는 이름을 가지고 있지만, 실제로는 하나님을 떠나 음행을 일삼던 '음녀 바벨론'이 저가 좇았던 짐승에게도 버림받고 결국 멸망의 길을 가는 모습을 살펴보았습니다. 이번 장(개관 20)에서는 '큰 성 바벨론'으로 불리는 또 다른 바벨론의 멸망이 소개되고 있습니다.

창세기 11장에 처음 등장하는 바벨론 혹은 바벨탑은 하나님을 대적하는 종교적·정치적 세력이었습니다. 니므롯이 세운 이 바벨탑은 결국 하나님의 심판을 받고 사라지게 되었지만, 이때 하나님을 대적했던 어둠의 세력들은 지금까지도 살아남아 이 땅에 또다시 바벨론 제국을 건설하려 애쓰고 있습니다. 앞으로 세워질 '세계 정부(뉴월드 오더)'가 바로 성경에서 예언하는 마지막 바벨론 제국인 것입니다.

이 땅에 뉴월드 오더를 세우기 위해 애쓰고 있는 세계 정부주의자들은 세계 정부 실현을 위해 경제와 정치와 종교의 세 분야로 나누어 활동하고 있는데, 음녀 바벨론이 종교통합을 위해 활동하는 세력이라면, 큰 성 바벨론은 경제와 정치의 중심이 될 본부 즉, 앞으로 세워질 세계 정부의 수도라고 보면 됩니다.

앞 장에서 살펴보았듯 세계의 모든 종교를 통합해서 세계 정부를 수립하는 데 큰 역할을 하게 될 음녀 바벨론은 세계 정부, 적그리스도의 나라가 실현되면 처참히 버림받게 될 것입니다. 7년 대환난의 중간기 때 있을 사건입니다(17:16). 이에 반해 큰 성 바벨론은 7년 대환난의 마지막 순간까지 전 세계의 수도로서 정치와 경제의 중심적인 역할을 감당하지만, 이것도 결국 하나님의 심판을 받아 사라지게 될 것입니다. 요한계시록 16장에서 소개한 일곱째 대접 재앙이 바로 '큰 성 바벨론의 멸망'입니다(16:19). 이번 장의 본문은 이 일곱째 대접 재앙을 자세히 설명하고 있는 삽경이라고 할 수 있습니다. 이에 대해 구체적으로 살펴보겠습니다.

1. 어디가 될 것인가?

먼저, 큰 성 바벨론으로 상징되는 "세계 정부의 수도가 어디가 될 것인가?" 하는 문제를 살펴보겠습니다. 마지막 때에 등장할 적그리스도가 누구일까 하는 문제와 함께, 적그리스도의 보좌가 들어설 큰 성 바벨론의 구체적인 장소는 어디일까 하는 문제에 대해서는 종말을 연구하는 신학자들 사이에서도 아직 이렇다 할 만한 결론을 내리지 못하고 있습니다. 하지만 대체로 3-4곳을 후보지로 요약합니다.

1) 요한계시록이 쓰일 당시에 바벨론으로 불리던 로마가 적그리스도가 세상을 다스릴 큰 성 바벨론이 될 것이라는 주장입니다.
음녀 바벨론으로 상징되는 바티칸이 있는 로마가 세계의 종교뿐 아니라 정치와 경제의 중심이 된다는 것입니다.

2) 본문에 소개한 바벨론을 상징이 아니라 문자적으로 해석해야 한다는 견해입니다.[74]

그 옛날 바벨론 제국이 세워졌던 그곳, 지금의 이라크 지역에 장차 세계 정부의 수도인 '큰 성 바벨론'이 재건되어 7년 대환난 기간 동안 정치와 경제의 중심이 된다는 주장입니다.

3) 현재 뉴욕의 세계무역센터가 붕괴된 자리(그라운드 제로)에 일곱 개의 타워를 포함한 신세계무역센터가 들어서고 있고, 이미 세계 정치의 중심인 유엔 본부가 세워진 뉴욕이 세계 정부의 수도가 된다는 주장입니다.

본문에 소개한 큰 성 바벨론은 정치와 경제의 중심지로 특별히 18장 17-19절까지의 말씀을 보면, 큰 성 바벨론의 멸망을 보고 선장과 선객들과 선인들과 바다에서 일하는 자들이 애통해하는 장면이 등장합니다. 이 말씀을 보면 큰 성 바벨론은 전 세계의 화물이 드나드는 항구 도시일 것이라는 생각이 듭니다. 이런 기준에서 항구 도시인 뉴욕이 바로 큰 성 바벨론이라는 주장이 있습니다.

어느 장소가 되었던, 장차 이 땅에 적그리스도의 나라인 세계 정부가 세워지면, 이 세계 정부의 정치와 경제의 중심이 되는 큰 성 바벨론이 세워지게 될 것이고, 곧바로 하나님의 심판을 받게 될 것이라고 선포합니다.

---

[74] 종말론의 대가인 존 월부어와 팀 라헤이가 이런 견해를 가지고 있다.

2. 멸망의 원인

1) 우상숭배입니다(2-3절).

본문 2절에서는 큰 성 바벨론이 귀신의 처소와 각종 더러운 영이 모이는 곳과 각종 더럽고 가증한 새의 모이는 곳이 되었다고 합니다. 3절에서는 그 음행에 대하여 쏟아진 진노의 포도주 때문에 만국이 무너졌다고 합니다. 이 모두가 우상숭배와 관련된 말씀입니다. 창조주이신 하나님을 떠나 더럽고 허망한 우상을 섬기던 사탄 마귀의 소굴인 큰 성 바벨론에 하나님의 심판이 선포되고 있는 것입니다.

2) 사치와 방탕입니다(3, 12-13절).

본문에 묘사된 바벨론은 금 · 은 · 보석과 진귀한 물건들이 가득찬 화려하고 사치스러운 도성입니다. 죄악된 도성입니다. 물질적인 풍요가 왜 잘못된 것이냐고 묻는 분들이 있겠지만, 풍요로운 삶은 종종 우리를 죄된 삶으로 이끌어 갑니다. 먼저 물질적인 풍요는 우리를 교만하게 만듭니다. 본문에 등장하는 큰 성 바벨론도 물질적인 풍요로 스스로 영화롭게 하다가 결국 하나님의 심판을 받았습니다(7절).

또한 물질은 그 자체가 사람들이 의지하고 사랑하는 대상, 하나님을 대신한 우상이 되고는 합니다. 돈이 많다 보면 하나님보다 돈을 더 의지할 수 있습니다. 또 돈이 주는 편리함과 기쁨에 빠져들면 하나님보다 돈을 더 사랑하고 이것만을 추구하는 삶을 살 수 있다는 것입니다. 그래서 예수님께서도 "부자가 천국가기 힘들다(막 10:25)"고 하신 것입니다.

3) 성도들을 핍박하고 죽인 죄에 대한 심판입니다(20, 24절).

본문에 등장하는 바벨론은 하나님을 대적하고 하나님의 백성을 핍박했던 모든 세상 나라를 대변합니다. 그 옛날 애굽에서 시작된 이 나라가 큰 성 바벨론까지 이어지고 있는 것입니다. 바로 이 세상 나라들로부터 많은 하나님의 백성이 핍박을 받고 순교의 길을 가야 했습니다. 이처럼 바벨론으로부터 고난을 당하면서 드린 성도들의 '신원해 달라'는 그 기도가 하늘에 상달되어 하나님의 진노와 심판이 쏟아집니다.

3. 왕들과 상고들의 애통과 성도들의 찬양

이제는 바벨론의 멸망을 바라보는 두 가지 극단적인 모습을 살펴보도록 하겠습니다.

먼저, 땅의 왕들(9절)과 상고들(11절)은 바벨론의 멸망 앞에 애통해하고 있습니다. 큰 성 바벨론으로부터 얻었던 권세와 부를 더 이상 얻을 수 없게 되었다는 사실 앞에 애통해하는 것입니다. 진홍같이 붉은 죄를 짓고도 무감각했던 저들입니다. 심지어 이 죄 때문에 찾아온 하나님의 진노와 심판 앞에서도 애통해하지 않던 자들입니다. 하지만 저들에게 권세와 부를 가져다주던 큰 성 바벨론이 멸망하자, 마치 부모를 잃은 아이처럼 울며 애통해합니다. 저들의 관심과 소망이 어디에 있었는지 잘 알 수 있는 대목입니다.

이와 반대로 큰 성 바벨론의 멸망은 성도들에게는 기쁨과 찬양의 제목이 되고 있습니다(20절). 그동안 하나님과 그의 택한 백성을 대적하고 핍박했던 큰 성 바벨론이 심판을 받음으로 해서 하나님의 공의가 실현됩니다. 적그리스도가 다스리던 큰 성 바벨론의 멸망은 곧 하나님의 나라가 가까웠다는 신호이기에 기쁨과 찬양의 제목이 됩니다.

4. 멸망의 양상

바다에 던져진 큰 맷돌과 같이 바벨론의 멸망은 돌이킬 수 없을 만큼 철저하고도 준엄하게 내려질 것입니다. 그곳에서 다시는 풍류 소리와 맷돌 소리가 들리지 않을 것이요, 등불 빛이 결코 다시 비취지 않을 것이요, 신랑과 신부의 음성이 전혀 다시는 들리지 않을 것입니다(21-24절).

5. 결론

17-18장에 걸쳐 요한계시록에서 바벨론의 멸망을 상세히 소개하는 이유는 단 한 가지입니다. 바벨론이 비록 화려하고 풍요로운 곳이지만, 이곳은 하나님의 심판을 받기로 작정된 죄악된 도시이니, 하나님께 속한 자들은 거기서 나와 그의 죄에 참예하지 말고, 그가 받을 재앙들을 받지 말라는 것입니다(4절). 하나님의 심판이 가까웠으니 "소돔 성을 빨리 빠져나가라"고 하셨던 주님의 권고가 여기에서도 반복되고 있는 것입니다.

세상 나라가 아무리 화려하고 아름다워도 이곳은 하나님의 심판을 받기로 작정된 '장망성(사 19:18)'입니다. 여기에 마음을 빼앗기고, 여기에 머무는 자는 세상 나라가 멸망받을 때, 함께 멸망의 길을 가게 될 것입니다.

개관 21
어린 양의 혼인 잔치

/

계 19:1-10

¹이 일 후에 내가 들으니 하늘에 허다한 무리의 큰 음성 같은 것이 있어 이르되 할렐루야 구원과 영광과 능력이 우리 하나님께 있도다 ²그의 심판은 참되고 의로운지라 음행으로 땅을 더럽게 한 큰 음녀를 심판하사 자기 종들의 피를 그 음녀의 손에 갚으셨도다 하고 ³두 번째로 할렐루야 하니 그 연기가 세세토록 올라가더라 ⁴또 이십사 장로와 네 생물이 엎드려 보좌에 앉으신 하나님께 경배하여 이르되 아멘 할렐루야 하니 ⁵보좌에서 음성이 나서 이르시되 하나님의 종들 곧 그를 경외하는 너희들아 작은 자나 큰 자나 다 우리 하나님께 찬송하라 하더라 ⁶또 내가 들으니 허다한 무리의 음성과도 같고 많은 물 소리와도 같고 큰 우렛소리와도 같은 소리로 이르되 할렐루야 주 우리 하나님 곧 전능하신 이가 통치하시도다 ⁷우리가 즐거워하고 크게 기뻐하며 그에게 영광을 돌리세 어린 양의 혼인 기약이 이르렀고 그의 아내가 자신을 준비하였으므로 ⁸그에게 빛나고 깨끗한 세마포 옷을 입도록 허락하셨으니 이 세마포 옷은 성도들의 옳은 행실이로다 하더라 ⁹천사가 내게 말하기를 기록하라 어린 양의 혼인 잔치에 청함을 받은 자들은 복이 있

도다 하고 또 내게 말하되 이것은 하나님의 참되신 말씀이라 하기로 ¹⁰내가
그 발 앞에 엎드려 경배하려 하니 그가 나에게 말하기를 나는 너와 및 예수
의 증언을 받은 네 형제들과 같이 된 종이니 삼가 그리하지 말고 오직 하나
님께 경배하라 예수의 증언은 예언의 영이라 하더라.

요한계시록 19장은 일곱째 대접 재앙으로 바벨론이 멸망받은 후 예수
님이 지상 재림하여 세상을 심판하기 직전에 있게 될 천상의 사건들을 소
개하고 있습니다. 그동안 하나님을 대적하고 하나님의 백성을 핍박하며
잔멸하려 하던 '바벨론'이 하나님의 심판을 받고 멸망의 길을 가자, 하늘
에서는 삼중 찬양이 울려 퍼집니다. 바벨론의 멸망은 이것을 흠모하고 저
와 함께 음행과 방탕한 삶을 즐기던 자들에게는 애통의 제목이 되었지만
(18:19), 그동안 바벨론에 의해 많은 고난을 겪었던 하나님의 백성에게는
찬양과 기쁨의 제목이 되고 있습니다.

1. 할렐루야

1) 바벨론에 핍박을 받고 순교한 성도들의 찬양이 울려 퍼지고 있습니
다(1-2절).

바벨론이 멸망한 후에 하늘에서 큰 무리가 할렐루야로 찬양하는 음성
이 들려오는데 2절에 보면 구체적인 찬양의 내용을 소개합니다. "그의 심
판은 참되고 의로운지라 음행으로 땅을 더럽게 한 큰 음녀를 심판하사 자
기 종들의 피를 그 음녀의 손에 갚으셨도다."

이 말씀을 통하여 살펴볼 때, 바벨론의 멸망을 보고 제일 먼저 찬양을

드린 이 큰 무리는 바로 이 '바벨론' 때문에 순교한 성도들, 구체적으로는 '환난성도들'이라는 사실을 알 수 있습니다. 6장 10절에서 "우리의 피를 신원해 달라"고 요구했던 환난성도들의 기도가 상달되어 바벨론의 멸망으로 응답된 것입니다. 이들이 이제 천상에서 바벨론의 멸망을 바라보며 찬양으로 화답합니다.

2) 교회의 찬양이 있습니다(3-4절).

두 번째 찬양은 24장로로 대변되는 '휴거된 교회'의 찬양입니다. 교회를 대표하는 24장로와 모든 피조물을 대표하는 네 생물이 바벨론의 멸망을 바라보며 이 일을 행하신 하나님께 찬양과 경배를 드립니다.

이렇듯 7년 대환난 동안 적그리스도의 나라 바벨론에 핍박을 받다가 순교한 성도들의 찬양이 울려 퍼지고, 곧이어 휴거된 교회의 찬양이 있은 후 보좌로부터 다시금 음성이 들려옵니다. "하나님의 종들 곧 그를 경외하는 너희들아 작은 자나 큰 자나 다 우리 하나님께 찬송하라(5절)"는 것입니다. 여기에서 "하나님의 종들"은 특정한 직분을 맡은 사람이 아니라, 구속받은 모든 성도를 의미한다고 보아야 합니다.[75] 1) 환난성도들과 환난 전에 2) 휴거되는 은혜를 받은 성도들이 모두 모여 이제 세상 나라 바벨론이 심판을 받고 하나님의 통치가 시작되는 것을 기뻐하며 찬양하고 있는 것입니다(6절). 성가대에서 남성 파트와 여성 파트가 각기 찬양을 부르다가 마지막 순간에 함께 찬양하는 모습을 생각하면 이해하기 쉬울 것입니다.

---

75 John F. Walvoord, *the Revelation of Jesus Christ*(Chicago : The Moody Bible Institute, 1989), p. 270.

2. 어린 양의 혼인 잔치

7절부터는 예수님의 지상 재림 직전에 있을 어린 양의 혼인 잔치를 소개합니다. 성도의 휴거 사건을 '혼인 잔치'에 참여하는 것으로 이해하는 분들이 바로 오늘 본문 말씀을 근거로 교회가 7년 대환난을 통과한다는 주장을 합니다. 하지만 이는 이스라엘의 결혼 풍습을 몰라서 생긴 오해입니다. 그런 의미에서 이스라엘의 결혼 풍습을 잠시 소개하고자 합니다. 이스라엘에서 남녀가 만나서 가정을 이루는 데는 12단계의 과정을 거치게 됩니다.[76]

1) 먼저, (신랑이) 신부될 사람을 선택합니다. 에베소서 1장 4절에는 "창세 전에 그리스토 안에서 우리를 택하사 우리로 사랑 안에서 그 앞에 거룩하고 흠이 없게 하셨다"는 말씀이 있습니다. 내가 하나님을 알기 전, 하나님이 나를 먼저 아시고 택하사 그리스도의 신부가 되게 하셨습니다.

2) 신랑은 신부될 사람과 그 가족에게 일종의 지참금을 지불합니다. 이것을 '모하르'라고 합니다. 베드로전서 1장 18-19절에서는 "너희가 알거니와 너희 조상이 물려 준 헛된 행실에서 대속함을 받은 것은 은이나 금 같이 없어질 것으로 한 것이 아니요, 오직 흠 없고 점 없는 어린 양 같은 그리스도의 보배로운 피로 한 것이니라"고 합니다. 보혈로 값 주고 사셔서 그리스도의 신부가 되게 하신 것입니다.

---

[76]   John Barbett, *Go To Prepare a Place*(http://www.discoverthebook.org/sermons_read.
asp?id=496), 2011년 12월 16일 검색.

3) 신랑과 신부가 언약식을 맺습니다. 언약식을 맺으면 실질적인 부부로 인정(관계 형성)받게 됩니다.

4) 언약식을 맺을 때 '키투바'라고 하는 공식 문서를 작성하게 되는데, 이 계약을 히브리어로 '쉬트레 에루신'이라고 합니다. 예수님을 그리스도로 믿는 순간 우리의 이름이 공식적인 문서인 '생명책'에 기록됩니다 (계 21:27).

5) 이 언약식에는 반드시 신부의 동의가 있어야 합니다. 예수 그리스도를 신랑으로 맞이하겠다는 신부로서의 고백이 있어야 그리스도의 신부가 됩니다. "사람이 마음으로 믿어 의에 이르고 입으로 시인하여 구원에 이르느니라"(롬 10:10)고 합니다.

6) 신부에게 선물이 주어지고, 신랑과 신부는 언약의 잔을 나누어 마시게 됩니다. 십자가를 지시기 전날 밤 예수님은 제자들과 포도주를 나누어 마시면서 "이 잔은 내 피로 세운 새 언약이니 이것을 행하여 마실 때마다 나를 기념하라"(고전 11:25)고 하셨습니다. 언약의 잔을 나눈 것입니다.

7) 언약식을 마친 신부는 '미크바'라고 해서 물에다 몸을 담그는 정결 예식을 치릅니다. 이는 구속받은 성도들이 세례를 통해 교회의 일원이 되었던 초대 교회의 전통과 일치합니다(행 2:41).

8) 신랑이 떠납니다. 언약식을 마친 신랑과 신부는 잠시 떨어져 있는 시간을 가지게 됩니다. 요한복음 16장 7절에서 예수님은 "내가 떠나가

는 것이 너희에게 유익이라 내가 떠나가지 아니하면 보혜사가 너희에게로 오시지 아니할 것이요 가면 내가 그를 너희에게로 보내리니"라고 하십니다.

9) 신부의 곁을 떠난 신랑은 아버지의 집으로 가서 장차 신부와 함께 머물 처소(신혼방)를 예비합니다. 십자가의 죽음을 앞둔 예수님은 제자들을 안심시키기 위해 "내 아버지 집에 거할 곳이 많도다 그렇지 않으면 너희에게 일렀으리라 내가 너희를 위하여 거처를 예비하러 가노니(요 14:2)"라고 하십니다.

10) 아버지의 집으로 돌아가 처소를 예비하는 일을 마친 신랑은 한밤중에 나팔 소리와 함께 찾아와 신부를 데려갑니다. 이때 부는 양각나팔을 '소파르'라고 합니다. 데살로니가전서 4장에 보면 마지막 날에 예수님이 나팔 소리와 함께 강림하여 성도들을 데려가신다고 했습니다(살전 4:16-17). 휴거 사건을 의미합니다.

11) 신랑과 함께 아버지의 집으로 간 신부는 이곳(처소)에서 결혼 예식을 본격적으로 치르게 됩니다. 이 혼인 예식은 7일간 이어지는데 먼저, 신부는 신랑과 함께 신랑이 예비한 처소에서 일주일 동안 달콤한 허니문(신혼 여행)의 시간을 갖습니다. 이 기간 동안 신랑은 신부를 자신이 예비한 처소에 감추어 둡니다. 이것을 히브리어로 '네수힌'이라고 합니다.

이 땅에 교회가 사라진 뒤, 지상에서는 7년 대환난이라는 고난의 시간이 주어질 것입니다. 하지만 이 기간에 그리스도의 신부된 교회는 주님이 예비한 처소(천국, 환난날의 피난처)에서 주님과 함께 깊은 영적 교제를 나누는 기쁨의 시간을 갖게 될 것입니다.

12) 7일 간의 허니문이 끝나는 마지막 날, 신랑은 신부를 이끌고 초대받은 사람들과 함께 공식적인 만찬을 열게 됩니다. 요한계시록 19장에서 7년 대환난이 끝난 뒤에 벌어지는 '어린 양의 혼인 잔치'가 바로 혼인 예식(7일간)의 마지막에 펼치는 공식 만찬입니다.

이때, 혼인 잔치를 준비하는 사람은 신랑의 아버지입니다. 마태복음 22장 2절에서 예수님은 "천국은 마치 자기 아들을 위하여 혼인 잔치를 베푼 어떤 임금(아버지)과 같다"고 하십니다. 여기에서 혼인 잔치를 베푼 임금 즉, 신랑의 아버지는 성부 하나님을, 신랑은 예수 그리스도를, 신부는 물론, 그리스도의 신부인 교회를 의미합니다. 마태복음 22장 3절에 보면 이 혼인 잔치에는 신랑과 신부만이 아니라, 아버지가 초대한 하객들도 있음을 알 수 있습니다. 오늘 본문에도 빛나고 깨끗한 세마포를 입은 어린 양의 신부(7-8절)와 이 혼인 잔치에 청함을 입을 자들(9절)을 구분해서 소개하는 것을 볼 수 있습니다. 구속받은 성도 모두가 '혼인 잔치'에 참여하는 것은 맞지만, 신부로 참여하는 자와 하객으로 참여하는 자로 구분된다는 것입니다.

구약에서는 이스라엘 백성을 '여호와의 신부'로 묘사합니다.[77] 그 대표적인 말씀이 바로 '호세아'서입니다. 이미 여호와의 신부로 하나님과 결혼한 1) 이스라엘은 어린 양의 신부가 될 자격이 없습니다. 2) 7년 대환난 중에 구속받은 성도들도 어린 양의 신부로 참여할 기회를 놓친 자들입니다. 이들 모두 신부가 아닌, '청함을 입은' 하객으로 참여한다고 보아야 합

---

77   John. F. Walvoord., op. cit., pp. 271-272.

니다. 저들은 혼인 잔치에 참여는 하지만(구원은 받지만), 그리스도의 신부 자격으로서 혼인 잔치에 참여하는 특권은 얻지 못한다(저들은 '하객'일 뿐)는 것입니다. 은혜의 시대, 교회의 시대를 살고 있는 성도들(휴거성도)만이 그리스도의 신부로서 '어린 양의 혼인 잔치'에 참여하는 특권을 가지게 됩니다.

구분	휴거성도	환난성도
대상 (휴거 사건 당시)	어린 양의 신부(= 교회, 거룩한 성도, 정결한 세마포를 입은 자, 믿음의 정절을 지킨 자, 예비된 아내) = 슬기로운 다섯 처녀(기도와 말씀으로 준비한 자) → 단장된 신부로서 1차에 선택받음	하객: 여호와의 신부(이스라엘 백성) 어리석은 다섯 처녀 (휴거 사건 당시에 예수님을 믿기는 하되 하나님의 뜻대로 살지 않던 믿던 자 중 뒤늦게 회개하고 예수님만이 구원임을 인정하고 따르는 자) → 두 번째 기회에 선택받음 휴거된 자의 동무, 종들이나 형제(가족, 지인) 중에서
구원 시기	7년 대환난 직전	7년 대환난 중
휴거 때 차이	데려가심: 예수님의 1차 강림(공중 강림) 때 공중으로 들림 받음(마지막 나팔 소리)	남겨짐
특징	천국에서 밀월여행(예수님과 영적 교제의 기쁨)	순교(목 베임) 땅에 남겨져서 환난을 겪으며 갖은 핍박과 온갖 고통을 당함
권리	7년 대환난, 예수님의 재림 직전 어린 양의 혼인 잔치에 참여: 예수님의 신부 자격-특권 ('빛나고 깨끗한 세마포'를 입은) 혼인 잔치에 택함을 입은 자(선정된 자)	7년 대환난, 예수님의 재림 직전 어린 양의 혼인 잔치에 참여: 하객 자격(휴거 때 신부 자격을 놓친 자들) 혼인 잔치에 청함을 입은 자
말씀	마태복음 22장	요한계시록 6장 10절
공통사항	회개하고 하나님의 뜻대로 행한 자(믿음을 따라 산 자)인 동시에 짐승의 표(666-베리칩 등의 형태) 거부한 자 → 종말의 시대에 구원 성도의 필수 조건! 천년왕국에 참여, 백 보좌 심판 때 구원이 약속된 천국 백성, 신천신지 새 예루살렘에서 하나님(예수님)과 영원히 동거할 자	

이스라엘의 혼인 예식 12단계

1. 신랑의 신부 선택 → 2. 신랑의 지참금(모하르) 지급 → 3. 신랑·신부의 언약식(부부) → 4. 키투바 계약(쉬트레 에루신): cf. 천국의 생명책 → 5. 신부의 동의(고백; 그리스도를 구주로 시인) → 6. 신랑·신부의 언약의 잔 → 7. 정결 예식 '미크바(세례)' → 8. 신랑·신부의 짧은 이별 → 9. (아버지 집에서) 신랑이 처소 마련 → 10. 신랑이 신부를 데려감(마지막 날 한밤중, 쇼파르(양각나팔) 소리와 함께) → 11. 결혼 예식과 7일간의 밀월여행 '네수힌' → 12. 하객과 공식만찬, 어린 양의 혼인잔치

방월석 목사의 이 세대가 가기 전에 시리즈 1 『왜 이세대인가?』 중에서

이렇듯 혼인 잔치를 위해 예비된 아내인 어린 양의 신부는 "빛나고 깨끗한 세마포"를 입고 있었다고 했습니다(8절). 이런 모습은 음녀 바벨론이 자주빛과 붉은빛 옷을 입고 각종 금과 화려한 보석으로 장식하고 있던 (계 17:4) 모습과 비교됩니다. 화려하지 않지만 정결한 세마포를 입고 있는 성도, 믿음의 정절을 지킨 성도들만이 어린 양의 혼인 잔치에 참여할 수 있다는 것입니다. "어린 양의 혼인 잔치에 청함을 받은 자들이 복이 있다(9절)"고 하십니다.

이스라엘의 혼인 예식과 어린 양의 혼인 잔치

이스라엘의 혼인 예식 중 11단계에서 신랑은 신부를 아버지 집으로 데려가서 예식을 치르고 밀월여행을 즐깁니다. 7일간의 허니문이 끝나면 마지막 단계에서는 초대한 하객과 함께 잔치를 엽니다. 성경의 예언 중에 아직 성취되지 않은 휴거(구원과 부활), 7년 대환난 사건은 이스라엘의 혼인 예식 과정에 비유할 수 있습니다. 신랑되신 예수님이 정결한 신부인 성도를 처소(환난날의 피난처)로 데려가시면 이 땅에서는 환난이 시작됩니다. 7년 대환난이 끝난 뒤에 여는 공식 만찬이 혼인 예식의 마지막 단계가 '어린 양의 혼인 잔치'입니다. 이때에 '구약의 성도들'과 '환난성도들'은 다만 하객으로서 잔치

에 참여하게 될 것입니다. 혼인 잔치에 그리스도의 신부(주인공)로서 참여하는 특권은 오직 이 마지막 때를 살아가는 휴거성도만이 누릴 수 있습니다. 혼인 잔치에 필요한 모든 준비가 끝나면 이제 곧 주님이 천군 천사의 호령과 나팔소리와 함께 우리를 부르실 것입니다. 다시 오실 주님을 사모하며 기다립시다.

방월석 목사의 이 세대가 가기 전에 시리즈1 『왜 이세대인가?』 중에서

개관 22
왕으로 오시는 주님

/

계 19:11-21

[11]또 내가 하늘이 열린 것을 보니 보라 백마와 그것을 탄 자가 있으니 그 이름은 충신과 진실이라 그가 공의로 심판하며 싸우더라 [12]그 눈은 불꽃 같고 그 머리에는 많은 관들이 있고 또 이름 쓴 것 하나가 있으니 자기밖에 아는 자가 없고 [13]또 그가 피 뿌린 옷을 입었는데 그 이름은 하나님의 말씀이라 칭하더라 [14]하늘에 있는 군대들이 희고 깨끗한 세마포 옷을 입고 백마를 타고 그를 따르더라 [15]그의 입에서 예리한 검이 나오니 그것으로 만국을 치겠고 친히 그들을 철장으로 다스리며 또 친히 하나님 곧 전능하신 이의 맹렬한 진노의 포도주 틀을 밟겠고 [16]그 옷과 그 다리에 이름을 쓴 것이 있으니 만왕의 왕이요 만주의 주라 하였더라 [17]또 내가 보니 한 천사가 태양 안에 서서 공중에 나는 모든 새를 향하여 큰 음성으로 외쳐 이르되 와서 하나님의 큰 잔치에 모여 [18]왕들의 살과 장군들의 살과 장사들의 살과 말들과 그것을 탄 자들의 살과 자유인들이나 종들이나 작은 자나 큰 자나 모든 자의 살을 먹으라 하더라 [19]또 내가 보매 그 짐승과 땅의 임금들과 그들의 군대들이 모여 그 말 탄 자와 그의 군대와 더불어 전쟁을 일으키다가 [20]짐승이 잡히고

그 앞에서 표적을 행하던 거짓 선지자도 함께 잡혔으니 이는 짐승의 표를 받고 그의 우상에게 경배하던 자들을 표적으로 미혹하던 자라 이 둘이 산 채로 유황불 붙는 못에 던져지고 [21]그 나머지는 말 탄 자의 입으로부터 나오는 검에 죽으매 모든 새가 그들의 살로 배불리더라.

성서 신학자 S. G. 더흐라프(De Graaf, S.G.)가 쓴 *Promise and Deliverance*(약속과 구원)이라는 책이 있습니다. 모두 4권으로 된 이 책은 성경 전체를 '약속과 구원' 혹은 '약속과 성취'라는 관점에서 봅니다. 이 책에서 더흐라프는 "구약은 범죄한 인생들을 구원하시겠다는 하나님의 약속을 기록한 책이고, 신약은 이 구원에 대한 약속들이 하나님이 보내신 구세주 '예수 그리스도'를 통해 어떻게 성취되는지를 보여 주는 책"이라고 설명합니다. 성경 안에서 구세주 예수 그리스도에 대한 예언과 그 예언들이 성취되는 과정을 살피는 것이 성서신학의 가장 중요한 과제라는 것입니다.

성경에서 소개한 예수 그리스도에 대한 예언은 크게 두 가지로 나눌 수 있습니다. 바로 초림에 대한 예언들과 재림에 대한 예언들입니다. 예수님의 초림에 대한 예언들 가운데 300가지 이상이 정확히 문자적으로 성취되었다고 합니다.[78] 이 사실을 근거로 아직 성취되지 않은 재림에 대한 예언들도 문자적으로 성취될 것을 믿을 수 있습니다.

재림에 대한 예수님의 예언들은 종말의 때에 있을 여러 사건과도 깊은 연관이 있는데, 이러한 종말의 사건에 대한 예언들이 모두 성취된 후인 마지막 순간에 예수님의 재림 사건이 일어날 것입니다.

---

78 http://www.bibleprobe.com/300great.htm 2012년 1월 6일 검색.

구약성경은 예수님의 재림을 이스라엘의 회복 사건과 연관 지어 소개합니다. 에스겔 37장 21절에서는 마지막 때에 이스라엘이 고토로 돌아와 나라를 재건하게 될 것이라고 했고, 그렇게 되면 예루살렘이 모든 국민에게 "무거운 돌"과 "취하게 하는 잔"이 될 것(슥 12:2-3)이라고 했습니다. 지금의 중동사태를 정확하게 묘사한 것입니다.

다니엘 9장에서는 이스라엘에게 허락된 70이레의 기간 가운데 아직 성취되지 않은 마지막 '한 이레'의 기간이 예수님의 재림과 직접 관련 있는 시간이라고 말합니다. 마지막 한 이레에 대한 예언까지 모두 성취되고 나면 예수님이 재림하셔서 만왕의 왕으로 기름부음을 받고 온 세상을 다스리게 될 것이라고 말씀합니다.

재림에 대한 예언 가운데는 예수님이 직접 주신 말씀들도 있는데, 마태복음 24장, 마가복음 13장, 누가복음 21장에 소개된 "감람산 강화"가 바로 그것입니다. 여기에서 예수님은 종말의 때에 세상 사람들이 겪게 될 무서운 재난들과 성도들이 겪게 될 환난과 핍박에 대해서 경고하고 계십니다. 이 재난의 끝에 재림의 사건이 일어난다는 것입니다(마 24:30).

성경에서는 2,000년 전 1) 이 땅에 처음으로 찾아오신 예수님의 모습과 2) 장차 재림하실 예수님의 모습을 다르게 묘사하고 있습니다. 초림의 주님은 세상 죄를 지고 가는 '양'의 모습으로 소개합니다. 이에 반해 재림의 주님은 철장과 칼을 가지신 '사자'의 모습으로 소개합니다. 초림의 주님이 죄인들을 구원하기 위해서 오셨다면, 재림의 주님은 죄인들을 심판하시기 위해 올 것이기 때문입니다.

예수님의 모습 비교

초림의 예수님	재림의 예수님
베들레헴의 말구유에서 탄생: 겸손하게	백마를 타고 하늘에서 직접 내려오심: 영광 가운데
가난한 목수의 아들(인자)로 오심	하나님의 아들로 오심
세상 죄를 지고 가는 '양'의 모습으로 오심	정복자로서 철장과 칼을 가지신 '사자'
구원주	심판주
억압받는 이스라엘	이스라엘의 회복 사건
나귀 타고 입성하신 후에 인간의 죄를 대신 지고 십자가에 못 박혀 돌아가심	만왕의 왕(통치자)이 되심

이제는 본문 말씀을 통해 세상을 심판하기 위해서 오시는 재림의 주님을 생각해 보겠습니다.

1. 재림하실 예수님의 모습(11-16절)

1) 11절

"백마를 타고 오신다"고 했습니다. 초림의 주님이 겸손히 나귀를 타고 오신 것에 반해, 재림의 주님은 백마를 타고 오신다고 묘사합니다. 그 옛날, 로마의 장군들은 전쟁에서 승리한 뒤에 백마를 타고 개선했습니다. 당시 백마는 승리자 혹은 정복자의 상징이었기 때문입니다.[79] 초림의 주님은 겸손히 나귀를 타고 오셔서 십자가에 죽기까지 자신을 낮추셨지만, 재림의 주님은 백마를 타고 오셔서 세상을 심판하고 다스리실 것입니다.

---

79 William Barclay, *the Revelation of John vol.2* (Philadelphia, Pennsylvania : The Westminster Press, 1976), p. 178.

"그 이름이 충실과 진실"이라고 했습니다. 충실과 진실에 해당하는 히브리어가 바로 '아멘'입니다. 요한계시록 3장 14절에서는 예수님의 이름을 '아멘'으로 소개합니다.[80] 본문에서는 특히 이 '충실과 진실'이라는 이름을 예수님의 공의로운 심판과 연관 지어 소개합니다. 세상을 심판하시되 하나님의 말씀을 따라 충실하고도 공의롭게 심판하신다는 것입니다.

2) 12절

"그 눈은 불꽃같고 그 머리에는 많은 관들이 있었다(12절)"고 했습니다. 불꽃같은 눈으로 모든 것을 살피시고 공정하게 판단하신다는 것입니다. 그리고 예수님의 머리에 많은 관들(면류관)이 씌어 있었다고 했는데, 이 면류관을 원어로 살펴보면, διαδηματα라고 되어 있습니다. 1) στεφανος가 승리자에게 주어지는 면류관인데 반해 2) διαδηματα는 통치자에게 주어지는 면류관입니다.[81] στεφανος는 보통 월계수 잎으로 만들어지는 화관입니다. 일시적인 것입니다. 하지만 διαδηματα는 황금과 보석으로 만든 시들지 않는 면류관입니다. 예수님께서 세상을 다스릴 영원한 권세를 가지고 찾아오신다는 것입니다.

"또 이름 쓴 것 하나가 있으니 자기밖에 아는 자가 없다(12절)"고 했습니다. 이사야 9장 6절에서 소개한 예수님의 이름 가운데도 '기묘자'라는 이름이 있었습니다. '알 수 없다'는 뜻입니다. 이름이란 그 사람의 인격과 삶을 보여 주고 대변하는 것입니다. 우리가 예수님에 대해 알려고 해도 결코 다 알 수 없는 부분이 있다는 것입니다.

---

80 강병도, 『호크마 종합주석 요한일서-요한계시록』(서울 : 기독지혜사, 2000), p. 515.
81 Ibid.

3) 13절

"그가 피 뿌린 옷을 입었다"고 했습니다. 이 피는 예수님이 흘리신 피라 기보다는 대적들을 심판하시는 과정에서 그 옷에 묻은 피로 이해하면 됩니다.[82] 이는 아마겟돈 전쟁을 묘사한 요한계시록 14장 20절의 "틀에서 피가 나서 말 굴레에까지 닿았다"고 하신 말씀과 일치합니다.

"그 이름은 하나님의 말씀이라 칭하더라"고 했습니다. 요한복음 1장 1절과 14절에서도 예수님을 "성육하신 하나님의 말씀"으로 소개합니다. 따라서 말씀을 믿는 것이 곧 예수님을 믿는 것이요, 말씀을 거절하는 것이 곧 예수님을 거절하는 것입니다. 이런 사람들은 마지막 날, 그들이 거절했던 바로 그 '말씀(예수님)'에 의해 '심판'을 받는다는 것입니다.

4) 14절

"하늘에 있는 군대들이 희고 깨끗한 세마포 옷을 입고 백마를 타고 그를 따르더라"고 했습니다. 세마포를 입은 하늘에 있는 군대들이 누구일까에 대해서 1) 성도들이라는 주장과 2) 천사들이라는 주장이 있습니다. 본문에서는 이들이 누구인지 분명하게 밝히지 않고 있습니다. 아마도 구원받은 성도들과 예수님을 호위하던 천사들 모두가 재림하시는 예수님을 따르게 될 것으로 보입니다. 흥미로운 사실은 이들이 세마포를 입고 백마를 타고 주님을 따르고 있지만, 그 손에 대적들과 싸울 무기를 가지고 있지 않다는 것입니다. 예수님께서 홀로 적들을 맞아 싸우신다는 것입니다. 적그리스도가 수많은 군사를 몰고 나와 전쟁을 벌이지만, 재림하신 예수님 한 분을 이기지 못한다는 것입니다.

---

82 John F. Walvoord, *the Revelation of Jesus Christ*(Chicago : The Moody Bible Institute, 1989), p. 277..

5) 15절

"그의 입에서 예리한 검이 나오니 그것으로 만국을 칠 것"이라고 하십니다. 이 검은 성령의 검인 하나님의 말씀을 상징합니다(엡 6:17). 세상을 창조하신 그 말씀의 권능으로 이제 세상을 심판하신다는 것입니다.

말의 능력

"말이 씨가 된다(=늘 말하던 것이 실제로 어떤 사실을 가져오는 결과가 됨을 비유적으로 이르는 말)"는 말이 있는데, 아마 그 이야기의 근원은 성경말씀이 아닐까 싶습니다. 성경에서 보더라도 하나님은 '말씀'으로 천지를 창조하셨고, 우리 인간(아담과 하와) 또한 만드셨으며, '말씀'으로 인간을 치유하고 가르치셨습니다. 또한 '말씀'으로 우주 만물을 붙들고 계시며, 오직 '말씀'으로 심판하십니다. 따라서 말씀은 힘입니다. 우리가 하는 말이라고 다르지 않습니다. 말을 어떻게 하느냐에 따라 천 냥이나 하는 빚을 갚을 수 있습니다. 실제로 말 한마디로 사람을 죽일 수 있고 살릴 수 있습니다. 오는 말이 고와야 가는 말이 곱다고도 합니다. 하나님의 형상을 따라 만든 우리의 말에도 권세와 능력이 있습니다. 그러므로 평소(가정과 일터, 삶의 곳곳에서)에 자신의 혀를 잘 다스려야 할 것입니다. 말은 생각에서 나옵니다. 따라서 무엇보다 생각을 잘 다스려야 합니다. 말 한마디를 하더라도 하나님의 영광을 가리는 말이라고 생각되면 멈춰야 합니다. 그것이 믿는 우리가 해야 할 순종하는 자의 자세입니다. 영을 죽이는 말을 하지 말고 영을 살리는 말과 생각만 하는 우리가 됩시다.

또 "친히 그들을 철장으로 다스리며…진노의 포도주 틀을 밟을 것"이라고 합니다. 철장은 철로 된 막대기입니다. 이는 준엄한 심판을 상징합니다. "진노의 포도주 틀을 밟는다"는 표현은 하나님의 진노가 무섭고도 무자비하게 내려질 것을 묘사하는 말씀입니다.

6) 16절

"그 옷과 그 다리에 이름을 쓴 것이 있으니 만왕의 왕이요 만주의 주라"고 했습니다. "만왕의 왕 만주의 주"라는 표현은 구약성경에서 하나님의 칭호로 쓰였던 것(신 10:17)으로 세상을 심판하고, 또 다스리시기 위해 오신 성자 하나님의 모습을 잘 보여 주는 이름입니다.[83] 적그리스도가 아니라 예수님이 참된 왕이요, 만물의 주인이 되신다는 선언입니다.

예수님의 이름

태초부터 계신 이, 하나님의 아들, 아들의 신분으로 오신 본체이신 하나님, 가난한 목수의 아들, 인자(사람의 아들), 세상 죄를 지고 가는 어린 양, 고난 받는 종, 유대인의 왕(십자가에 매달리실 때 조롱의 의미로 적음), 선생(교사), 주님, 기묘자, 치유자, 이단(믿지 않는 그들의 눈에), 살아 계신 하나님의 아들, 그리스도, 메시아, 눈이 불꽃 같고 머리에 많은 면류관을 쓰신 이, 빛, (성육신하신) 말씀, 진리, 진실, 성실, 흠 없고 죄 없으신 분, 거룩, 부활의 첫 열매, 구원자(=자기 백성을 저희 죄에서 구원할 자), 대속자, 충실과 진실=아멘, 곧 오실 이, 신랑, (재림의 때) 백마 타고 오시는 이, 정복자, 통치자, 만왕의 왕, 만주의 주, 천년왕국을 다스리는 자, 영원한 권세를 가진 분 등

---

2. 모든 자의 고기를 먹으라(17-18, 21절)

이처럼 하늘의 권세와 영광을 가지고 재림하신 예수님이 세상을 심판하실 때, 한 천사가 나타나 공중에 있는 모든 새들을 향하여 "하나님의 큰 잔치에 모여 왕들의 살과 장군들의 살과 장사들의 살과 말들과 그것을 탄

---

[83] 강병도, op. cit., pp. 516-517.

자들의 살과 자유인들이나 종들이나 작은 자나 큰 자나 모든 자의 살을 먹으라"고 외칩니다.

아프리카와 유럽과 아시아 대륙을 연결하는 지점에 있는 이스라엘은 지정학적으로 많은 철새들이 들러 가는 중간 기착지라고 합니다. 이제 예루살렘을 치기 위해 모인 세상의 왕들과 군사들이 예수님의 심판을 받고 죽게 되자, 한 천사가 나타나 이 새들로 하여금 "와서 이 모든 자의 살(고기)을 먹으라"고 외치고 있는 것입니다. 마태복음 24장 28절에서 예수님도 "주검(시체)이 있는 곳에는 독수리들이 모일 것이니라"고 하셨습니다. 만왕의 왕이신 주님을 대적하다가 심판을 받고 죽어 새들에게 그 몸이 뜯겨지고 있는 모습이 바로 회개를 거부한 악인들의 마지막 모습입니다.

3. 짐승과 거짓 선지자의 운명(19-20절)

세상의 모든 사람을 미혹하여 성도들을 핍박하고 만왕의 왕이신 그리스도를 대적했던 적그리스도와 거짓 선지자가 재림의 주님께 심판을 받고 "유황불 붙는 못"으로 던져지게 됩니다. 신약성경에서 종종 '게헨나'로 소개되는 이곳은 히브리어 '게 힌놈' 즉 '힌놈의 골짜기'라는 뜻에서 비롯되었습니다. 구약시대 때 힌놈의 골짜기에서 사람들을 불태워 몰록에게 바쳤던 '인신제사'의 풍습에서 비롯된 단어입니다.[84] '게헨나' 혹은 '게 힌놈'은 사탄 마귀와 그를 추종하던 죄인들이 가게 될 궁극적인 지옥을 의미합니다.

---

[84] 강병도, op. cit., p. 517.

본문에서 알 수 있듯이 1) 적그리스도와 거짓 선지자가 예수님이 재림하실 때에 심판을 받아 먼저 이곳에 떨어지게 될 것이고, 그다음으로 천년왕국이 끝난 뒤 무저갱에서 잠시 풀려 나와 세상을 미혹하던 2) 사탄 마귀가 던져지게 될 것입니다(20:10). 그리고 마지막으로 최후의 심판인 백 보좌 심판이 있을 때 3) 생명책에 기록되지 못한 모든 죄인이 바로 이 불 못, 게헨나에 던져지게 될 것입니다(20:15). 듣기에는 거북할지 몰라도, 성경은 분명히 "예수 천당, 불신 지옥"이라고 선언하고 있습니다.

초림의 주님은 겸손한 나귀를 타고 죄인들을 구원하시기 위해 오셨지만, 재림의 주님은 백마를 타고 죄인들을 심판하기 위해 오실 것입니다. 그 손에 칼을 들고, 성령의 검이신 하나님의 말씀으로 주님의 통치를 거부한 세상 나라와 죄인들을 심판하실 것입니다.

불 못으로 묘사되고 있는 게헨나는 본래, 하나님을 대적했던 사탄 마귀와 그 무리를 심판하기 위해 만드신 곳입니다. 하지만 끝까지 주님의 통치와 다스림을 거부하고 거짓 선지자와 적그리스도 그리고 사탄 마귀를 추종하는 자들은 저들이 가게 될 지옥에도 함께 따라가게 될 것입니다.

개관 23
천년왕국

/

계 20:1-6

¹또 내가 보매 천사가 무저갱의 열쇠와 큰 쇠사슬을 그의 손에 가지고 하늘로부터 내려와서 ²용을 잡으니 곧 옛 뱀이요 마귀요 사탄이라 잡아서 천 년 동안 결박하여 ³무저갱에 던져 넣어 잠그고 그 위에 인봉하여 천 년이 차도록 다시는 만국을 미혹하지 못하게 하였는데 그 후에는 반드시 잠깐 놓이리라 ⁴또 내가 보좌들을 보니 거기에 앉은 자들이 있어 심판하는 권세를 받았더라 또 내가 보니 예수를 증언함과 하나님의 말씀 때문에 목 베임을 당한 자들의 영혼들과 또 짐승과 그의 우상에게 경배하지 아니하고 그들의 이마와 손에 그의 표를 받지 아니한 자들이 살아서 그리스도와 더불어 천 년 동안 왕 노릇 하니 ⁵(그 나머지 죽은 자들은 그 천 년이 차기까지 살지 못하더라) 이는 첫째 부활이라 ⁶이 첫째 부활에 참여하는 자들은 복이 있고 거룩하도다 둘째 사망이 그들을 다스리는 권세가 없고 도리어 그들이 하나님과 그리스도의 제사장이 되어 천 년 동안 그리스도와 더불어 왕 노릇 하리라.

개관 23의 이번 장에서는 예수님의 지상 재림 이후의 이 땅에 실현될
'천년왕국'에 대한 말씀이 기록되어 있습니다. 본문에서 소개하는 천년왕
국을 어떻게 이해하고, 또 이 천년왕국이 실현되는 시점을 언제로 볼 것
인지에 따라 성경, 특별히 '요한계시록에 대한 해석'이 극명하게 나뉠 수
있습니다. 이와 관련하여 잠시 소개합니다.[85]

1. 천년왕국에 대한 해석들

1) 무 천년설(Amillennialism)

무 천년설은 천년왕국이 없다는 주장입니다. 오늘 본문 말씀을 문자적
으로 해석하는 것을 부정하며 천년왕국은 상징적 혹은 영적인 의미만 있
다고 주장합니다. 1) 오리겐은 최초로 무 천년 왕국설을 주장한 학자로서
천 년의 기간을 신약시대로 보았고, 여기에 영향을 받은 2) 어거스틴은
천년왕국이란 복음시대 전 기간을 의미한다고 보았습니다. 종교개혁자
인 3) 칼빈도 여기에 영향을 받은 것으로 알려지고 있습니다.[86]

2) 후 천년설(Postmillennialism)

후 천년설은 천년왕국이 실현된 뒤에 예수님의 재림이 있다는 주장입
니다. 본문에서 설명하는 '천 년'의 기간을 상징적으로 본다는 점에서는
무 천년설과 유사합니다. 다만, 이 땅에서 복음전파의 역사가 확산되면
장차 이 땅에 천년왕국이 실현될 것이라는 주장은 무 천년설과 구분됩니

---

85 강병도, 『호크마 종합주석 요한일서-요한계시록』(서울 : 기독지혜사, 2000), pp. 541-545.
86 Ibid., p.542.

다. 천년왕국의 주체가 예수님이 아니라, 교회와 성도들의 노력으로 이 땅에 천년왕국이 실현된다는 것입니다.[87] 천년왕국을 예수님이 재림하셔서 이 땅에 실현할 나라가 아니라, 교회가 실현할 왕국으로 해석하고 있습니다. 로마의 바티칸이 바로 이러한 주장을 하고 있습니다.

3) 전 천년설(Premillennialism)

전 천년설은 요한계시록의 사건들을 종말에 있을 연대기적 사건들로 이해하고, 성경에 기록된 순서처럼 예수님의 지상재림(19장)이 있은 후, 이 땅에 예수님이 통치하시는 '천년왕국(20장)'이 시작된다는 해석(예수님의 재림 → 천년왕국)입니다. 성경을 보다 더 엄격하게 또 문자적으로 해석해야 한다는 주장입니다.

요한계시록의 사건을 비유와 상징으로 해석하여 버리면 요한계시록은 영원히 풀 수 없는 '비밀스러운 책'이 될 수밖에 없다는 것입니다. '초림'에 대한 성경의 예언들이 정확히 문자적으로 성취된 것처럼, 재림과 종말에 대한 성경의 예언도 문자적으로 성취될 것으로 보고, 그렇게(문자적으로) 해석해야 한다는 것입니다.

87　Ibid., p. 543.

천년왕국의 해석 비교

무천년	후천년	전천년
상징적 해석(=문자적 해석 부정)	상징적 해석	문자적 해석
천년왕국은 없다.	천년왕국은 있다.	천년왕국은 있다.
천 년의 시간은 신약시대	천 년의 시간은 상징적(복음 전파가 확산되면 실현)	천 년의 시간은 문자적 예수님 재림 후 천 년의 기간 실재적인 천 년의 왕국
천년왕국은 상징적 혹은 영적인 의미	천년왕국의 실현 주체는 교회: 교회와 성도들의 노력으로	천년왕국의 실현 주체는 예수님(통치자): 메시아 왕국의 실현
	천년왕국 → 예수님의 재림	예수님의 재림 → 천년왕국
오리겐, 어거스틴, 칼빈	로마 바티칸	요한계시록(사건들)을 종말에 있을 연대기적 사건들로 믿는 성도들

2. 천년왕국에 대한 예언들

이처럼 문자적 해석을 주장하는 전 천년설에서는 본문에서 소개하는 천년왕국을 예수님이 지상 재림하셔서 이 땅에서 '천 년 동안' 실현할 실재(실제로 존재하는)적인 왕국으로 이해합니다. 이는 구약과 신약에서 예언된 '메시아 왕국'의 실현이라는 중요한 의미를 가지고 있습니다. 그렇다면 천년왕국과 관계된 성경의 예언들은 무엇인지 잠시 살펴봅시다.

1) 다니엘 2장 44절

"이 여러 왕들의 시대에 하늘의 하나님이 한 나라를 세우시리니 이것은 영원히 망하지도 아니할 것이요 그 국권이 다른 백성에게로 돌아가지도 아니할 것이요 도리어 이 모든 나라를 쳐서 멸망시키고 영원히 설 것이라." 철과 진흙이 섞인 마지막 세상 나라를 심판하시고, 영원히 망하지 않을 나라, 바로 천년왕국을 건설하실 것이라는 다니엘의 예언입니다.

2) 출애굽기 19장 6절

"너희가 내게 대하여 제사장 나라가 되며 거룩한 백성이 되리라 너는 이 말을 이스라엘 자손에게 전할지니라." 천년왕국은 모세를 통해서 주신 언약 "이스라엘이 제사장 나라가 되며 거룩한 백성이 되리라"고 하신 시내산 언약이 성취되는 기간입니다.

3) 사무엘하 7장 12-13절

"네 수한이 차서 네 조상들과 함께 누울 때에 내가 네 몸에서 날 네 씨를 네 뒤에 세워 그의 나라를 견고하게 하리라 그는 내 이름을 위하여 집을 건축할 것이요 나는 그의 나라 왕위를 영원히 견고하게 하리라." 천년왕국은 다윗에게 주신 언약 "네 몸에서 날 네 씨를 네 뒤에 세워 그의 나라를 견고하게 하리라"고 하신 언약의 성취입니다.

4) 스가랴 14장 9절

"여호와께서 천하의 왕이 되시리니 그 날에는 여호와께서 홀로 한 분이실 것이요 그의 이름이 홀로 하나이실 것이라." 천년왕국은 이스라엘에게 주신 메시아 왕국에 대한 예언을 성취하는 기간입니다.

5) 이사야 11장 6-9절

"그 때에 이리가 어린 양과 함께 살며 표범이 어린 염소와 함께 누우며 송아지와 어린 사자와 살진 짐승이 함께 있어 어린 아이에게 끌리며 암소와 곰이 함께 먹으며 그것들의 새끼가 함께 엎드리며 사자가 소처럼 풀을 먹을 것이며 젖 먹는 아이가 독사의 구멍에서 장난하며 젖 뗸 어린 아이가 독사의 굴에 손을 넣을 것이라 내 거룩한 산 모든 곳에서 해 됨도 없고 상함도 없을 것이니 이는 물이 바다를 덮음 같이 여호와를 아는 지식이 세상에 충만할 것임이니라." 천년왕국은 이사야 11장에 기록된 복락원(復樂園)의 비전이 실현되는 순간이라는 것입니다.

6) 마태복음 6장 10절

"나라가 임하시오며 뜻이 하늘에서 이루어진 것 같이 땅에서도 이루어지이다." 산상수훈에서 예수님은 제자들에게 "뜻이 하늘에서 이루어진 것처럼, 땅에서도 이루어지게 해 달라"고 기도할 것을 요구하셨습니다. 천년왕국은 바로 하나님의 뜻이 이 땅에 펼쳐지는 때인 것입니다.

결론적으로 천년왕국은 이스라엘에게 언약하신 '메시아 왕국'의 실현이라는 의미와, 또 교회 시대를 사는 성도들이 드린 기도인 "뜻이 하늘에서 이루어진 것 같이 땅에서도 이루어지이다"의 구체적인 응답입니다.

3. 천년왕국의 목적

천년왕국은 '천 년'이라는 한정된 시간 동안 이 땅에서 펼쳐질 왕국입니다. 본문에 기록된 요한계시록 20장과 이어지는 21장의 말씀을 보면,

1) 천년왕국이 끝나면 2) 백 보좌 심판이 있을 것이고, 그 후에는 구속받은 성도들을 위한 3) '신천신지 새 예루살렘'이 주어질 것(순서: 세상나라 → 천년왕국 1000년 → 백 보좌 심판 → 신천신지 새 예루살렘〈영원=세세무궁토록〉)이라고 말씀하십니다. 이처럼 천년왕국은 성도들이 얻게 될 궁극적인 하나님의 나라 '신천신지 새 예루살렘'이 주어지기까지 존재하는 중간적인 기간임을 알 수 있습니다. 지상의 나라와 하나님의 나라 사이에서 가교 역할을 하는 것입니다. 이제는 예수님의 재림이 백 보좌 심판으로 곧바로 이어지지 않고, '천년왕국이라는 중간기적 기간을 거치는 이유'에 대하여 생각해 봅시다.[88]

1) 천년왕국은 그리스도의 통치, 메시아의 통치를 온 세상에 공개적으로 드러내는 기간입니다. 이는 앞에서 살펴본 것처럼, 메시아 왕국의 실현이라는 신구약 성경의 예언이 성취되는 기간이기도 합니다.

2) 천년왕국은 인간이 하나님을 대적하고 반역한 이유가 사탄의 유혹과 기만에 있는 것이 아니라, 인간 스스로의 부패한 마음에서 나왔음을 보여 주는 기간이 될 것입니다.

천년왕국의 기간에 사탄 마귀는 무저갱에 갇혀서 더는 세상을 미혹할 수 없게 될 것입니다(2-3). 그럼에도 이 기간 동안 태어날 사람들 가운데는 예수 그리스도의 말씀과 통치를 싫어하는 사람들이 생겨날 것이라고 했습니다. 저들은 천년왕국의 마지막 순간에 잠시 무저갱에서 풀려나 세

---

88   강병도, op. cit., p. 539.

상을 미혹할 사탄 마귀를 좇아 이전의 세상나라에서처럼 예수 그리스도와 성도들을 대적하게 될 것이라고 성경은 증거합니다(7-9절). 이처럼 천년왕국은 범죄와 심판에 대한 궁극적인 책임이 사탄 마귀가 아니라 범죄한 인간 자신에게 있음을 만천하에 드러내는 기간이 될 것입니다.

3) 천년왕국은 이처럼 인간 사이에 널리 퍼져 있고 악할 대로 악해진 모든 죄악을 드러내고 심판하는 기간이 될 것입니다(9절). 이러한 궁극적인 심판이 끝난 뒤에 믿음의 시험을 통과한 모든 성도에게는 영원한 하나님의 나라인 '신천신지 새 예루살렘'에 참여할 은혜가 주어지게 될 것입니다(21:1-2). 결국, 천년왕국은 '새 하늘과 새 땅'에 참여하기 위한 필수적인 준비 기간인 것입니다.

4. 결론

천년왕국을 통해 '메시아 왕국'에 대한 성경의 예언이 실현되는 것을 보게 될 것입니다. 천년왕국을 통해 "뜻이 하늘에서 이룬 것 같이 땅에서도 이루어지이다"라고 기도한 성도들의 기도가 응답되는 것을 보게 될 것입니다. 천년왕국은 신천신지 새 예루살렘에 참여할 자를 선택하는 마지막 시험의 기간이요, 이미 구속받은 성도들에게는 새 하늘과 새 땅에 참여하기 위한 마지막 준비 기간이 될 것입니다.

개관 24
첫째 부활

/

계 20:1-6

¹또 내가 보매 천사가 무저갱의 열쇠와 큰 쇠사슬을 그의 손에 가지고 하늘로부터 내려와서 ²용을 잡으니 곧 옛 뱀이요 마귀요 사탄이라 잡아서 천 년 동안 결박하여 ³무저갱에 던져 넣어 잠그고 그 위에 인봉하여 천 년이 차도록 다시는 만국을 미혹하지 못하게 하였는데 그 후에는 반드시 잠깐 놓이리라 ⁴또 내가 보좌들을 보니 거기에 앉은 자들이 있어 심판하는 권세를 받았더라 또 내가 보니 예수를 증언함과 하나님의 말씀 때문에 목 베임을 당한 자들의 영혼들과 또 짐승과 그의 우상에게 경배하지 아니하고 그들의 이마와 손에 그의 표를 받지 아니한 자들이 살아서 그리스도와 더불어 천 년 동안 왕 노릇 하니 ⁵(그 나머지 죽은 자들은 그 천 년이 차기까지 살지 못하더라) 이는 첫째 부활이라 ⁶이 첫째 부활에 참여하는 자들은 복이 있고 거룩하도다 둘째 사망이 그들을 다스리는 권세가 없고 도리어 그들이 하나님과 그리스도의 제사장이 되어 천 년 동안 그리스도와 더불어 왕 노릇 하리라.

예수님의 지상 재림으로 시작될 천년왕국은 구약성경에서 예언하고 있는 '메시아 왕국'이 실현되는 기간이요, 신약성경에서 선포한 '하나님의 나라'가 이 땅에 실현되는 기간입니다.

구약의 위경 중에 하나인 '에녹서'는 하나님이 계획하신 인류의 시간표를 (6일 동안 세상이 창조된 것처럼) 6000년 동안 지속되다가 마침내 완성되는 것으로 보는데(하나님께는 하루가 천 년 같고 천 년이 하루 같다고 말씀에 기록하신 것으로 볼 때, 세상을 창조하신 6일의 시간으로 볼 수 있음), 그렇게 완성된 역사는 또다시 천 년 동안 지속되다가 천 년이 지난 뒤에 영원한 세상이 펼쳐진다고 묘사합니다.[89]

6일 동안 천지가 창조되고 7일째 안식일이 주어진 것처럼, 인류의 역사가 6000년(기원전 약 4000년 + 기원후 약 2000년 → 그러므로 2014년을 살아가는 우리는 이미 인류의 역사가 끝나는 시점에 와 있음) 동안 지속되다가, 그 후에 하나님이 통치하시는 평화로운 천년왕국을 맞이하게 된다는 것입니다. 그리고 이 중간기적 왕국(intermediate kingdom)인 천년왕국이 끝나면 영원한 하나님의 나라 '신천신지 새 예루살렘'이 시작된다는 것입니다. 오늘은 이 천년왕국 기간에 벌어지게 될 몇 가지 사건을 살펴보려고 합니다.

---

89   R. H. Charles (ed.), The Apocrypha and Pseudepigrapha of the Old Testament, II, p. 451.

1. 사탄의 결박

먼저, 이 기간 동안 사탄 마귀가 일천 년 동안 결박될 것이라고 합니다 (2-3절). 천년왕국의 기간에 세상을 미혹하는 자(20:10)인 사탄 마귀가 결박되어 무저갱에 갇히므로 이 기간 동안 이 땅에서 살아가는 사람들은 마귀의 미혹이 사라진 평화로운 세상을 살게 될 것입니다. 하지만 이처럼 완벽하고 평화로운 세상을 살면서도 많은 사람이 하나님의 말씀과 그리스도의 통치를 거부하고(마치 천사였던 루시퍼가 타락 천사가 된 것처럼) 배도의 길을 갈 것이라고 성경은 경고하고 있습니다(20:8). 이런 의미에서 천년왕국은 인간의 범죄와 타락이 외부의 유혹이 아니라, 바로 인간의 마음속에서 비롯되었다는 사실을 보여 주는 기간이 될 것입니다.

천년왕국을 앞으로 예수님이 재림하셔서 이 땅에 실현할 실재적인 나라가 아니라, 교회 시대를 묘사하는 상징적인 용어라고 해석하고 있는 무천년설에서는 사탄의 결박 사건은 이미 2,000년 전에 예수님이 오심으로 시작되었다고 주장합니다.[90] 예수님이 오심으로 천년왕국이 시작된 것이기에 사탄의 결박도 이때 이루어졌다는 주장입니다. 이 주장대로라면 사탄 마귀는 현재 무저갱에 결박되어 이 땅에서 어떤 활동도 하지 못하고 있어야 합니다. 하지만 예수님의 초림 사건으로 마귀가 결박되었다는 저들의 주장과는 달리 성경을 보면, 예수님의 공생애와 초대 교회 기간에 사탄 마귀는 하나님의 사역을 방해하기 위해 집요하게 활동했음을 알 수 있습니다.

---

[90] John F. Walvoord, *the Revelation of Jesus Christ*(Chicago : The Moody Bible Institute, 1989), p. 277.

누가복음 22장 3절에서는 사탄이 "열둘 중에 하나인 가룻인이라 부르는 유다에게 사탄이 들어가니" 예수님을 팔게 했다고 기록하고 있고, 사도행전 5장 3절에서는 "아나니아의 마음속에 사탄이 가득하여" 성령을 속였다고 증거합니다. 고린도후서 4장 4절에서는 "이 세상의 신이 믿지 아니하는 자들의 마음을 혼미하게 하여 그리스도의 영광의 복음의 광채가 비치지 못하게 함이니"라고 했고, 11장 14절에서는 사탄이 때때로 사람들을 속이기 위해 자신을 "광명의 천사로 가장한다"고 했습니다. 베드로전서 5장 8절에서는 "근신하라 깨어라 너희 대적 마귀가 우는 사자 같이 두루 다니며 삼킬 자를 찾나니"라고 했습니다. 성경 어디에도 현재 사탄 마귀가 결박되어 사람들을 미혹하지 못하고 있다는 증거가 없다는 것입니다. 따라서 그들의 주장과는 달리 사탄의 결박은 예수님이 재림하실 때 이루어질 미래적 사건입니다.

이런 사탄 마귀의 역사는 성경 시대에만 있었던 것이 아니라, 2000년 동안의 교회 역사 속에서도 끊임없이 지속되고 있습니다. 안으로는 교회를 타락시키고 변질시켜 배도의 길을 가게 만들고, 밖으로는 말씀 안에 바로 서려고 애쓰는 성도들을 핍박함으로써 이 땅에 하나님의 나라가 건설되는 것을 방해해 왔습니다. 하나님의 나라가 세워지는 것을 방해할 뿐 아니라, 이제는 프리메이슨, 일루미나티와 같은 하수인들을 내세워서 적그리스도가 다스리는 세상을 만들려고 애쓰고 있습니다.

이처럼 2000년간 지속해 온 교회 시대는 사탄이 결박되고 영적 전쟁이 사라진 시기가 아니라, 영적 전쟁이 가장 치열하게 벌어지고 있는 시기입니다. 이렇듯 세상을 미혹하던 사탄 마귀가 결박되고 나서야 오는 세상인 '천년왕국'에 가서야 이 땅에 에덴동산과 같은 평화로운 시대가 찾아올 것입니다.

2. 첫째 부활

마태복음 25장에 기록된 '양과 염소의 비유(마 25:31-46)'가 바로 천년왕국에 참여할 자(양)와 그렇지 못한 자(염소)를 나누는 심판으로 알려져 있습니다. 이처럼 사탄 마귀가 결박되고 이 천년왕국에 참여할 자들이 가려지면 이 땅에 천년왕국이 시작될 것입니다.

먼저, 7년 대환난 동안 모진 환난과 핍박 속에서도 끝까지 믿음을 지키다가 1) 살아남은 자들이 육신의 몸으로 천년왕국에 참여하게 될 것입니다. 이사야서 65장에 보면 이때가 되면 "내 백성의 수한이 나무의 수한과 같을 것(사 65:22)"이고, "백세에 죽는 자를 젊은이라 하겠고, 백 세가 못되어 죽는 자는 저주받은 자일 것(사 65:20)"이라고 했습니다. 이처럼 사람들이 오랫동안 살아 천 년 동안 후손을 남기게 된다면 천년왕국이 끝날 때쯤에는 아마도 현재 지구 상에 살고 있는 인구만큼 사람들의 숫자가 많아질 것입니다.

둘째, 부활의 몸으로 천년왕국에 참여할 자가 있을 것입니다.

① 휴거 사건으로 제일 먼저, 부활의 영광에 참여한 그리스도의 신부인 2) 교회가 부활의 몸으로 천년왕국에 참여할 것입니다.

② 7년 대환난 동안 "하나님의 말씀 때문에 3) 목베임(순교)을 받고, 짐승과 그의 우상에게 경배하지도 아니하고 이마와 손에 그의 표를 받지도 아니한 자들이 살아서 그리스도와 함께 천 년 동안 왕 노릇할 것입니다(4절)."

③ 아마도 이때 4) 구약 시대를 살았던 성도들도 부활하여 천년왕국에 참여하게 될 것입니다. 5절의 말씀처럼 "그 나머지 죽은 자들(죄인들)

은 그 천 년이 차기까지 살지 못하다가" 백 보좌 심판 때 다시 살아 심판을 받고 둘째 사망인 불 못에 던져지게 될 것입니다(20:11-15).

본문이 기록된 20장의 말씀들을 자세히 살펴보면 두 종류의 부활 사건 이 묘사된 것을 알 수 있습니다.

먼저, 천년왕국 이전에 부활하여 천 년 동안 예수님과 함께 왕 노릇하 는 영광을 얻을 자들이 있다고 합니다. 믿음을 지킨 성도들이 얻는 부활 입니다. 5절에서는 이것을 '첫째 부활'이라고 묘사합니다. 둘째는 앞에서 살핀 것처럼 최후의 심판인 백 보좌 심판이 있기 전에 죄인들이 살아나는 '둘째 부활'입니다. 둘째 부활은 지옥불의 심판인 '둘째 사망'과 연결된 부 활입니다. 둘째 부활에 참여하는 자들은 부활의 몸으로 영원한 지옥불에 던져지게 된다는 것입니다(20:15).

부활의 내용을 잠간 정리해 봅시다.

① '첫째 부활'은 믿음을 지킨 성도들이 얻게 될 1) 의인의 부활을 의미 합니다.
② 의인의 부활을 첫째 부활이라고 표현하는 것은 이것이 천년왕국이 시작되기 전에 일어날 사건이기 때문입니다. 2) 죄인의 부활은 천년 왕국이 끝나고 백 보좌 심판이 시작하기 전(천년왕국과 백 보좌 심판 사 이)에 일어날 사건이기 때문에 '둘째 부활'이라고 합니다.
③ '첫째 부활'은 영생과 천국으로 이어지는 사건이고, '둘째 부활'은 둘 째 사망인 불 못과 지옥으로 이어지는 사건입니다.
④ 첫째 부활은 '부활의 첫 열매'가 되신(고전 15:20) 예수 그리스도의 부

활에서 시작한 것입니다. 이어서 1) 교회 시대를 사는 성도들이 7년 대환난이 시작되기 전 휴거 사건이 있을 때 '첫째 부활'에 참여할 것입니다(고전 15:42). 7년 대환난이 끝난 뒤에는 믿음을 지키다가 2) 순교한 '환난성도들'과 3) 구약의 성도들이 이 '첫째 부활'에 참여할 것입니다. 마지막으로 4) 천년왕국 기간에 믿음을 지킨 자들이 '첫째 부활'에 참여할 것입니다.

⑤ 첫째 부활은 이처럼 부활의 첫 열매가 되신 예수님처럼 부활하는 것입니다. 육신은 있지만, 시공의 차원을 넘어선 영광스럽고 신비로운 모습으로 변화하는 것입니다.

내용	첫째 부활	둘째 부활
대상	의인(=교회=성도)	죄인
	1) 교회 시대를 사는 성도들 2) 순교한 '환난성도들' 3) 구약의 성도들 4) 천년왕국에서 믿음을 지킨 자들	(첫째 부활에 참여한 1)~4)의 대상자를 제외한) 나머지 전부
시기	천년왕국 전	천년왕국 후, 백 보좌 심판 전

상과 벌	1. 천년왕국에 참여
	  위의 1)은 왕후의 권세로서 2), 3)은 신하의 권세로서
	  4)는 천년왕국의 백성으로서
	*참고로 1) 2) 3)은 통치자이자 그리스도의 대 제사장으로서 왕노릇
	2. 영생과 천국
		1. 천년왕국에 참여 못 함
		  (첫 번째 사망 후,
		  죽은 자로 잠들어 있음)
		2. 불 못과 지옥

변화의 모습	육신이 있는 부활의 몸으로 시공의 차원을 넘어선 변화	부활의 몸으로 영원한 지옥불
사망의 특징	첫 번째 사망(이내에서)만 경험	두 번째 사망을 경험

이렇듯 천년왕국이 시작되기 전에 첫째 부활에 참여한 성도들은 천년 왕국에서 예수님과 함께 천 년 동안 왕 노릇할 것이라고 했습니다(4, 6절). 천년왕국의 기간에 통치자로 참여하게 된다는 것입니다. 교회 시대를 사

는 성도들은 그리스도의 신부(7년 대환난 동안에는 천국에서 신부)로서, 즉 왕후의 권세를 가지고 천년왕국에 참여하게 될 것입니다. 환난성도들과 구약의 성도들은 충성스러운 신하로서 예수님이 다스리시는 천년왕국의 기간에 그 통치에 함께 참여하게 될 것입니다.

개관 25
백 보좌 심판
/
계 20:7-15

⁷천 년이 차매 사탄이 그 옥에서 놓여 ⁸나와서 땅의 사방 백성 곧 곡과 마곡을 미혹하고 모아 싸움을 붙이리니 그 수가 바다의 모래 같으리라 ⁹그들이 지면에 널리 퍼져 성도들의 진과 사랑하시는 성을 두르매 하늘에서 불이 내려와 그들을 태워버리고 ¹⁰또 그들을 미혹하는 마귀가 불과 유황 못에 던져지니 거기는 그 짐승과 거짓 선지자도 있어 세세토록 밤낮 괴로움을 받으리라 ¹¹또 내가 크고 흰 보좌와 그 위에 앉으신 이를 보니 땅과 하늘이 그 앞에서 피하여 간 데 없더라 ¹²또 내가 보니 죽은 자들이 큰 자나 작은 자나 그 보좌 앞에 서 있는데 책들이 펴 있고 또 다른 책이 펴졌으니 곧 생명책이라 죽은 자들이 자기 행위를 따라 책들에 기록된 대로 심판을 받으니 ¹³바다가 그 가운데에서 죽은 자들을 내주고 또 사망과 음부도 그 가운데에서 죽은 자들을 내주매 각 사람이 자기의 행위대로 심판을 받고 ¹⁴사망과 음부도 불 못에 던져지니 이것은 둘째 사망 곧 불못이라 ¹⁵누구든지 생명책에 기록되지 못한 자는 불못에 던져지더라.

7년 대환난을 통과하고 1) 살아남은 성도들은 예수님의 재림으로 이 땅에 세워질 천년왕국의 기간에 부활한 다른 성도들과 다르게, 그대로 육신의 몸을 가지고 천년왕국에 참여 (1)~4))하게 될 것입니다. 저들은 시집가고 장가가며 천년왕국의 기간에 후손들을 많이 남기게 될 것입니다. 7년 대환난 기간 동안 2) 순교한 환난성도들과 3) 이미 사망한 구약의 성도들은 천년왕국이 시작되기 전에 부활하여 천년왕국에 참여하게 될 것입니다. 7년 대환난이 시작되기 전에 이미 부활의 영광에 참여한 4) 교회 (휴거된 신부)는 예수님과 함께 지상 재림하여 천년왕국에 참여하게 될 것입니다. 저들은 첫째 부활에 참예한 자들로서 그리스도의 제사장이 되어 천 년 동안 그리스도로 더불어 왕 노릇하게 될 것입니다(20:6).

이 장에서는, 앞의 개관에서 소개한 천년왕국이 끝나고 그 직후에 오는, 영원한 하나님의 나라인 '신천신지 새 예루살렘'이 펼쳐지기 전에 일어나게 될 몇몇 사건을 소개하고자 합니다.

1. 사탄의 놓임과 곡과 마곡(7-10절)

1) 사탄의 미혹

예수님의 통치 기간인 천년왕국이 끝날 때가 되면, 무저갱에 갇혀 있던 사탄이 그 옥에서 잠시 놓여 세상 사람들을 다시금 미혹할 것이라고 합니다(7-8절). 지난 시간에도 살펴보았듯 천년왕국에 참여하는 1세대는 이미 7년 대환난을 통해 '믿음의 시험'을 통과한 사람들입니다. 하지만 그 후로 태어난 세대들은 아직 믿음의 시험을 통과하지 못한 자들입니다. 예수님의 지상 통치 기간에 저들은 겉으로는 모두가 예수님의 통치를 받아들이고, 주님이 주시는 교훈과 말씀에 순종하는 듯 보일 것입니다. 하지만 옥에서 풀려나온 사탄 마귀가 세상을 미혹할 때가 되면, 마음속에 품고 있던 불만과 죄의 본성을 드러낼 자들이 많을 것이라고 성경은 증거합니다(8절).

저들은 저들을 미혹하는 사탄 마귀를 따라 만왕의 왕이신 예수 그리스도와 성도들을 대적하다가 결국 심판을 받고 불 못에 던져지게 될 것입니다(9절, 15절). 천년왕국의 끝에 알곡과 가라지를 나누는 또 한 번의 심판, 마지막 심판이 있다는 것입니다.

2) 곡과 마곡

8절에서는 이처럼 사탄의 미혹을 받고 예루살렘을 치기 위해 모인 무리들을 "곡과 마곡"이라고 표현합니다. "곡과 마곡"이라는 표현 때문에 이 사건이 에스겔 38-39장에 기록된 "곡과 마곡"의 전쟁을 묘사한 것이라고 주장하는 사람들이 있습니다. 하지만 에스겔에서 소개한 곡과 마곡의 전쟁과 이 장 본문의 말씀을 비교해 보면, 곡과 마곡이라는 용어만 같을 뿐 완전히 다른 사건을 묘사한 것임을 알 수 있습니다.

에스겔에서 소개된 곡과 마곡의 전쟁은 이스라엘 북방, 구체적으로는 이란을 중심으로 한 아랍 세력과 러시아가 연합하여 이스라엘을 치는 전쟁입니다(겔 38:1-6). 하지만 본문에 소개된 곡과 마곡의 전쟁은 땅의 사방에서 모인 자들, 즉 전 세계의 사람들이 몰려와서 예루살렘을 치는 전쟁입니다(8절).

에스겔에서 묘사된 곡과 마곡의 전쟁이 국지전의 양상을 띠고 있다면, 본문에 소개된 곡과 마곡의 전쟁은 그리스도를 대적하는 온 세상 사람들이 예루살렘을 치기 위해 일으키는 전면전입니다.

에스겔 38-39장에서 소개한 곡과 마곡의 전쟁이 7년 대환난 직전에 일어날 전쟁이라면, 본문에 소개된 전쟁은 천년왕국이 끝나고 백 보좌 심판이 있기 직전에 일어날 전쟁인 것입니다.

성경에 두 차례 등장하는, 곡과 마곡의 전쟁: 서로 다른 사건

시기	대환난 직전	백 보좌 심판 직전
시대 상황	이 땅의 세상나라에서	예수님이 통치하시는 천년왕국에서
대적자	이란을 중심으로 한 아랍세력+러시아	사탄에 미혹된 전 세계의 사람들
대상	이스라엘	예루살렘
전쟁의 특징	국지전	전면전
관련 말씀	에스겔 38-39장	

성경에서 바로가 애굽의 왕을 묘사하는 대표적인 용어인 것처럼, 곡과 마곡도 하나님을 대적하는 세력을 의미하는 용어입니다. 구체적으로 '곡'은 하나님을 대적하는 '지도자'를 의미하고, '마곡'은 곡이 다스리는 '나라'을 의미합니다(9절).

여하튼 천년왕국이 끝나갈 무렵에 사탄의 미혹을 받은 곡과 마곡이 주님이 다스리는 예루살렘을 치기 위해 사방에서 모여들지만, 싸움을 시작하기도 전에 하늘에서 불이 내려와 저희를 소멸할 것이라고 말씀합니다(9절). 이는 만왕의 왕이신 예수 그리스도를 대적할 수 있을 것이라고 생각했던 저들의 판단이 얼마나 허망한 것인지를 극적으로 보여 주는 사건이 될 것입니다.

3) 사탄의 운명(10절)

잠언 16장 4절에서는 "여호와께서 온갖 것을 그 쓰임에 적당하게 지으셨나니 악인도 악한 날에 적당하게 하셨느니라"고 하셨습니다. 노련한 작가는 위대한 작품을 만들기 위해, 때때로 선한 인물뿐 아니라 악한 인물을 등장시켜 작품의 완성도를 높여 갑니다. 마찬가지로 하나님도 그분의 궁극적인 섭리와 경륜을 이루어 가시기 위해 때로는 악한 자들을 들어 사용합니다. 무저갱에서 풀려 나와 마지막으로 세상을 미혹했던 사탄의 역할이 그것입니다.

그런데 여기에서 한 가지, 우리가 꼭 기억해야 할 것은 하나님의 경륜과 섭리의 과정에서 '악한 일'로 쓰임받은 자는 그 끝이 좋지 않다는 사실입니다. 앗수르와 바벨론이 이스라엘을 징계하는 도구로 쓰임받았지만, 저들도 결국 하나님의 심판을 받아 멸망의 길을 갔습니다. 예수님이 십자가의 길을 가는 과정에서 가룟 유다의 배신이 중요한 역할을 했지만, 가룟 유다 자신은 예수님을 판 죄 때문에 비참한 최후를 맞이했습니다. 오늘 본문에서도 옥에서 풀려 나와 마지막으로 세상을 미혹했던 사탄 마귀도 결국 불 못에 던져질 것이라고 합니다. 악인의 말로는 이와 같습니다.

2. 백 보좌 심판(11-15절)

성경에서 예언된 메시아 왕국인 '천년왕국'이 끝난 뒤, 신천신지 새 예루살렘이 펼쳐지기 전에 최후의 심판으로 알려진 백 보좌 심판이 있을 것이라고 말씀합니다. 이 심판은 영원한 불 못으로 묘사되고 있는 지옥으로 떨어질 자와 신천신지 새 예루살렘으로 묘사된 궁극적인 하나님의 나라,

천국에 갈 자를 나누는 최종적인 심판입니다.

1) 죽은 자들의 심판(12-13절)

본문에서 말하는 "죽은 자들"이란 의인의 부활, 생명의 부활로 알려진 '첫째 부활'에 참예하지 못한 모든 죄인을 의미합니다.[91] 저들은 영원한 형벌인 불 못에 던져지기 전에 다시 살아 백 보좌 심판대 앞에 설 것이라고 합니다. "바다가 그 가운데서 죽은 자들을 내주고 또 사망과 음부도 그 가운데에서 죽은 자들을 내준다"고 했습니다.[92] 내주어 심판을 받기 위해 다시 살아나는 것, 이것이 '둘째 부활'입니다. 잔인한 표현 같지만, 둘째 부활은 불 못인 지옥의 형벌을 견뎌 내야 하는 몸으로 부활하는 것입니다. 지옥의 형벌과 고통을 고스란히 느끼면서도 영원히 불에 타거나 사라지지 않는 '형벌받을 몸'으로 부활하는 것임을 알아야 합니다(13절).

2) 두 종류의 책

백 보좌 심판대 앞에 선 죄인들은 "자기 행위를 따라 책들에 기록된 대로 심판을 받을 것(12절)"이라고 했습니다. 또 "누구든지 생명책에 기록되지 못한 자는 불못에 던져지더라(15절)"고 했습니다. 백 보좌 심판대 앞에 두 종류의 책이 펼쳐져 있는데, 바로 1) 구속받은 하나님의 백성의 이름이 기록된 생명책과 2) 죄인들의 행적이 기록된 책입니다.

예수 그리스도의 구속의 은혜를 믿고 죄사함을 받은 자들에게는 '죄의 행적을 기록한 책들'이 남아 있지 않을 것입니다. "너희의 죄가 주홍 같을지라도 눈과 같이 희어질 것이요 진홍 같이 붉을지라도 양털 같

---

91 강병도, 『호크마 종합주석 요한일서-요한계시록』(서울 : 기독지혜사, 2000), p. 535.
92 요한계시록 20장 13절.

이 희게 되리라(사 1:18)"고 하셨기 때문입니다. 구속받은 하나님의 백성은 행위를 기록한 책들이 아니라 생명책에만 그 이름이 기록될 것입니다.

하지만 이 땅에 살면서 예수 그리스도의 대속의 은혜를 거부하고 죄된 삶을 살았던 자들은 모두가 자기 행위를 기록한 책에 근거한 심판을 받게 될 것입니다. 그리고 백 보좌 심판대 앞에서 바로 이 책이 펼쳐지게 되면, 그 누구도 하나님 앞에서 자신은 죄가 없다고 말할 수 없게 될 것입니다.

"의인은 없나니 하나도 없다(롬 3:10)"고 했습니다. 또 "율법의 행위로 그의 앞에 의롭다 하심을 얻을 육체가 없다(롬 3:20)"고 했습니다. 우리가 구원받을 수 있는 유일한 길은 죄를 회개하고 예수 그리스도를 통해 주시는 대속의 은혜를 믿음으로 받아들이는 것입니다. 믿을 때 의롭다 함을 얻고(갈 2:16) 믿을 때 하늘 '생명책'에 우리의 이름이 기록됩니다.

"한번 죽는 것은 사람에게 정해진 것이요 그 후에는 심판이 있다(히 9:27)"고 했습니다. 이것은 백 보좌 심판을 의미합니다. 이 심판대 앞에서 예수 그리스도를 믿고 그 이름이 생명책에 기록된 자들은 영원한 하나님의 나라인 '신천신지 새 예루살렘'을 얻게 될 것입니다. 하지만 끝까지 믿음을 거부한 자들은 각자의 행위에 맞는 심판을 받을 것입니다. 문제는 율법의 행위로는 그 앞에서 의롭다고 하심을 얻을 육체가 없다는 사실입니다. 저들에게 주어질 운명은 둘째 사망인 불 못입니다. 그래서 긍휼함과 애통함으로 우리는 그들 또한 천국 백성이 되게 해 달라고 그들을 위해 기도하고 전도해야 합니다.

개관 26
새 하늘과 새 땅

/

계 21:1-5

¹또 내가 새 하늘과 새 땅을 보니 처음 하늘과 처음 땅이 없어졌고 바다도 다시 있지 않더라 ²또 내가 보매 거룩한 성 새 예루살렘이 하나님께로부터 하늘에서 내려오니 그 준비한 것이 신부가 남편을 위하여 단장한 것 같더라 ³내가 들으니 보좌에서 큰 음성이 나서 이르되 보라 하나님의 장막이 사람들과 함께 있으매 하나님이 그들과 함께 계시리니 그들은 하나님의 백성이 되고 하나님은 친히 그들과 함께 계셔서 ⁴모든 눈물을 그 눈에서 닦아 주시니 다시는 사망이 없고 애통하는 것이나 곡하는 것이나 아픈 것이 다시 있지 아니하리니 처음 것들이 다 지나갔음이러라 ⁵보좌에 앉으신 이가 이르시되 보라 내가 만물을 새롭게 하노라 하시고 또 이르시되 이 말은 신실하고 참되니 기록하라 하시고.

성경은 백 보좌 심판으로 믿음의 길을 거부한 자들이 둘째 사망인 불에 던져진 뒤(20:15), 구속받은 하나님의 자녀들을 위한 궁극적인 하나님의 나라, '신천신지 새 예루살렘'이 펼쳐질 것이라고 증거합니다(21:2).

앞에서 살펴본 천년왕국도 신천신지 새 예루살렘으로 가기 위한 중간 과정으로 보아야 합니다. 성도들이 얻게 될 궁극적인 하나님의 나라, 천국은 바로 신천신지 새 예루살렘입니다. 앞으로는 요한계시록 21-22장에 소개한 신천신지 새 예루살렘에 대해서 살펴보려고 합니다.

1. 새 하늘과 새 땅(1절)

천년왕국과 백 보좌 심판이 끝난 뒤, 우리가 알던 땅과 하늘은 사라지고, 새 하늘과 새 땅이 펼쳐질 것이라고 했습니다. 5절 말씀에서도 보좌에 앉으신 주님께서 "내가 만물을 새롭게 하노라"고 선언하십니다.

종말과 내세에 대한 확고한 믿음과 소망을 소개한 베드로후서 3장에도 '새 하늘과 새 땅'에 대한 말씀이 있습니다.

"그러나 주의 날이 도둑 같이 오리니 그 날에는 하늘이 큰 소리로 떠나가고 물질이 뜨거운 불에 풀어지고 땅과 그 중에 있는 모든 일이 드러나리로다 이 모든 것이 이렇게 풀어지리니 너희가 어떠한 사람이 되어야 마땅하냐 거룩한 행실과 경건함으로 하나님의 날이 임하기를 바라보고 간절히 사모하라 그 날에 하늘이 불에 타서 풀어지고 물질이 뜨거운 불에 녹아지려니와 우리는 그의 약속대로 의가 있는 곳인 새 하늘과 새 땅을 바라보도다" (벧후 3:10-13).

베드로후서 3장 10절에서 언급하고 있는 '물질(체질)'에 해당하는 헬라어 στοιχεῖα는 세상을 구성하는 물질의 기본 단위를 뜻합니다.[93] 현대적인 표현으로 바꾼다면 원자에 해당한다고 할 수 있습니다. 베드로후서에서는 이 "물질(체질)이 뜨거운 불에 풀어짐"으로 처음 하늘과 처음 땅이 사라진다고 묘사합니다. 이 말씀이 흥미로운 이유는 과학적인 관점에서 살필 때, "물질(체질)"에 해당하는 원자가 풀어질 때, 다시 말해 원자 안에 있는 핵이 분열하면 그것이 곧 '핵폭탄'이 된다는 사실 때문입니다. 여하튼 마지막 때가 되면 "물질(체질)이 뜨거운 불에 풀어짐"으로 현재 우리가 경험하고 있는 "처음 하늘과 처음 땅"이 사라지고 지금까지 우리가 경험하지 못했던 "새 하늘과 새 땅"이 펼쳐진다는 것입니다.

또 "새 하늘과 새 땅"에서 "새"에 해당되는 헬라어 καινόν은 시간적으로 새롭다는 뜻이 아니라, '질적으로 완전히 다르다'는 뜻을 가진 단어입니다.[94] "처음 하늘과 처음 땅"이 범죄한 인간들 때문에 오염되고 파괴되었기에 이것을 불로 태우시고 지금 우리가 보는 세상과는 완전히 다른 "새 하늘과 새 땅"을 지으신다는 것입니다.[95]

2. 새 예루살렘

우리가 살고 있는 "처음 하늘과 처음 땅"과는 완전히 다른 "새 하늘과 새 땅"을 지으신 하나님께서 이곳에 또 다시 구속받은 하나님의 백성과 함께 머물 특별한 장소를 마련합니다. 본문에서는 이곳을 "거룩한 성 새

---

93 강병도, 『호크마 종합주석 히브리서-베드로후서』(서울 : 기독지혜사, 2000), p. 551.
94 강병도, 『호크마 종합주석 요한일서-요한계시록』(서울 : 기독지혜사, 2000), p. 554.
95 Ibid..

예루살렘"이라고 소개하고 있습니다(2절).

1) 거룩한 성 새 예루살렘은 하나님께서 그의 택한 백성과 함께 거하시기 위해서 예비하신 특별한 공간입니다(3절).

3절에 보니 "하나님의 장막이 사람들과 함께 있으매 하나님이 그들과 함께 계시리니 그들은 하나님의 백성이 되고 하나님은 친히 그들과 함께 계셔서"라고 했습니다. "하나님의 장막이 사람들과 함께 있다"는 말씀은 출애굽 당시 광야 40년 동안 장막에 머물며 낮에는 구름기둥, 밤에는 불기둥으로 함께해 주셨던 하나님의 모습을 생각나게 합니다. "저희와 함께 거하시리니"라고 할 때 '거하다'는 단어 ἐσκήνωσεν도 '장막을 치다'라는 뜻입니다. 요한복음 1장 14절에서는 예수님의 성육신 사건을 표현할 때, 이 단어를 사용합니다.

성경적 의미에서 천국은 '하나님이 계신 곳'입니다. "새 예루살렘"은 바로 하나님의 임재 역사가 영원히 떠나지 않는 하나님의 나라, 천국인 것입니다.

2) 2절에서는 이 "새 예루살렘"이 하나님께로부터 하늘에서 내려왔다고 증거합니다.

하나님의 나라는 우리가 만들어 가는 세상이 아니라, 하나님이 만드셔서 우리에게 주시는 '선물'입니다. 천국과 영생은 위로부터 주어지는 것입니다. 우리의 노력과 수고로는 얻을 수 없기 때문에(롬 3:10, 23) 하나님께서 은혜의 선물로 주시는 것입니다.

노아의 홍수 사건 이후 사람들은 스스로 노력하고 수고해서 구원을 얻고 이상적인 세상을 만들기 위해 '바벨탑'을 쌓았습니다. 하지만 하나님께서 이 바벨탑을 무너뜨리심으로 스스로 구원하겠다는 인간의 생각이 얼마나 헛된 것인지를 보여 주셨습니다. 바벨론 종교에서 비롯된 세상의 모든 종교는 우리가 무언가를 해서 구원도 얻고, 이 땅에 낙원도 만들어 갈 수 있다고 가르칩니다. 이것은 아래로부터의 종교입니다. 하지만 성경은 구원의 문제에서 인간은 철저히 무능한 존재이며,[96] 천국은 인간이 만들어 가는 세상이 아니라, 하나님이 만드셔서 우리에게 주시는 선물이라고 분명히 선언합니다(엡 2:8). 이렇게 하나님의 나라는 위로부터 주어지는 것입니다.

3) 새 예루살렘의 모습을 살펴봅시다(2절).

2절에 보니 새 예루살렘의 모습이 "신부가 남편을 위하여 단장한 것 같더라"고 했습니다. 성경에서, 구속받은 하나님의 백성을 언제나 '신부'의 모습으로 묘사합니다. 구약에서는 하나님의 택함받은 이스라엘을 '여호와의 신부(호 1:2)'로 묘사하고 있고, 신약에서는 교회를 '그리스도의 신부(마 9:15)'로 묘사합니다.

본문에서 "새 예루살렘"을 "남편을 위하여 단장한 신부 같다"고 한 것은 새 예루살렘이 바로 구속받은 성도들로 이루어진 '신앙의 공동체'임을 확인시켜 주는 말씀입니다.[97] 1) 구약의 성도들, 2) 교회(휴거성도), 3) 환난 성도, 4) 천년왕국 동안에 믿음을 지킨 성도 모두가 새 예루살렘의 일원으로 참여하게 될 것입니다.[98] 남편을 위하여 단장한 신부와 같은 성도들과 신랑되신 하나님이 영원히 함께하며 기쁨을 나누는 곳, 그곳이 바로

---

96   Ibid..
97   강병도, op. cit., p. 554.
98   John F. Walvoord, *the Revelation of Jesus Christ*(Chicago : The Moody Bible Institute, 1989), p. 313.

"새 예루살렘"입니다.

4) 4절에서는 하나님이 함께하시기에 모든 것이 풍족한 새 예루살렘에도 몇 가지 없는 것이 있다고 말씀합니다.

그곳에는 1) 눈물과 2) 사망과 3) 애통과 4) 곡하는 것과 5) 아픈 것이 다시 있지 아니할 것이라고 합니다. 여기에서의 눈물은 어떤 일을 실패하고 흘리는 '후회의 눈물'이라기보다는, 이 땅에서 성도들이 믿음을 지키고 사명을 감당하려다 흘린 눈물로 보아야 합니다. 예수님은 산상수훈에서 "애통하는 자는 복이 있나니 그들이 위로를 받을 것(마 5:4)"이라고 했습니다. 시편 126편 5절에서는 "눈물을 흘리며 씨를 뿌리는 자는 기쁨으로 거두리로다"라고 했고, 선지자 예레미야는 '눈물의 선지자'라는 별명을 얻었습니다. 이 땅에서 우리는 믿음을 지키고 사명을 감당하기 위하여 흘려야 할 눈물이 있습니다. 그런데 우리가 새 예루살렘에 들어가게 되면, 하나님께서 친히 이 눈물을 씻겨 주신다고 약속하십니다.

이처럼 "새 예루살렘"은 눈물과 애통과 곡이 없고, 또 아픈 것과 사망이 없습니다. 아픔과 죽음은 인간이 범죄함으로 찾아온 저주입니다. "한번 죽는 것은 사람에게 정해진 것(히 9:27)"이라는 말씀처럼 "처음 하늘과 처음 땅"에 사는 자들은 누구도 이 저주에서 벗어날 수 없습니다. 하지만 장차 처음 하늘과 처음 땅이 사라지고 "신천신지 새 예루살렘"이 임하면 그곳에는 아픈 것과 사망이 다시 있지 아니할 것이라고 합니다. 이것이 바로 구속받은 성도들이 얻게 될 '영생'의 모습입니다.

5) 만물을 새롭게 하노라(5절).

오늘 본문은 구속받은 성도들이 얻게 될 궁극적인 하나님의 나라, 천국을 "새 하늘과 새 땅과 새 예루살렘"으로 묘사합니다. 지금 우리가 경험하는 세상과는 완전히 다른 새로운 세상이 펼쳐진다는 뜻입니다. 이렇듯 새로운 나라에 참여하기 위해서는 우리 자신도 새롭게 거듭나야 합니다. 세속에 물든 옛사람을 가지고는 "신천신지 새 예루살렘"에 참여할 수 없기 때문입니다. 그렇다면 어떻게 새로워질 수 있습니까? 고린도후서 5장 17절에서 사도 바울은 말합니다.

"그런즉 누구든지 그리스도 안에 있으면 새로운 피조물이라 이전 것은 지나갔으니 보라 새 것이 되었도다"(고후 5:17).

예수님을 믿고 예수님이 주시는 말씀과 은총 안에 머물 때, 우리는 이전과는 다른 새로운 피조물로 거듭나게 되고, 이렇게 거듭난 자가 "신천신지 새 예루살렘"을 얻게 될 것입니다.

개관 27
이기는 자는 이것들을 유업으로 얻으리라

/

계 21:5-8

⁵보좌에 앉으신 이가 이르시되 보라 내가 만물을 새롭게 하노라 하시고 또 이르시되 이 말은 신실하고 참되니 기록하라 하시고 ⁶또 내게 말씀하시되 이루었도다 나는 알파와 오메가요 처음과 마지막이라 내가 생명수 샘물을 목마른 자에게 값없이 주리니 ⁷이기는 자는 이것들을 상속으로 받으리라 나는 그의 하나님이 되고 그는 내 아들이 되리라 ⁸그러나 두려워하는 자들과 믿지 아니하는 자들과 흉악한 자들과 살인자들과 음행하는 자들과 점술가들과 우상 숭배자들과 거짓말하는 모든 자들은 불과 유황으로 타는 못에 던져지리니 이것이 둘째 사망이라.

백 보좌 심판이 끝난 뒤, 하나님께서는 "처음 하늘과 처음 땅"은 불로 사르시고, "새 하늘과 새 땅"을 만드십니다. 그리고 이곳에서 구속받은 성도들과 영원히 함께 머물 "거룩한 성 새 예루살렘"을 선물로 주십니다. 이곳은 눈물과 사망과 곡하는 것과 아픈 것이 다시 있지 않은 곳입니다 (계 21:1-4).

이제부터는 "새 예루살렘"에 대해 살펴보겠습니다.

1. "새 예루살렘"을 유업으로 얻을 자

1) 새로운 피조물(5절)

"새 하늘과 새 땅과 새 예루살렘"에 참여하기 위해서는 우리도 '새로운 피조물'로 거듭나야 합니다. 죄로 물든 옛사람으로는 새 예루살렘에 참여할 수 없기 때문입니다. 고린도후서 5장 17절에서 사도 바울은 "누구든지 그리스도 안에 있으면 새로운 피조물이라"고 했습니다. 예수님 안에서 거듭난 성도들만이 새 예루살렘에 참여할 수 있습니다.

2) 목마른 자(6절)

"목마른 자에게 주신다"고 하십니다. 산상수훈에서도 "의에 주리고 목마른 자는 복이 있나니 그들이 배부를 것임이요(마 5:6)"라고 했습니다. 시편 107편 9절에서도 "그가 사모하는 영혼에게 만족을 주시며 주린 영혼에게 좋은 것으로 채워 주심이로다"라고 하셨습니다. 누가 하나님의 나라를 유업으로 얻을 수 있습니까? '주리고 목마른 자'입니다. 하나님의 은혜를 사모하는 자, 그의 나라와 그의 의를 간절히 찾고 구하는 자가 결국 하나님이 주시는 '생명수 샘물'을 마시게 될 것입니다.

3) 이기는 자(7절)

요한계시록 2-3장에도 "이기는 자"에게 주시는 상급과 축복을 연이어 소개합니다. 영적 싸움을 싸우고 승리한 자, 끝까지 믿음을 지켜낸 자가 결국 "신천신지 새 예루살렘", 즉 하나님의 나라를 유업으로 얻는다는 것입니다. 예수님을 믿는 순간부터 '영적 싸움'이 시작되는 것입니다. 성경은 믿음의 길, 심지어 사명의 길을 걷다가도 실패한 자들이 많다고 경고합니다. 발람이 그러했고, 사울 왕이 그러했습니다. 가룟 유다는 열두 제자 가운데 선택받은 자였지만, 결국 '은 삼십'에 예수님을 팔아먹고 말았습니다. 성경말씀은 "선 줄로 생각하는 자 넘어질까 조심하라(고전 10:12)"고 합니다. 믿음은 시작보다 끝이 중요합니다. 마지막까지 영적 싸움을 잘 싸우고 이기는 자가 하나님의 나라를 유업으로 얻게 될 것입니다.

4) 그러나(8절)

먼저, 1) 믿지 아니하는 자들은 하나님의 나라에 참여할 수 없다고 합니다. 한마디로, '예수천당 불신지옥'입니다. 죄가 있어서 지옥에 가는 것이 아니라, 하나님이 보내신 구세주 예수 그리스도를 믿지 않아 지옥에 가는 것입니다.

또, 2) 흉악한 자들과 3) 행음자들과 4) 술객들은 하나님 나라에 갈 수 없다고 합니다. 여기에서 말하는 "흉악한 자들", "행음자들", "술객"들은 모두 우상숭배와 연관된 죄입니다. 하나님 앞에서 가장 크고 근본적인 죄가 바로 만물의 창조자인 하나님을 부인하고, 하나님을 떠나 헛된 우상을 따르는 죄라는 사실을 다시 한 번 확인할 수 있는 말씀입니다.[99]

"살인자들"은 특별히 하나님의 백성을 핍박하고 죽이는 일에 앞장 선 자들을 의미합니다. "거짓말하는 자들"은 '거짓의 아비(요 8:44)'인 사탄 마

---

99 강병도, 『호크마 종합주석 요한일서-요한계시록』(서울 : 기독지혜사, 2000), p. 556.

귀를 따라, 진리되신 하나님을 떠나 악과 불의에 동참한 자들을 의미합니다.[100]

여기에서 한 가지 특이한 것은 "두려워하는 자들"도 하나님의 나라를 유업으로 얻지 못한다는 사실입니다. 이 두려움은 먼저, '상실에 대한' 두려움입니다. 복음서에서 예수님은 "누구든지 나를 따라오려거든 자기를 부인하고 자기 십자가를 지고 나를 따를 것이니라(막 8:34)"고 하셨습니다.

믿음의 길을 가려면 포기해야 할 것들이 있습니다. 내 생각과 욕망과 계획을 포기해야 합니다. 영원한 하나님의 나라를 얻기 위해, 잠시뿐인 세상의 영광과 일락을 버려야 합니다. 하지만 이러한 1) 상실에 대한 두려움을 극복하지 못해서 하나님의 나라를 얻지 못하는 사람들이 많다는 것입니다.

또 하나, 2) 핍박에 대한 두려움도 있습니다. 주님은 "자기 십자가를 지고 나를 좇으라"고 하셨습니다. 예수님이 가신 길이 십자가의 길이기에 성도들이 가야 하는 길도 십자가의 길입니다. 핍박과 고난, 심지어 죽음도 각오해야 하는 길입니다. 이것을 두려워하는 자라면 믿음의 길을 온전히 갈 수 없습니다.

하지만 잠깐뿐인 세상의 부와 영광을 빼앗기는 것이 두려워서, 또 핍박과 죽음이 두려워서 배도의 길을 가게 된다면, 그에게는 이것과는 비교할 수 없는 엄청난 하나님의 심판이 기다리고 있습니다. 불과 유황으로 타는 못에 참예하게 되는 둘째 사망이 그것입니다(21:8).

---

100 강병도, op. cit., p. 556.

2. 결론(6-8절)

"또 내게 말씀하시되 이루었도다 나는 알파와 오메가요 처음과 마지막이라 내가 생명수 샘물을 목마른 자에게 값없이 주리니 이기는 자는 이것들을 상속으로 받으리라 나는 그의 하나님이 되고 그는 내 아들이 되리라 그러나 두려워하는 자들과 믿지 아니하는 자들과 흉악한 자들과 살인자들과 음행하는 자들과 점술가들과 우상 숭배자들과 거짓말하는 모든 자들은 불과 유황으로 타는 못에 던져지리니 이것이 둘째 사망이라"(계 21:6-8).

개관 28
새 예루살렘 1

/

계 21:9-21

⁹일곱 대접을 가지고 마지막 일곱 재앙을 담은 일곱 천사 중 하나가 나아와서 내게 말하여 이르되 이리 오라 내가 신부 곧 어린 양의 아내를 네게 보이리라 하고 ¹⁰성령으로 나를 데리고 크고 높은 산으로 올라가 하나님께로부터 하늘에서 내려오는 거룩한 성 예루살렘을 보이니 ¹¹하나님의 영광이 있어 그 성의 빛이 지극히 귀한 보석 같고 벽옥과 수정 같이 맑더라 ¹²크고 높은 성곽이 있고 열두 문이 있는데 문에 열두 천사가 있고 그 문들 위에 이름을 썼으니 이스라엘 자손 열두 지파의 이름들이라 ¹³동쪽에 세 문, 북쪽에 세 문, 남쪽에 세 문, 서쪽에 세 문이니 ¹⁴그 성의 성곽에는 열두 기초석이 있고 그 위에는 어린 양의 열두 사도의 열두 이름이 있더라 ¹⁵내게 말하는 자가 그 성과 그 문들과 성곽을 측량하려고 금 갈대 자를 가졌더라 ¹⁶그 성은 네모가 반듯하여 길이와 너비가 같은지라 그 갈대 자로 그 성을 측량하니 만 이천 스다디온이요 길이와 너비와 높이가 같더라 ¹⁷그 성곽을 측량하매 백사십사 규빗이니 사람의 측량 곧 천사의 측량이라 ¹⁸그 성곽은 벽옥으로 쌓였고 그 성은 정금인데 맑은 유리 같더라 ¹⁹그 성의 성곽의 기초석

> 은 각색 보석으로 꾸몄는데 첫째 기초석은 벽옥이요 둘째는 남보석이요 셋째는 옥수요 넷째는 녹보석이요 ²⁰다섯째는 홍마노요 여섯째는 홍보석이요 일곱째는 황옥이요 여덟째는 녹옥이요 아홉째는 담황옥이요 열째는 비취옥이요 열한째는 청옥이요 열두째는 자수정이라 ²¹그 열두 문은 열두 진주니 각 문마다 한 개의 진주로 되어 있고 성의 길은 맑은 유리 같은 정금이더라.

요한계시록 21-22장에는 믿음을 지킨 성도들이 얻게 될 궁극적인 하나님의 나라 "신천신지 새 예루살렘"에 대한 말씀이 나와 있습니다. 흔히 예수님을 믿으면 천국에 간다고 할 때, 우리가 가게 될 천국의 궁극적인 목적지가 바로 "새 예루살렘"입니다. 지난 시간에 우리는 이 "새 예루살렘"에 참여할 자들과 그렇지 못한 자들을 살펴보았습니다.

1) 의에 주리고 목마른 자, 2) 이기는 자 그리고 3) 그리스도 안에서 새로운 피조물로 거듭난 자가 새 예루살렘을 얻게 될 것이라고 했습니다. 하지만 믿지 않는 자들과 우상숭배자, 거짓말하는 자들과 살인자들 그리고 두려워하는 자들은 새 예루살렘에 참여할 수 없다고 합니다(21:8). 이 장에서는 앞 장에 이어 본문에 묘사된 새 예루살렘의 모습을 살펴보겠습니다.

1. 어린 양의 신부(9-10절)

9-10절은 2절 말씀의 반복이라고 할 수 있습니다. 여기에서도 "어린 양의 아내"로 묘사된 "새 예루살렘"이 "하나님께로부터 하늘에서 내려왔다"

고 분명히 말씀합니다. 하나님 나라는 우리가 노력해서 만들어 가거나 얻어지는 것이 아니라, 하나님이 구원받은 성도들을 위해 예비하시고 일방적인 은혜로 주시는 선물이라는 사실이 다시 한 번 강조됩니다. "너희는 그 은혜에 의하여 믿음으로 말미암아 구원을 받았으니 이것은 너희에게서 난 것이 아니요 하나님의 선물이라(엡 2:8)"고 합니다.

2. 구체적인 모습

11절부터는 "새 예루살렘"을 보다 더 구체적으로 묘사합니다. 이에 대해 자세히 살펴보겠습니다.

1) 하나님의 영광이 머무는 곳(11절)

"하나님의 영광"은 구약성경에서 하나님의 임재를 나타냅니다(겔 43:5). 이사야 60장 1절에서는 하나님의 영광이 빛 가운데 임하는 것으로 묘사됩니다. 새 예루살렘은 빛 되신 하나님의 임재 역사가 충만한 곳입니다. 이에 반해 지옥은 어두운 곳입니다(마 8:12). 신학적으로는 하나님이 계신 곳이 천국입니다. 천국의 궁극적인 모습은 바로 빛 되신 하나님의 임재가 충만한 곳입니다.

2) 재료

이제는 "새 예루살렘"이 만들어질 때 사용된 재료들을 살펴봅시다.

① 수정 같이 맑은 벽옥(11절)

예루살렘 성의 주된 재료가 '수정 같이 맑은 벽옥'이라고 합니다. '벽옥'은 원래 불투명한 보석입니다. 그런데 본문에서는 수정 같이 맑은 벽옥이라고 묘사합니다. 현재 우리가 아는 '벽옥'과는 다른 재질입니다. 그래서 누군가는 수정 같이 맑은 벽옥을 다이아몬드라고 해석하기도 합니다.[101] 사도 요한이 이 글을 쓸 당시에 다이아몬드라는 보석이 알려져 있지 않았기 때문에 수정 같이 맑은 벽옥이라는 용어를 썼다는 것입니다.

다이아몬드는 모든 보석 가운데 빛을 가장 잘 굴절합니다. 다이아몬드가 화려하게 빛을 내는 것은 그 자체가 빛을 발산하기 때문이 아니라, 들어온 빛을 반사하기 때문입니다. 수정 같이 맑은 벽옥, 다시 말해 다이아몬드로 만들어진 "새 예루살렘"은 빛으로 임재하신 하나님의 영광을 더욱 화려하게 반사하는 역할을 하게 될 것입니다. 새 예루살렘이 어린 양의 신부인 성도들을 상징한다면(21:2), 성도들이 감당해야 할 사명도 바로 하나님의 "빛"을 세상에 전하는 것입니다.

빛 되신 하나님이 임재하시고, 그 빛을 더욱 화려하게 반사시키는 수정 같이 맑은 벽옥으로 만들어진 새 예루살렘은 그야말로 빛이 충만한 도성입니다.

② 12보석(19-20절)

새 예루살렘 성에 사용된 두 번째 재료는 기초석으로 쓰인 12개의 보석입니다. 19-20절에서 소개하는 이 보석들은 구약 시대에 대제사장의 흉배에 붙인 보석과 일치합니다.[102] 앞에서 살펴보았듯이 1) 벽옥은 투명

---

101 강병도, 『호크마 종합주석 요한일서-요한계시록』(서울 : 기독지혜사, 2000), p. 557.
102 강병도, op., cit., pp.558-559.

한 보석이요, 2) 남보석은 하늘색, 3) 옥수는 초록색, 4) 녹보석은 진초록, 5) 홍마노는 흰색이 적색과 자주색이 층으로 끊긴 보석이고, 6) 홍보석은 핏빛, 7) 황옥은 노란색, 8) 녹옥은 에메랄드색, 9) 담황옥은 금색, 10) 비취옥은 비취색, 11) 청옥과 12) 자정은 자주색을 띄는 보석입니다.[103] 기초석으로 사용된 12개의 보석은 빛이 프리즘을 통과할 때 낼 수 있는 일곱 가지 색 모두를 포함합니다. 예루살렘 성을 쌓는 데 사용된 '수정 같이 맑은 벽옥'과 같이 이 보석들도 새 예루살렘 성에 임재하신 하나님의 영광의 빛을 보다 아름답고 화려하게 비추는 역할을 할 것입니다.

③ 진주와 정금(21절)

세 번째 재료는 진주와 정금입니다. 새 예루살렘 성에는 12문이 있는데, 이 문은 진주로 되어 있고 성의 길은 맑은 유리 같은 정금으로 되어 있습니다.

진주는 여러 보석 가운데 유일하게 조개라는 생명체에서 만들어지는 보석입니다. 조개 속에 모래와 같은 이물질이 침투하면, 이 때문에 상처가 난 조개가 진주층으로 상처를 감싸면서 만들어진 보석이 진주입니다. 따라서 오랫동안 고통을 인내하지 않으면 만들지 못하는 보석이 바로 진주입니다.

"눈물의 렌즈를 끼지 않으면 하나님 나라를 볼 수 없다"는 말이 있습니다. "애통해하는 자는 복이 있나니 그들이 위로를 받을 것임이요(마 5:4)" 라고 했습니다. 고통 속에서도 인내하며 믿음을 지킨 성도가 진주로 된 예루살렘 성에 들어가게 될 것입니다.

---

103 Ibid., p. 567.

정금은 믿음을 상징합니다. 새 예루살렘 성의 길이 정금으로 되었다고 함은, 믿음을 가진 자가 천국 길을 걷게 된다는 의미입니다.

3) 조감도
이제는 본문에 소개한 '새 예루살렘의 모양'을 보겠습니다.

① 크고 높은 성곽(12절)
성곽은 성 안에 있는 사람들을 대적으로부터 지켜 주고, 또 안과 밖을 구분하는 역할을 합니다. 양의 울타리가 사나운 짐승으로부터 양들을 지켜 주는 역할을 한다면, 출애굽기 27장에 등장하는 성막의 세마포 울타리는 안과 밖(성과 속)을 구분하는 역할을 합니다(출 27:9-19). 새 예루살렘은 구속받은 성도들만 들어가는 구별된 장소요, 또 이곳에 머무는 자는 하나님의 절대적인 보호를 받게 됩니다.

② 길이와 너비와 높이(16절)
"그 성은 네모가 반듯하여 … 길이와 너비와 높이가 같더라"고 했습니다. 정사각형(네 변의 길이가 같은 사각형) 모양을 한, 큐빅 같은 상자(마치 벌집 모양처럼)를 떠올리면 될 것 같습니다.

큐빅 모양으로 새 예루살렘 성이 만들어진 까닭은 여기에 참여할 성도가 모두 부활의 몸을 가지고 있기 때문이라 추측됩니다. 새 예루살렘에서는 성도들이 마치 벌들처럼 큐빅 모양의 공간을 자유롭게 돌아다닐 것으로 보입니다.

"천사가 그 성을 척량하니 만 이천 스다디온"이라고 했는데, 요즘 단위로 환산하면 한 쪽 길이가 1500마일, 약 2,200킬로미터에 해당한다고 보면 됩니다.[104] 부피로 따지면, 약 100억 입방 킬로미터가 됩니다. 이는 가로·세로·높이가 각각 1킬로미터인 큐빅 100억 개를 담을 수 있는 공간입니다.

1) 아담으로부터 현재까지 이 땅에 살았던 사람의 숫자를 대략 500억 명으로 추정합니다. 2) 천년왕국 기간에도 500억 명의 인구가 산다면, 결국 인류의 인구는 1000억(500억+500억)으로 계산할 수 있을 것입니다. 1000억의 인구 가운데 20%(=1/5, 예를 들어 10명 중에 2명. 100명 중에 20명)가 구원을 받는다면(아마도 실제로는 훨씬 더 적은 비율의 숫자만이 구원받을 것입니다. 천국은 좁은 문, 좁은 길을 가야 받을 수 있는 거룩한 곳이기 때문입니다) 새 예루살렘에 약 200억의 성도가 살게 될 것이라고 볼 수 있습니다. 200억의 인구가 100억 입방 킬로미터에 산다는 것은 가로·세로·높이가 각각 1km인 넓은 공간에 2인(두 사람)이 살아간다는 계산이 나옵니다. 언뜻 생각해도 꽤나 넓은 공간이 아닙니까? 예수님도 친히 "내 아버지 집에 거할 곳이 많도다(요 14:2)"고 했습니다. 새 예루살렘은 인류의 역사 속에서 구원받을 성도 모두를 수용하기에 충분한 공간이 될 것입니다.

③ 12문과 12기초석(12-14절)
정사각형 모양의 성곽에는 동서남북으로 세 개씩 총 12개의 문이 있는데, 그 문들 위에는 이스라엘 자손 열두 지파의 이름이 적혀 있다고 합니다. 또 성곽에 12개의 기초석이 있는데, 그 위에는 어린 양의 12사도의 열두 이름이 있다고 합니다. 이 모습은 거룩한 성 새 예루살렘이 언약의

---

104 강병도, op., cit., p. 557.

두 기둥인 이스라엘과 교회에 주신 두 언약에 기초함을 보여 줍니다. 이
스라엘에게 주신 언약(구체적으로는 구약에 약속된 메시아와 그분이 다스릴 메
시아 왕국에 대한 언약)과, 교회에 주신 언약(구체적으로는 신약에 약속된 하나
님 나라에 대한 언약)이 "새 예루살렘"을 통해 실현된다는 것입니다.

이스라엘에게 주신 언약과 교회에 주신 언약이 서로 상충되는 것이 아
니라, 결국 새 예루살렘에 대한 언약으로 귀결된다는 것입니다. 이 언약
의 실현을 위해 교회뿐 아니라, 이스라엘의 역할이 남아 있다는 것입니
다.[105] 이렇듯 새 예루살렘은 이스라엘과 교회에 주신 두 언약을 기초로
세워지는 나라입니다.

빛 되신 하나님의 영광이 가득차고, 그것을 더욱 밝고 아름답게 비추
어 주는 각종 보석들로 세워진 "새 예루살렘 성"은 장차 믿음을 지킨 성도
들이 얻게 될 하나님 나라입니다.

---

105 John F. Walvoord, *the Revelation of Jesus Christ*(Chicago : The Moody Bible Institute,
1989), p. 322.

개관 29
새 예루살렘 2
/
계 21:22-27

---

²²성 안에서 내가 성전을 보지 못하였으니 이는 주 하나님 곧 전능하신 이와 및 어린 양이 그 성전이심이라 ²³그 성은 해나 달의 비침이 쓸 데 없으니 이는 하나님의 영광이 비치고 어린 양이 그 등불이 되심이라 ²⁴만국이 그 빛 가운데로 다니고 땅의 왕들이 자기 영광을 가지고 그리로 들어가리라 ²⁵낮에 성문들을 도무지 닫지 아니하리니 거기에는 밤이 없음이라 ²⁶사람들이 만국의 영광과 존귀를 가지고 그리로 들어가겠고 ²⁷무엇이든지 속된 것이나 가증한 일 또는 거짓말하는 자는 결코 그리로 들어가지 못하되 오직 어린 양의 생명책에 기록된 자들만 들어가리라.

"새 예루살렘"은 믿음을 지킨 성도들이 얻게 될 궁극적인 하나님의 나라, 즉 천국입니다. "예수님을 믿으면 천국에 간다"고 할 때 새 예루살렘이 바로 우리가 가게 될 천국인 것입니다. 앞에서 우리는 새 예루살렘의 모습을 살펴보았습니다. 그곳은 하나님의 영광의 빛이 항상 머무는 곳이요, 이 영광의 빛을 보다 더 밝고 아름답게 비춰 주기 위해 다이아몬드로

된 성채를 비롯한 아름다운 보석들이 있는 곳입니다. 성은 가로, 세로, 높이가 각각 약 2,200킬로미터인 큐빅 모양이며, 이 성 사면에는 각각 3개씩 총 12개의 진주로 만들어진 문이 있습니다(21:11-21).

앞 장에 이어서 새 예루살렘의 모습을 조금 더 살펴보겠습니다.

1. 성 안에서 성전을 보지 못했다(22절)

창세기에 보면 에덴동산에도 성전이 1) 없었습니다. 범죄하기 전 인간은 동산에서 언제든지 하나님을 만나고 주님과 깊은 교제의 기쁨을 나눌 수 있었습니다. 하지만 아담과 하와가 하나님의 명령을 어기고 에덴동산에서 쫓겨난 후에는 2) 제단을 통하지 않으면 하나님을 만날 수 없게 되었습니다. 이 제단이 모세의 때에 와서 3) 성막으로, 또 이 성막이 솔로몬 때에 와서는 4) 성전(성전의 발전: (필요) 없었음 → 제단 → 성막 → 성전)으로 발전된 것입니다.

성전은 이처럼 죄인된 인생이 거룩하신 하나님을 만날 수 있는 유일한 장소요, 하나님이 머무시는 구별된 장소입니다. 그런데 새 예루살렘 성 안에는 성전이 없다고 합니다. 왜 없겠습니까? 먼저, 새 예루살렘은 죄가 없는 곳이기에 죄인들이 하나님을 만나기 위해 필요했던 제단, 다시 말해 성전이 필요 없다는 것입니다.

둘째는, 새 예루살렘은 성 전체가 하나님의 임재가 충만한 장소이기에 성전이 따로 필요 없습니다. 22절에서는 "주 하나님 곧 전능하신 이와 및 어린 양이 그 성전이심이라"고 합니다. 언제든지 성부 하나님과 어린 양 되신 성자 하나님을 만나 그분과 교제를 나눌 수 있는 곳이 새 예루살렘입니다.

이처럼 새 예루살렘에서는 죄 때문에 잃어버린 에덴의 축복을 회복할 것입니다. 그곳에서 비로소 낙원을 되찾는 '복락원(復樂園)'의 꿈이 실현될 것입니다.

2. 해나 달의 비침이 쓸 데 없다(23절)

"그 성은 해나 달의 비침이 쓸 데 없으니 이는 하나님의 영광이 비치고 어린 양이 그 등불이 되심이라"고 합니다. 이사야 60장 19절에 보면 "다시 는 낮에 해가 네 빛이 되지 아니하며 달도 네게 빛을 비치지 않을 것이요 오직 여호와가 네게 영원한 빛이 되며 네 하나님이 네 영광이 되리니"라 고 합니다. 이런 이사야의 예언이 새 예루살렘에서 실현되는 것입니다.

낮과 밤에 밝은 빛을 전해 주는 해와 달은 예로부터 숭배의 대상이 되 어 왔습니다. 바벨론 종교에서는 니므롯을 태양의 신으로, 그의 아내인 세미라미스를 달의 신으로 믿었습니다. 이 바벨론 종교에 뿌리를 둔 프 리메이슨들도 태양과 달을 남신과 여신으로 믿고 있습니다. 프리메이슨 들이 믿는 루시퍼 사탄의 모습을 묘사한 '바포멧(Baphomet)'이라는 그림이 있습니다. 이 그림을 보면 루시퍼의 모습을 알 수 있습니다. 뿔이 달린 염 소 머리에 남자와 여자 양성을 가지고 있고, 양손으로 각기 태양과 달을 가리키고 있습니다. 저들은 루시퍼가 세상에 빛을 가져오는 존재로서 낮 에는 태양을 통해, 밤에는 달을 통해 빛을 준다고 믿고 있습니다.

하지만 "새 예루살렘"은 태양과 달이 아니라, 하나님과 어린 양이 빛이 되어 주신다고 합니다. 진정한 빛이 광명의 천사(고후 11:14)를 가장한 루시퍼에게서 주어지는 것이 아니라, 하나님으로부터(요일 1:5) 주어지는 것임을 다시 한 번 확인할 수 있습니다.

3. 거기에는 밤이 없음이라(25절)

성경은 새 예루살렘을 성전과 해와 달의 비침이 쓸 데 없는 곳, 또 '밤이 없는 곳'으로 묘사합니다.

1) 성경에서 밤은 먼저, 하나님의 은총에서 소외되고 분리된 상태를 말합니다.[106] 마태복음 22장 13절에 보면 혼인 잔치에서 예복을 입지 않은 자들이 "바깥 어두움"에 내던져질 것이라고 합니다. 따라서 본문에서 "밤이 없다"는 표현은 새 예루살렘에 참여하는 자는 그 누구도 하나님 은총의 빛에서 벗어나지 않을 것이라는 의미입니다.

2) 성경에서 밤은 때때로 빛 되신 하나님을 대적하는 어둠의 세력을 의미합니다. 에베소서 6장 12절에서는 "우리의 씨름은 혈과 육을 상대하는 것이 아니요 통치자들과 권세들과 이 어둠의 세상 주관자들과 하늘에 있는 악의 영들을 상대함이라"고 합니다. 그러므로 새 예루살렘에 "밤이 없다"는 말씀은 최후의 심판인 백 보좌 심판이 끝나고 죄와 어둠의 세력들이 이미 심판을 받아 "불 못"에 던져지면 하나님을 대적하거나 성도들을 괴롭히는 어둠의 세력들이 더는 남아 있지 않을 것이라는 뜻입니다.

이처럼, 밤이 없고 대적들이 사라진 세상이기에 성문들을 도무지 닫을

---

106 강병도, 『호크마 종합주석 요한일서-요한계시록』(서울 : 기독지혜사, 2000), pp. 559-560.

필요가 없는 것입니다(25절).

4. 땅의 왕들이 자기 영광을 가지고 그리로 들어가리라(24절)

이 땅에서 구속받은 성도들은 천년왕국의 기간에 '왕과 같은 제사장'으로 주님과 함께 통치에 참여하게 될 것입니다. 그리고 이렇게 얻은 왕으로서의 영광으로 새 예루살렘에 참여하게 될 것입니다. 또 천년왕국의 기간 동안 믿음의 시험을 이긴 성도들도 주님이 주신 영광과 존귀를 가지고 새 예루살렘에 참여하게 될 것입니다.

새 예루살렘에 참여한 성도들은 요한계시록 4장에 등장하는 24장로들처럼, 그들에게 주어진 영광의 면류관을 하나님과 어린 양의 보좌 앞에 던지며 영광을 돌려드리게 될 것입니다(4:10). 본문에서 '성도들이 영광을 가지고 새 예루살렘에 들어온다'고 할 때 '들어온다'는 단어가 영어 성경을 보면 to가 아니라 into입니다. 헬라어로는 εἰς인데, 이는 '스며들어서 하나가 된다'는 뜻입니다.

이미 임재하신 하나님의 영광과 또 이곳에 참여하는 성도들이 가져와 하나님께 돌려드린 영광이 하나가 되어, 새 예루살렘은 그야말로 하나님의 영광이 충만한 도성이 된다는 것입니다.

5. 거룩한 성 예루살렘에 참여할 자(27절)

1) "무엇이든지 속된 것이나 가증한 일 또는 거짓말하는 자는 결코 그

리로 들어가지 못할 것"이라고 합니다. 속된 것, 가증한 일은 모두 우상 숭배 혹은 배교와 관계된 죄입니다.[107] "거짓말하는 자"는 "거짓의 아비(요 8:44)"인 사탄 마귀를 좇아 하나님의 진리를 왜곡하고 그릇된 길로 인도한 거짓 선지자들입니다. 우상숭배자와 거짓 선지자들을 특별히 지목하여 거룩한 성에 참여할 수 없다고 한 것은, 이것이 하나님 앞에서 가장 근원적인 죄요, 심각한 죄이기 때문입니다.

2) "오직 어린 양의 생명책에 기록된 자들만 들어가리라"고 합니다. 내 이름이 어린 양의 생명책에 기록되어 있는지, 혹시 그 이름이 생명책에서 흐려지지는 않았는지(3:5)를 늘 살펴야 합니다. 새 예루살렘은 어린 양의 피로 구속받은 성도들만 참여하는 하나님의 나라이기 때문입니다.

---

[107] 강병도, op. cit., p. 560.

개관 30
새 예루살렘 3

/

계 22:1-5

¹또 그가 수정 같이 맑은 생명수의 강을 내게 보이니 하나님과 및 어린 양의 보좌로부터 나와서 ²길 가운데로 흐르더라 강 좌우에 생명나무가 있어 열두 가지 열매를 맺되 달마다 그 열매를 맺고 그 나무 잎사귀들은 만국을 치료하기 위하여 있더라 ³다시 저주가 없으며 하나님과 그 어린 양의 보좌가 그 가운데에 있으리니 그의 종들이 그를 섬기며 ⁴그의 얼굴을 볼 터이요 그의 이름도 그들의 이마에 있으리라 ⁵다시 밤이 없겠고 등불과 햇빛이 쓸 데 없으니 이는 주 하나님이 그들에게 비치심이라 그들이 세세토록 왕 노릇 하리로다

　새 예루살렘은 인간이 범죄함으로 잃어버린 에덴의 축복을 온전히 회복하는 곳입니다. 태초에 하나님이 천지를 창조하실 때, 창조된 세상을 보시고 "보시기에 심히 좋았더라(창 1:31)"고 말씀하셨습니다. 하지만 인간이 범죄함으로 세상은 저주를 받아(창 3:18), 아담과 하와는 낙원인 에덴동산에서 쫓겨나, 노동의 고통과 해산의 수고를 안고 살다가 결국 죽음

으로 생을 마치게 될 것이라는 심판을 받게 되었습니다(창 3:16-19).

성경은 이처럼 인간이 범죄함으로 잃어버린 낙원의 축복을 회복하는 과정을 보여 주고 있습니다. 모든 불행이 죄 때문에 시작된 것이기에 죄의 문제를 해결하지 않으면 에덴의 축복도 회복될 수 없습니다. 2,000년 전에 이 땅에 오신 예수님이 하신 일이 바로 이 죄의 문제를 해결하는 것이었습니다. 속죄의 어린 양으로 십자가에서 우리의 죄를 대신해서 자신을 희생하심으로 대속의 사역을 완성하셨습니다.

이처럼 아버지의 독생자 예수 그리스도를 통해서 주시는 '대속의 은혜'를 믿을 때, 누구든지 죄사함을 받고 구원을 얻게 될 것이라고 성경은 우리에게 약속합니다(요 3:16). 성경 전체를 통해서 볼 때, 구원이란, 인간이 타락하기 전에 누리던 축복과 은총을 회복하는 것이라고 정의할 수 있습니다. 그런 의미에서, 새 예루살렘이야말로 첫 사람 아담이 에덴동산에서 누리던 은총과 축복을 온전히 회복하는 구원의 마지막 목적지입니다. 그래서인지 개관 30의 본문에 묘사한 새 예루살렘의 모습이, 창세기에서 묘사된 에덴의 모습을 무척이나 많이 닮아 있음을 알 수 있습니다. 이에 대해 구체적으로 살펴보도록 하겠습니다.

1. 생수의 강(1-2절)

창세기에 묘사된 에덴동산은 물이 풍부한 곳입니다. 창세기 2장에 보면 에덴에서 솟구친 물이 비손, 기혼, 힛데겔, 유브라데 강의 발원지가 되었다고 했습니다(창 2:10-14). 네 강의 발원지가 될 만큼 에덴은 물이 풍부한 곳입니다. 우리가 흔히 상상하는 낙원의 모습도 물이 풍부한 곳임을 알 수 있습니다.

사실 물은 생명의 근원입니다. 아무리 비옥한 토지여도 물이 없으면 황폐한 땅이 되고 맙니다. 캘리포니아가 오렌지의 산지로 유명하지만, 사실 이곳은 사막입니다. 본래는 사막으로 된 땅이지만, 먼 곳에서 물을 끌어와 농사를 짓고 있습니다. 물만 있다면 이처럼 사막도 얼마든지 옥토가 될 수 있습니다. 사람은 밥을 안 먹어도 40일을 살 수 있다고 합니다. 그러나 물이 없으면 사흘도 버티기가 힘들다고 합니다. 우리 몸의 70퍼센트가 물로 되어 있기 때문입니다. 성경에서 "피는 생명(신 12:23)"이라고 했는데, 사실 피의 대부분도 물로 구성되어 있습니다. 본문에서도 새 예루살렘에서 흐르는 강을 '생수의 강'이라고 묘사합니다. '생명을 주는 강'이라는 뜻입니다. 새 예루살렘은 생수의 강이 흐르는 곳입니다.

본문에서는 이 생수의 발원지를 "하나님과 및 어린 양의 보좌"라고 명시합니다(1절). 예수님도 "내가 곧 길이요 진리요 생명이니(요 14:6)"라고 하셨고, "내가 주는 물을 마시는 자는 영원히 목마르지 아니하리니(요 4:14)"라고도 하셨으며, "나는 부활이요 생명이니 나를 믿는 자는 죽어도 살겠고 무릇 살아서 나를 믿는 자는 영원히 죽지 아니하리니(요 11:25-26)"라고도 하셨습니다. 만물을 창조하신 하나님과 어린 양되신 예수 그리스도가 바로 모든 생명의 근원이 되심을 보여 주는 말씀입니다.

2. 생명나무(2절)

생수의 강이 길 가운데 흐르는데 그 좌우에 생명나무가 있어 열두 가지 실과를 맺는다고 합니다(2절). 창세기 3장에서 사라졌던 생명나무가 새 예루살렘에서 다시 등장하고 있습니다. 아담과 하와가 먹지 말라고 한 선악과를 먹어 범죄했을 때, 하나님은 저들을 에덴동산에서 쫓아 내시고, 화염검을 두어 생명나무로 가는 길을 지키게 하셨습니다(창 3:24). 이는 인간이 범죄한 상태로 영생하는 것을 막기 위해서였습니다(창 3:22).

창세기의 말씀을 자세히 살펴보면 에덴동산에는 특별한 나무가 둘 있었는데, 1) 선악을 알게 하는 나무와 2) 생명나무입니다. 하나님께서 동산 중앙에 있는 선악을 알게 하는 나무의 열매는 먹지 말라고 하셨습니다(창 2:17). 하지만 생명나무 실과를 먹지 말라고 하신 적은 없습니다. 아담과 하와는 얼마든지 자유롭게 생명나무 실과를 먹고 그 나무가 주는 생명력에 힘입어 영원히 살 수 있었습니다. 하지만 먹어도 좋다고 한 생명나무 실과는 외면한 채, 먹지 말라고 한 '선악과'를 먹었기에 '반드시 죽으리라(창 2:17)"고 하신 하나님의 말씀처럼 생명(나무)을 빼앗기고 죽음을 맞이하게 되었습니다.

그런데 이 생명나무가 새 예루살렘에 다시 등장합니다. 에덴의 축복을 회복한 것입니다. 창세기 3장 22절에서는 이 생명나무의 실과가 "영생"을 준다고 했습니다. 본문 2절에서는 "그 나무 잎사귀들은 만국을 치료(소성)하기 위하여 있더라"고 했습니다. "치료"라는 뜻의 헬라어 θεραπεια는 '병을 고친다'는 뜻이라기보다는 '더욱 강하게 한다'는 뜻을 가진 단어입니다.[108] 영생을 주는 열매와 삶의 활력을 주는 잎사귀가 풍성한 생명나무가 생수의 강 좌우편에 자라고 있는 새 예루살렘은 그야말로 생명이 충만한 곳입니다.

---

108 John F. Walvoord, *the Revelation of Jesus Christ*(Chicago : The Moody Bible Institute, 1989), p. 330.

3. 하나님과 그 어린 양의 보좌가 그 가운데에 있으리니(3절)

'천국'에 대한 정확한 성경적 표현은 '하나님의 나라'입니다. 하나님의 나라는 하나님이 통치하시는 나라입니다. 공간의 개념이 아니라, 통치의 개념으로 이해해야 합니다(눅 17:20-21). 우리는 매번 선거 때마다 나라의 지도자를 잘 선택하는 것이 얼마나 중요한지를 깨닫습니다. 크게 기대하고 뽑은 지도자가 결국 실망만 크게 안기고 떠나는 경우를 자주 목격하기 때문입니다.

이스라엘의 왕정 시대를 기록한 열왕기와 역대기는 사람이 세운 지도자의 한계와 그 결과를 잘 보여 주고 있습니다. 이스라엘의 왕정 시대는 실패의 역사입니다. 이 실패를 통해 이스라엘 백성은 사람이 세운 지도자가 아니라, 하나님이 세우신 왕, 곧 메시아가 오셔서 저들을 다스려 주셔야 참된 하나님의 나라가 건설될 수 있음을 깨닫게 됩니다. '메시아 대망 사상'이 싹튼 것입니다. 새 예루살렘은 이러한 기대가 완성되는 나라입니다. 하나님과 그 어린 양이 보좌에 앉아 세상과 당신의 택한 백성을 다스리는 나라, 그곳이 바로 궁극적인 하나님의 나라인 새 예루살렘입니다.

4. 저주와 밤이 없는 곳(3, 5절)

창세기 3장에서는 인간이 범죄함으로 인간의 삶에, 또 삶의 터전인 자연에 저주와 심판을 내리셨다고 했습니다(창 3:14-19). 하지만 죄가 없는 새 예루살렘에는 죄 때문에 찾아왔던 저주도 사라진 곳이 될 것이라고 합니다. 죄가 떠나니 저주도 사라지는 것입니다.

앞장에서도 살펴보았듯이 '밤'은 하나님을 대적하는 어둠의 세력(엡 6:12)과 하나님의 은총에서 멀어진 장소(마 22:13)를 의미합니다. 새 예루살렘에 참여하는 자들은 그 누구도 하나님의 은총에서 소외되지 않을 것입니다.

5. 새 예루살렘에서 살아갈 성도의 모습과 삶(3-5절)

1) "하나님을 섬길 것(3절)"이라고 합니다. 하나님의 나라는 일하지 않고 놀고먹는 곳이 아니라, 가장 보람 있고 의미 있는 일에 자신을 헌신하며 생활할 수 있는 곳입니다. 먼저, 구속받은 성도들은 1) 예배함으로 하나님을 섬기게 될 것이고, 주님이 주신 명령에 따라 각자에게 2) 주어진 일에 충성함으로 하나님을 섬기게 될 것입니다.

2) "그의 얼굴을 볼 터이요(4절)". 죄 때문에 볼 수 없었던(출 33:20) 하나님의 얼굴과 사모하는 어린 양의 얼굴을 매일같이 대면하게 될 것입니다. 하나님의 권속(가족)이 된다는 것은 이러한 의미입니다.

3) "그의 이름도 그들의 이마에 있으리라(4절)". 이는 7년 대환난 때 적그리스도를 추종하던 자들이 그 이마에 "짐승의 표(13:16)"를 받았던 모습과 대조됩니다. 이 표는 그가 누구에게 속한 자인가를 보여 주는 식별입니다. 따라서 구속받은 성도들의 이마에 새겨진 주님의 이름은 우리가 영원토록 "하나님의 소유가 된 백성(벧전 2:9)"임을 증거하게 될 것입니다.

4) "세세토록(=영원히) 왕 노릇 하리로다(5절)". 이는 인간이 범죄함으로 잃어버린 '만물의 영장'으로서의 권위를 회복하는 것을 의미합니다. 위로는 하나님을 섬기면서, 하나님과 함께 만물을 다스리고 통치하는 사역에 참여하게 된다는 의미입니다.[109]

---

109 강병도, 『호크마 종합주석 요한일서-요한계시록』(서울 : 기독지혜사, 2000), p.576.

개관 31
예언의 말씀을 인봉하지 말라

/

계 22:6-11

⁶또 그가 내게 말하기를 이 말은 신실하고 참된지라 주 곧 선지자들의 영의 하나님이 그의 종들에게 반드시 속히 되어질 일을 보이시려고 그의 천사를 보내셨도다 ⁷보라 내가 속히 오리니 이 두루마리의 예언의 말씀을 지키는 자는 복이 있으리라 하더라 ⁸이것들을 보고 들은 자는 나 요한이니 내가 듣고 볼 때에 이 일을 내게 보이던 천사의 발 앞에 경배하려고 엎드렸더니 ⁹그가 내게 말하기를 나는 너와 네 형제 선지자들과 또 이 두루마리의 말을 지키는 자들과 함께 된 종이니 그리하지 말고 하나님께 경배하라 하더라 ¹⁰또 내게 말하되 이 두루마리의 예언의 말씀을 인봉하지 말라 때가 가까우니라 ¹¹불의를 행하는 자는 그대로 불의를 행하고 더러운 자는 그대로 더럽고 의로운 자는 그대로 의를 행하고 거룩한 자는 그대로 거룩하게 하라.

요한계시록은 성경 전체의 결론입니다. 보통 책에서 가장 궁금하고 또 중요한 내용을 담은 곳이 바로 마지막 결론 부분입니다. 그래서 책을 읽는 내내 결론이 어떻게 날 것인지 궁금하고, 어찌 보면 결론이 무엇인지

를 보기 위해 책을 읽는 것이기도 합니다. 그런데 오늘날 교회 안에서는 이상하리만큼 성경의 결론이라고 할 요한계시록을 외면합니다. 복잡하다, 이해하기 힘들다, 또는 많은 논쟁을 일으킨다는 이유로 외면하고 있습니다. 그러나 해석에 대한 견해가 다르고 논쟁이 있을 수 있지만, 말씀을 외면해서는 안 됩니다. 요한계시록은 성도들의 삶과 믿음의 결국이 무엇인지를 보여 주는 유일한 책이기 때문입니다.

이번 장, 개관 31의 본문에서는 "이 두루마리의 예언의 말씀을 인봉하지 말라(10절)"고 하면서 "이 두루마리의 예언의 말씀을 지키는 자는 복이 있으리라(7절)"고 선언합니다. 처음 요한계시록을 강해할 때에도 말했던 것처럼 요한계시록은 '계시'인 동시에 '예언'의 말씀입니다(1:1-3). 감추었던 비밀을 드러낸 '계시'요, 미래의 사건, 특별히 예수님의 재림과 연관된 여러 종말의 사건들을 알려 준 '예언'입니다.

예언이란 미래에 있을 사건을 미리 알려 주는 것을 말합니다. 아직 일어나지 않았지만, 반드시 일어날 사건을 미리 알려 주는 것입니다. 성경이 예언을 내용으로 싣는 이유는 말씀을 주신 분이 역사를 주관하시는 하나님이기 때문입니다. 이제는 본문을 통해 예언으로 소개된 요한계시록의 결론 부분을 구체적으로 살펴보겠습니다.

1. 예언의 신실성

이와 관련하여 "이 말은 신실하고 참된지라(6절)"고 합니다. 19장 9절에서도 "이것은 하나님의 참되신 말씀이라"고 선언합니다. 요한계시록에 기록된 예언의 말씀이 거짓이 없고 믿을 만한 것임을 강조하는 것입니다.

요한계시록을 문자적으로 해석하지 못하고 상징적 · 비유적 해석을 고집하는 사람들이 있습니다. 이런 주장을 하게 된 여러 이유가 있겠지만, 가장 근본적인 것은 말씀에 대한 믿음, 특히 예언의 능력에 대한 믿음이 부족하기 때문입니다. 마태복음 5장 18절에서 예수님은 "천지가 없어지기 전에는 율법의 일점일획도 결코 없어지지 아니하고 다 이루리라"고 하셨습니다. 하나님이 말씀하신 것은 반드시 이루어진다는 것입니다. 구약에 예언된 예수님에 대한 예언 가운데 300가지 이상이 정확히 문자적으로 성취되었습니다. 성취된 내용 모두가 예수님의 초림 사건으로 이루어진 일이었습니다. 그렇다면 예수님의 재림과 관계된 예언들도 정확히 문자적으로 성취될 것으로 당연히 믿어야 하지 않겠습니까? 성경은 "이 말은 신실하고 참된지라"고 합니다. 요한계시록에 기록된 예언들이 거짓 없고 참된 말씀이니, 이 말씀대로 이루어질 줄을 믿어야 한다는 뜻입니다.

2. 예언 성취의 긴박성

요한계시록의 결론 부분인 6절부터 21절까지의 말씀에는 이 예언의 말씀이 성취될 때가 임박했다는 사실을 강조합니다. 7절, 12절, 20절에서 "내가 속히 오리니"라는 말씀을 세 번이나 하고 있습니다. 6절에서는 기록된 예언의 말씀들이 "속히 되어질 일"이라고 소개합니다.

"속히 되어질 일"이라는 말씀의 의미는 시간상으로 곧 이루어진다는 뜻이 아니라, 때가 이르렀을 때 지체 없이 이루어진다는 뜻입니다.[110] 언

---

110 강병도, 『호크마 종합주석 요한일서-요한계시록』(서울 : 기독지혜사, 2000), p. 576.

제인지는 모르지만 종말의 때가 찾아오면, 기록된 예언의 말씀들이 조금의 망설임이나 지체함 없이 진행될 것이라는 뜻입니다.

복음서에서 예수님은 종말의 때가 노아의 때와 같고 롯의 때와 같다고 합니다(눅 17:26-30). 사람들이 먹고 마시고 시집가고 장가들더니 갑자기 하나님의 홍수 심판과 불의 심판이 각각 이르렀다는 것입니다. "인자가 나타나는 날에도 이러하리라(눅 17:30)"고 합니다. '속히 온다'는 것은 바로 그런 의미입니다. 이처럼, 종말의 사건은 언제 시작될지 알 수 없는 임박한 사건이기에 항상 깨어서 그날을 예비하며 살아야 합니다.

3. 예언을 맡은 성도의 책임

1) 이 예언의 말씀을 지켜야 합니다(7절).

"이 두루마리의 예언의 말씀을 지키는 자는 복이 있으리라(7절)"고 합니다. 말씀을 들은 자에게 주시는 첫 번째 책임은 주신 말씀을 지키는 것입니다. 야고보서에서도 "행함이 없는 믿음은 죽은 것(약 2:26)"이라고 했습니다. 참된 믿음은 행함을 통해서 즉, 듣고 깨달은 말씀을 실천함으로 보여야 합니다.

요한계시록을 통해 임박한 종말과 심판에 대해 경고하면서, 우리에게 주신 말씀이 있습니다. "회개하여 처음 행위를 가지라(2:5)", "죽도록 충성하라(2:10)", "믿음을 저버리지 말고 끝까지 내 일을 지키라(2:13,26)", "인내의 말씀을 지키고 열심을 내라(3:10,19)"고 합니다. 이렇게 예언의 말씀을 지키는 자에게 복이 주어질 것입니다.

2) 이 예언의 말씀을 인봉하지 말아야 합니다(10절).

인봉하지 말라는 것은 감추지 말고 드러내라는 뜻입니다. 여기에는 두 가지 의미가 있습니다.

먼저, 이 예언의 말씀을 인봉하지 말고 펼쳐서 1) 그 뜻을 알기 위해 힘써야 한다는 것입니다. 종말의 때가 되면 어떤 사건들이 일어날 것인지, 또 끝까지 믿음을 지킨 성도들에게 주시는 궁극적인 선물이 무엇인지 알기 위해 힘써야 한다는 것입니다. 그래야 대비할 수 있고, 어려움 가운데서도 믿음을 지켜 나갈 수 있습니다.

그런데 한국 교회는 1992년 다미 선교회 사건 이후 요한계시록을 비롯한 종말의 말씀들을 인봉한 채 이것에 관해 배우거나 가르치는 것을 주저하고 있습니다. 다른 성경들은 열심히 보면서 유독 요한계시록만은 읽지 않으려고 합니다. 스스로 이 예언의 말씀을 인봉하고 있는 것입니다.

성경의 예언들을 알지 못하므로, 그 예언들이 실현되는 시대를 살고 있으면서도 깨닫지 못하는 것입니다. "내 백성이 지식이 없으므로 망하는도다(호 4:6)"라고 했습니다. 기름과 등불을 준비해야 기쁨으로 신랑을 맞이할 수 있습니다.

둘째, 인봉하지 말라고 함은 드러내어 전하라는 뜻입니다. 이 예언의 말씀을 펼쳐서 널리 알려야 합니다. 왜입니까? 때가 가깝기 때문입니다(10절). 저쪽에서 쓰나미가 밀려오는 것을 먼저 알았다면, 이제는 열심히 마을 사람들에게 전해서 이 사실을 알려야 합니다. 알려서 한 사람이라도 더 안전한 곳으로 대피할 수 있도록 도와야 합니다.

요한계시록 개관의 강해가 곧 끝납니다. 지금쯤이면 요한계시록의 강해를 통해서, 우리가 살고 있는 이 시대가 바로 성경이 말하는 종말의 시대임을 깨닫게 되었을 것이라 믿습니다. 이러한 사실을 깨달아 알았다면 이제는 아직 이 사실을 알지 못하는 사람들에게 전해야 합니다. 그들에게 "회개하라 천국이 가까웠다(마 3:2)"고 전해야 합니다. 성경은 "이 책의 예언의 말씀을 인봉하지 말라 때가 가까우니라"고 합니다.

4. 결론

예언의 말씀을 깨닫지 못하는 자, 깨닫고도 회개를 거부하는 자들에게는 더는 구원의 기회가 없습니다. 이것이 "불의를 행하는 자는 그대로 불의를 행하고⋯거룩한 자는 그대로 거룩하게 하라⋯각 사람에게 그가 행한 대로 갚아 주리라(11-12절)"고 하신 말씀의 뜻임을 알아야 합니다.

인봉되었던 예언의 말씀이 펼쳐졌고, 이제 종말과 심판에 관한 비밀을 알게 해 주셨습니다. 그럼에도 여전히 더러운 죄를 회개하지 않고 불의를 행하는 자들에게는 무섭고 준엄한 심판이 내려질 것입니다. 하지만 이 예언의 말씀을 깨닫고 의를 행하며 거룩한 삶을 사는 자들에게는 주님이 오셔서 상급으로 갚아 주실 것입니다.

개관 32
나는 알파(A)와 오메가(Ω)라

/

계 22:13-21

¹³나는 알파와 오메가요 처음과 마지막이요 시작과 마침이라 ¹⁴자기 두루마기를 빠는 자들은 복이 있으니 이는 그들이 생명나무에 나아가며 문들을 통하여 성에 들어갈 권세를 받으려 함이로다 ¹⁵개들과 점술가들과 음행하는 자들과 살인자들과 우상 숭배자들과 및 거짓말을 좋아하며 지어내는 자는 다 성 밖에 있으리라 ¹⁶나 예수는 교회들을 위하여 내 사자를 보내어 이것들을 너희에게 증언하게 하였노라 나는 다윗의 뿌리요 자손이니 곧 광명한 새벽 별이라 하시더라 ¹⁷성령과 신부가 말씀하시기를 오라 하시는도다 듣는 자도 오라 할 것이요 목마른 자도 올 것이요 또 원하는 자는 값없이 생명수를 받으라 하시더라 ¹⁸내가 이 두루마리의 예언의 말씀을 듣는 모든 사람에게 증언하노니 만일 누구든지 이것들 외에 더하면 하나님이 이 두루마리에 기록된 재앙들을 그에게 더하실 것이요 ¹⁹만일 누구든지 이 두루마리의 예언의 말씀에서 제하여 버리면 하나님이 이 두루마리에 기록된 생명나무와 및 거룩한 성에 참여함을 제하여 버리시리라 ²⁰이것들을 증언하신 이가 이르시되 내가 진실로 속히 오리라 하시거늘 아멘 주 예수여 오시옵소서 ²¹주

예수의 은혜가 모든 자들에게 있을지어다 아멘.

앞 장에서도 살펴본 것처럼 요한계시록은 성경 전체의 결론입니다. 말씀을 붙들고 믿음으로 살아가는 성도들이 얻게 될 "믿음의 결국(벧전 1:9)"이 구체적으로 무엇인지를 보여 주는 말씀입니다. 요한계시록 가운데도 본문이 포함된 22장 6절부터 21절까지가 요한계시록의 결론입니다. 앞 장에 이어 성경의 대단원을 끝내는 이 결론의 말씀을 통해 함께 은혜 나누기 원합니다.

1. 나는 알파와 오메가요(13절)

알파(A)와 오메가(Ω)는 신약성경을 기록하는 데 사용한 헬라어의 첫 번째와 마지막 알파벳 문자입니다. 알파벳이라는 단어도 실은 헬라어 '알파'에서 나왔습니다. 그러기에 예수님께서 "나는 알파와 오메가요 처음과 마지막이요 시작과 마침이라"고 하신 것은 만물을 창조하고 심판하시는 권세가 성자 하나님이신 예수님께 있음을 선언한 것입니다.

성자 하나님이신 예수님은 창조 사역에 삼위의 하나님으로서 함께하셨고,[111] 십자가에서 구원 사역을 완성하셨으며(요 19:30), 요한계시록에서 살펴본 것처럼, 이제 장차 다시 오셔서 세상을 심판하시고, 당신의 택한 백성을 신천신지 새 예루살렘으로 이끄실 것입니다.

알파와 오메가요 처음과 마지막이요 시작과 끝이 되신 예수님이 모든

---

[111] "하나님이 이르시되 우리의 형상을 따라 우리의 모양대로 우리가…"(창 1:26)

것을 주관하십니다. 이 땅에서 잠시 잠깐 어둠의 세력들이 힘을 얻고 주님의 통치를 거부하는 사건이 있을 것입니다. 하지만 만왕의 왕이신 예수님이 다시 오셔서 저들을 심판하시고 이 땅에 하나님의 나라를 건설하실 것입니다. 예수님이 알파와 오메가이기 때문입니다.

2. 자기 두루마기를 빠는 자들은 복이 있으니(14절)

예수님의 산상수훈(마 5-7장)에서 팔복이 소개되고 있듯이, 요한계시록에도 일곱 가지 복에 대한 말씀이 나옵니다.[112] 그중 마지막으로 소개된 복이 바로 본문 14절에 있습니다.

먼저 요한계시록에 소개된 일곱 가지 복이 무엇인지 살펴보겠습니다.

1) 1장 3절

"이 예언의 말씀을 읽는 자와 듣는 자와 그 가운데에 기록한 것을 지키는 자는 복이 있나니 때가 가까움이라"(계 1:3).

요한계시록에 기록된 예언의 말씀을 읽고 듣고 지키는 자가 복이 있습니다. 왜입니까? 때가 가깝기 때문입니다. 종말과 심판에 대한 예언의 말씀은 읽고 들어야만 알 수 있습니다. "내 백성이 지식이 없는 고로 망하는 도다"(호 4:6). 예언의 말씀을 알아야 다가오는 환난과 심판을 피할 수 있

---

112 John F. Walvoord, *the Revelation of Jesus Christ*(Chicago : The Moody Bible Institute, 1989), p. 336.

습니다.

2) 14장 13절

"또 내가 들으니 하늘에서 음성이 나서 이르되 기록하라 지금 이후로 주 안에서 죽는 자들은 복이 있도다 하시매 성령이 이르시되 그러하다 그들이 수고를 그치고 쉬리니 이는 그들의 행한 일이 따름이라 하시더라"(계 24:13).

교회의 휴거 사건이 있고, 이 땅에 7년 대환난이 몰아닥칠 때, 뒤늦게나마 복음의 말씀을 받아들이고 회개하여 구원받는 무리들이 있을 것입니다. 먼저는 144,000명으로 대표되는 이스라엘이 민족적으로 회개할 것이고(7:4), 저들이 전 세계로 흩어져 복음을 전할 때, 수많은 이방인들이 회개하고 돌아올 것입니다(7:9). 이들을 교회 시대에 구원받은 성도들과 구분하려고 '환난성도'라고 부르는데, 이 환난성도들은 순교를 각오하지 않으면 믿음을 지켜 내기 힘든 시기를 보낼 것입니다. 하지만 이러한 고난과 핍박 속에서도 끝까지 믿음을 지키고 주 안에서 죽는 자들에게 복이 있다고 합니다. 왜 입니까? 하늘의 위로와 상급이 있기 때문입니다.

3) 16장 15절

"보라 내가 도둑 같이 오리니 누구든지 깨어 자기 옷을 지켜 벌거벗고 다니지 아니하며 자기의 부끄러움을 보이지 아니하는 자는 복이 있도다"(계 16:15).

종말은 도둑같이 찾아오는 급작스러운 사건입니다. 그러기에 항상 깨어서 의의 옷을 입고 부끄러움을 보이지 않는 자가 복이 있습니다. 지금 이 순간 예수님이 오셔도 부끄럽지 않은 모습으로 살기 위해 애써야 합니다. 그런 자에게 복이 있다고 합니다.

4) 19장 9절

"천사가 내게 말하기를 기록하라 어린 양의 혼인 잔치에 청함을 입은 자들은 복이 있도다"(계 19:9).

구속받은 백성만이 어린 양의 혼인 잔치에 청함을 받게 될 것입니다. 교회는 그리스도의 신부로서 이 혼인 잔치에 참여하게 될 것입니다. 구약의 성도들과 환난성도들은 신랑과 신부의 들러리 혹은 하객으로서 참여하게 될 것입니다. 이 잔치에 청함을 입은 자들만이 신랑되신 예수님과 함께 하나님의 나라(천년왕국과 새 예루살렘)에 참여하게 될 것입니다. 그래서 "어린 양의 혼인 잔치에 청함을 입은 자들이 복이 있도다"라고 하셨습니다.

5) 20장 6절

"이 첫째 부활에 참여하는 자들은 복이 있고 거룩하도다 둘째 사망이 그들을 다스리는 권세가 없고 도리어 그들이 하나님과 그리스도의 제사장이 되어 천 년 동안 그리스도와 더불어 왕 노릇 하리라"(계 20:6).

첫째 부활은 의인의 부활, 생명의 부활을 의미합니다. 순서에 상관없이 구속받은 성도들이 얻게 될 부활이 첫째 부활입니다. 첫째 부활은 부활의 첫 열매가 되신 예수님처럼 부활하는 것입니다. 1) 휴거 사건으로 은혜 시대(교회 시대)를 사는 성도들이 먼저 이 부활에 참여하게 될 것이고, 7년 대환난이 지나면 2) 구약의 성도들과 환난성도들 가운데 3) 순교한 자들이 이 첫째 부활에 참여하여 천년왕국에 들어가게 될 것입니다.

6) 22장 7절

"보라 내가 속히 오리니 이 두루마리의 예언의 말씀을 지키는 자는 복이 있으리라"(계 22:7).

1장 3절의 "이 예언의 말씀을 읽는 자와 듣는 자와 그 가운데에 기록한 것을 지키는 자는 복이 있나니"라는 말씀을 요한계시록이 끝나는 여기에서 다시 한 번 반복합니다. 지금까지 요한계시록의 말씀을 읽고 들은 자들에게, 이제는 '지키는 자에게 주시는 복'에 참여할 것을 권면합니다. 지금까지 요한계시록의 말씀을 공부하면서 죄인들이 경험하게 될 환난과 심판, 그리고 의인들이 얻게 될 영생과 천국이 무엇인지 알았다면, 이제는 종말의 때를 사는 성도들에게 주신 그 말씀을 지킴으로 구원의 자리에 서라는 것입니다.

요한계시록 3장 10절에서 예수님은 빌라델비아 교회를 향해 "네가 나의 인내의 말씀을 지켰은즉 내가 또한 너를 지켜 시험의 때를 면하게 하리니 이는 장차 온 세상에 임하여 땅에 거하는 자들을 시험할 때라"고 하셨습니다. '인내로 말씀을 지키는 자'가 '시험의 때'를 면할 수 있습니다.

7) 22장 14절

"저기 두루마기를 빠는 자들은 복이 있으니 이는 그들이 생명나무에 나아가며 문들을 통하여 성에 들어갈 권세를 받으려 함이로다"(계 22:14).

요한계시록을 통해 예수님이 약속하신 일곱 가지 복, 즉 7복 중에서 마지막이 바로 14절 말씀입니다. 여기에서 예수님은 "자기 두루마기를 빠는 자들은 복이 있다"고 합니다. 두루마기는 우리의 '죄된 삶과 더러운 행실'을 의미합니다. 그러므로 "자기 두루마기를 빠는 자들은 복이 있다"고 하신 것은, 예수 그리스도의 피로 죄사함을 받고 의롭다함을 입은 자들이 복이 있다는 것입니다.

"오라 우리가 서로 변론하자 너희의 죄가 주홍 같을지라도 눈과 같이 희어질 것이요 진홍 같이 붉을지라도 양털 같이 희게 되리라(사 1:18)"고 합니다. 또 "허물의 사함을 받고 자신의 죄가 가려진 자는 복이 있도다(시 32:1)"라고 합니다. 우리의 죄를 사하기 위해 예수님이 흘리신 보혈의 피로 자기 두루마기를 빨아 죄사함을 얻은 자들은 생명나무에 나아가며 문들을 통하여 성에 들어갈 권세를 얻게 될 것입니다.

3. 은혜에 참여하지 못할 자들(15절)

"개들과 점술가들과 음행하는 자들과 살인자들과 우상 숭배자들과 및 거짓말을 좋아하며 지어내는 자는 다 성 밖에 있으리라(15절)"고 합니다. 21장 8절과 27절에서도 새 예루살렘에 참여하지 못할 자들에 대한 말씀이 등장하는데, 본문에서는 그렇게 분류된 이들 가운데 "개들"이라는 단어를 덧붙입니다.

본문에 묘사하는 "개들"은 요즘처럼 집안에서 '반려동물'로 키우는 개들이 아니라, 길거리를 떠돌면서 아무 곳에서나 방뇨하고, 아무 곳에서나 짝짓기하고, 쓰레기통을 뒤지고, 길바닥에 떨어진 온갖 더러운 것들을 집어 먹는 '들개'를 의미합니다.

잠언 26장 11절에 보면 "개가 그 토한 것을 도로 먹는 것 같이 미련한 자는 그 미련한 것을 거듭 행하느니라"는 말씀이 있습니다. 개 한 마리가 길거리를 돌아다니다가 길바닥에 떨어진 상한 음식을 집어먹고 배가 아파서 이것을 토하여 냅니다. 그런데 음식을 토하여 내고 돌아다니다 보니 또 다시 허기를 느낀 이 미련한 개가 자기가 토하여 낸 그것을 다시 집어 먹으려고 돌아간다는 뜻입니다.

자신이 저지른 죄와 그릇된 습관 때문에 끊임없이 고통을 당하고 후회를 하면서도 다시금 이런 일을 반복하는 어리석은 인생들을 '토한 것을 도로 먹는 개'로 묘사합니다. 후회하면서도 죄된 행실과 습관을 끊어 버리지 못하는 자들은 하나님 나라를 유업으로 얻을 수 없습니다.

4. 결론

1) "나는 알파와 오메가라."
예수님이 시작하시고, 예수님이 끝내십니다.

2) "자기 두루마기를 빠는 자들은 복이 있도다."

회개하여 죄사함을 받은 자들이 하나님의 나라를 유업으로 얻는 복을 얻게 될 것입니다.

3) 죄된 행실을 '후회'하면서도 '회개'하지 않고 반복하는 자들은 구원의 자리에 설 수 없습니다.

개관 33
아멘. 주 예수여, 오시옵소서

/

계 22:17-21

> ¹⁷성령과 신부가 말씀하시기를 오라 하시는도다 듣는 자도 오라 할 것이요 목마른 자도 올 것이요 또 원하는 자는 값없이 생명수를 받으라 하시더라 ¹⁸내가 이 두루마리의 예언의 말씀을 듣는 모든 사람에게 증언하노니 만일 누구든지 이것들 외에 더하면 하나님이 이 두루마리에 기록된 재앙들을 그에게 더하실 것이요 ¹⁹만일 누구든지 이 두루마리의 예언의 말씀에서 제하여 버리면 하나님이 이 두루마리에 기록된 생명나무와 및 거룩한 성에 참여함을 제하여 버리시리라 ²⁰이것들을 증언하신 이가 이르시되 내가 진실로 속히 오리라 하시거늘 아멘 주 예수여 오시옵소서 ²¹주 예수의 은혜가 모든 자들에게 있을지어다 아멘.

복음서를 보면 종말의 시간을 '추수'로 묘사하는 말씀이 등장합니다(마 13:24-30). 봄에 무엇을 뿌렸던지, 가을이면 그 뿌린 것에 대한 결과를 거두어야 합니다. 추수는 가르는 시간이기도 합니다. 같은 밭에서 자라고 있던 식물들을 알곡과 가라지로 나누는 시간입니다. 이렇게 나눈 뒤에 가라지는 묶어 불에 사르고, 알곡은 모아 곡간에 넣어질 것입니다(마 13:30).

　알곡을 예비한 자들에게는 추수의 시간은 무엇과도 바꿀 수 없는 기쁜 날입니다. 그러나 아무런 열매도 얻지 못한 자들에게 추수의 시간은 두려움의 시간입니다. 가을의 추수가 끝나면 모진 겨울이 시작됩니다. 창고에 먹을 양식도 준비하지 못한 채 겨울을 맞이하는 것은 그 자체가 저주입니다.

　종말의 시간도 이와 같습니다. 믿음으로 그날을 예비한 자들에게는 그날이 학수고대하던 기쁜 날이 될 것입니다. 하지만 준비 없이 맞이하는 자들에게는 무서운 재앙과 심판이 시작되는 두려운 날이 될 것입니다.

　요한계시록은 성경 전체의 결론이요, 본문이 기록된 22장은 요한계시록의 결론 부분입니다. 성경 전체의 결론 가운데서도 결론 부분이라고 할 수 있습니다. 요한계시록의 주제는 바로 '종말'입니다. 종말에 있을 사건들을 말씀하시면서 이것을 보고 들은 자들에게 마지막으로 주시는 권면이 바로 본문의 말씀입니다. 이에 대해 구체적으로 살펴보겠습니다.

1. 오라(17절)

　"오라"고 합니다. 세 번이나 "오라"는 말씀을 반복합니다. 와서 생명수를 받으라고 합니다. 구원의 자리로 초대하는 말씀입니다. 그러면 구체적으로 누구에게 오라는 것일까요?

1) 듣는 자
　요한계시록의 말씀을 통해 하나님을 대적하는 자들에게 주어질 환난과 심판 그리고 어려움 속에서도 믿음을 지킨 자들에게 주어질 상급과 영광이 무엇인지 구체적으로 듣고 알았다면, 이제는 구원을 얻기 위해 하나님 앞에 나아와야 합니다. 그래야 생명수를 얻기 때문입니다.

2) 목마른 자

마태복음 5장 6절에서 예수님은 "의에 주리고 목마른 자는 복이 있나니 그들이 배부를 것임이요"라고 하셨습니다. 잠언 8장 17절에서는 "나를 사랑하는 자들이 나의 사랑을 입으며 나를 간절히 찾는 자가 나를 만날 것이니라"고 하셨습니다. 마태복음 13장 45-46절에서는 "또 천국은 마치 좋은 진주를 구하는 장사와 같으니 극히 값진 진주 하나를 발견하매 가서 자기의 소유를 다 팔아 그 진주를 사느니라"고 하셨습니다.

목마름이 있어야 합니다. 생명수를 마시고자 하는 목마름이 있어야 합니다. 하나님의 나라를 얻고자 하는 간절함이 있어야 합니다. 이런 목마른 심령을 가진 사람만이 요한계시록에서 약속하신 천국의 영광과 축복을 얻게 됩니다.

3) 원하는 자

자원하는 마음이 있어야 한다는 것입니다. 구원을 위한 결단이 억지나 강요에 의한 것이 아니라 자발적인 선택이 되어야 한다는 뜻입니다. 내가 선택하고 그 선택한 결과를 내가 책임지는 것입니다.

신명기 30장 19절에서 하나님은 "내가 오늘 하늘과 땅을 불러 너희에게 증거를 삼노라 내가 생명과 사망과 복과 저주를 네 앞에 두었은즉 너와 네 자손이 살기 위하여 생명을 택하고"라고 하셨습니다. 여호수아 24장 15절에서 여호수아는 "만일 여호와를 섬기는 것이 너희에게 좋지 않게 보이거든 너희 조상들이 강 저쪽에서 섬기던 신들이든지 또는 너희가 거주하는 땅에 있는 아모리 족속의 신들이든지 너희가 섬길 자를 오늘 택하라 오직 나와 내 집은 여호와를 섬기겠노라"고 했습니다. 자원하는 마음으로 믿음의 길을 선택한 자가 생명의 복을 얻습니다.

4) 값없이

구원은 값없이 주시는 하나님의 선물입니다. 물론, 우리에게는 거저이지만, 예수님은 우리에게 이 구원의 선물을 주시기 위해 십자가에서 자신의 생명을 내어 주셨습니다. 가치가 없어서 거저 주신 것이 아니라, 가치를 매길 수 없기에 거저 주신 것입니다. 우리의 노력과 수고로는 도저히 얻을 수 없는 정말 값진 것이기에 거저 주신 것입니다.

"너희는 그 은혜에 의하여 믿음으로 말미암아 구원을 받았으니 이것은 너희에게서 난 것이 아니요 하나님의 선물이라 행위에서 난 것이 아니니 이는 누구든지 자랑하지 못하게 함이라"(엡 2:8-9)고 합니다. 목마른 자, 원하는 자는 누구든지 와서 값없이 생명수를 받으라고 합니다.

2. 더하거나 빼지 말라(18-19절)

이것은 요한계시록을 통해 종말과 심판에 대하여 필요하고 충분한 지식을 주었으니 여기에 무엇을 더하거나 또 빼서는 안 된다는 것입니다.

1) 더하지 말라

인터넷을 보면 종말과 심판이 가까웠다는 소식을 전하면서 가끔 성경에 없는 개인적인 체험을 종말과 심판의 증거로 제시하는 사람들이 있습니다. 계시를 받았다거나 환상을 보았다고 하면서, 휴거 사건 혹은 심판의 날이 가까웠다고 주장합니다. 극히 위험한 행동입니다. 그러다가 다미 선교회가 탄생한 것입니다.

종말과 심판에 대한 이야기를 하려면 철저히 성경에 근거해서 말해야 하고, 또 모든 주장은 성경을 통하여 확인받아야 합니다. 성경에 기록된 예언의 말씀에서 무엇을 더하게 되면 그것이 곧 이단입니다.

2) 빼지 말라

요한계시록에 기록된 예언의 말씀들을 의도적으로 삭제해 버리는 사람들은 많지 않을 것입니다. 하지만, 말씀이 어렵다거나 복잡하다는 이유로 이것을 회피하는 사람들이 많습니다. 다른 성경들은 열심히 보면서, 예언에 대한 말씀은 보지 않으려고 합니다. 보지 않으니 알 수 없고, 알지 못하니 준비 없이 종말과 심판을 맞이하게 됩니다.

그러므로 성경에서 이 예언의 말씀을 제하여 버리면 안 됩니다. 열심히 보고 알려고 애써야 합니다. 또 알았다면 이제는 종말의 날을 대비하며 살아야 합니다. 그렇지 않으면, 이 책에 기록된 생명나무 및 거룩한 성의 참여에서 제하여지게 될 것입니다.

3. 아멘, 주 예수여 오시옵소서(20절)

"이것들을 증언하신 이" 즉, 사도 요한을 통해 종말의 때에 있을 사건들을 계시해 주신 예수님이 "내가 진실로 속히 오리라"고 합니다. 이는 사도 요한과 같이 고난과 핍박 속에서도 믿음을 지키고 하나님 나라를 바라보며 살아가는 성도들에게 주는 최상의 위로입니다. 반면, 종말과 내세를 바라보지 못하고 이 땅의 삶이 전부인 줄로 생각하며 살아가는 인생들에게는 무서운 심판의 말씀이기도 합니다. 그러나 준비가 되어 있든, 그렇지 않든 상관없이 그날은 우리가 생각하는 것보다 급작스럽고 속히 임하게 될 것입니다.

"내가 진실로 속히 오리라"고 하는 말씀에 "아멘"으로 화답할 수 있는 자가 복이 있습니다. 본문에서 사도 요한은 "속히 오리라"고 하신 주님의 말씀에 "아멘"으로 화답할 뿐 아니라, 한 걸음 더 나아가 "주 예수여 오시옵소서"라는 '마라나타' 신앙으로 응답합니다. 요한은 예수님의 재림을 아멘으로 시인할 뿐 아니라, 마라나타로 기도하며 그날이 속히 임하기를 기다렸다는 것입니다.

교회를 흔히 '종말론적 공동체'라고 합니다. 현세보다는 종말과 내세에 소망을 가지고 살아가는 사람들이 모인 공동체이기 때문입니다. 장망성과 같은 세상이 아니라, 장차 주님이 오셔서 이 땅에 세우실 하나님의 나라를 소망하는 사람들이 모인 곳이 바로 교회입니다. 마라나타는 사도 요한이 요한계시록을 보는 모든 교회에게 보낸 안부입니다. 사도 요한뿐 아니라, 초대교회 성도들은 만날 때마다 항상 "마라나타 주 예수여 오시옵소서"라고 인사를 나누었다고 합니다.

요한계시록의 예언이 실현되고 있는 급박한 시대를 사는 우리에게 필요한 믿음도, 바로 이 '마라나타'입니다. 믿음으로, 다시 오실 주님을 기다리며 마라나타의 신앙으로 하루하루를 살아가야 하겠습니다.

에필로그

과거 성경의 저자인 선지자들이 우리에게 남긴 한결같은 예언은 "이 땅에 예수님이 다시 오실 것"이라는 사실이었습니다. 예수님이 다시 오시지 않는다면 우리가 성경을 공부해야 할 아무런 이유가 없을 것입니다. 왜냐하면 성경은 예수님의 인간을 향한 구속사, 그 구원의 역사를 다룬 책이기 때문입니다. 하나님은 우리가 모두 말씀을 제대로 알기를 원하십니다. 또한 말씀에 적힌 대로 믿기를 바라고 계십니다. 그럼에도 우리 주변에는 지금 눈과 귀와 마음이 닫혀서 하나님을 바라보지 못하는 이들이 너무 많습니다. 세상을 너무 사랑한 나머지 믿는다고는 하면서 시대는 분별할 줄 모르고 믿지 않는 자와 다를 바 없이 그저 세상을 좇는 크리스천을 보면 말할 수 없이 안타까울 뿐입니다.

한 사람의 목회자로서, 그것도 세상의 마지막과 종말을 전하는 선지자 예레미야의 사명을 받은 문서사역자로서 세계 곳곳에서 제공하는 수많은 인터넷 정보의 검색을 통해 지금 우리가 인류의 종말, 그 마지막 때의 시간표에 와 있음을 절감합니다. 이렇게 긴박하게 돌아가는 시대의 상황을 바라보면 주님이 오실 날이 머지않았음을 느끼게 됩니다.

『이 세대가 가기 전에 - 왜 이 세대인가?』라는 제목으로 발간된 첫 번째 책의 초안을 넘긴 뒤에 마음이 몹시 불편했습니다. 왜냐하면 시대가 시대인 만큼 성경의 결론 부분인 요한계시록의 예언들이 성취될 때가 머지않았음을 느낄 수 있었기 때문입니다. 언제 이 땅에 예수님의 공중 재림(휴거)이 임할는지에 대하여 정확한 날짜와 시간을 알 수는 없다고 해도 이제 우리에게 주어진 시간이 얼마 남지 않았음을 시대의 흐름을 보면서 깨달을 수 있습니다. 여러 정황과 기도 가운데 제게 주시는 마음은 교회가 이 땅에서 사라진 이후, 이 땅에 남은 자들, 그 영혼들을 향한 애통함이었습니다. 그렇게 하나님은 저에게 언제 휴거 사건이 일어날지 모른다는 급한 마음을 주셔서 강박적인 마음으로 집필을 서두르게 되었습니다. 그래서 첫 번째 책이 나온 지 얼마 되지 않은 시점에서 다시 두 번째 책을 연이어 선보이게 되었습니다.

요한계시록에서 보면 본격적으로 이 땅에 재앙이 내려지기 전에 죽음의 전령사인 독수리가 하늘에 나타나서 "화 화 화로다!"라고 하면서 큰 재앙이 다가올 것이라 외칩니다. 독수리가 말한 "화"는 휴거된 성도에게는 상관없는 이야기가 될 것입니다. 그러나 이 땅에 남게 될 사람은 예외 없이 이 재앙을 겪게 될 것입니다.

세상이 평안하다 안전하다고 말하는 이 세대의 아주 가까운 때에, 지금 현재 애통해하는 마음으로 마지막 때를 전하고 있는, 극히 일부에 지나지 않는, 영혼을 사랑하는 참 선지자들이 하나님이 인치신 극히 소수의 성도와 함께 어느 날 갑자기 한순간에 이 땅에서 사라질 것입니다. 참 복음이 외면당하고 거짓 복음이 난무하는 이때에, 비록 극소수이기는 하지만, 세상이 아닌 오직 하나님만을 바라보라고 외치던 선지자들마저 이 땅에서 사라진다면, 그때에 신랑되신 예수님이 오실 것을 미처 준비하지 못해서 이 땅의 7년 대환난 가운데 남게 되는 사람들은 어떻게 할까요?

만일 7년 대환난의 기간에 이 땅에 남게 된다면 앞으로 하나님의 계획이 어떻게 진행될 것인지를 반드시 알아야 합니다. 그래야만 깨닫고 준비할 수 있기 때문입니다.

또한, 어느 날 갑자기 오시는 그때에 들림받지 못한다고 해서 그 한 번의 기회를 놓쳤다고 해서 절대로 삶을 포기하고 망연자실해서는 안 됩니다. 그것은 단지 육신이 아니라, 그보다 훨씬 소중한 당신의 '영혼'을 포기하는 것이기 때문입니다. 하나님은 당신 또한 회개하고 구원받기를 원하십니다. 그러기 위해서는 말씀을 알아야 합니다. 말씀이 하나님이시기 때문입니다. 따라서 미루지 말고 오늘부터 당장, 성경 전체의 말씀, 특히 예언의 말씀(다니엘서, 에스겔서, 마태복음 24장 등)과 요한계시록의 말씀이 앞으로 일어날 일에 대하여 기록하고 있다는 사실을 깨닫고, 매일 기도하며 말씀을 읽어 나아가시기를 바랍니다.

과거 포로 시대의 성경 기록을 보면, 이 땅에서 진짜 복음을 전하던 참 선지자가 모두 사라졌을 때에도, 바벨론 포로라는 어려운 시기를 지내던 이스라엘 백성이 조금이나마 용기와 희망을 품을 수 있었던 이유는 선지자들이 남긴 예언의 말씀 덕분이었습니다. 우리에게는 지금, 그 기록된 예언의 말씀인 성경이 있습니다. 지나간 역사에서처럼 앞으로 또 그러한 일이 세상에 닥치게 되더라도 선지자가 남긴 예언의 말씀이 이스라엘 백성에게 힘이 되었던 것처럼, 이 땅에서 믿음을 지킨 자들이 얻게 될 궁극적인 승리를 약속하는 요한계시록의 말씀과 이에 대하여 적은 부족한 저의 해설서가 이 땅에 남게 될 사람은 물론이고 현재 이 땅에서 외롭게 예수님의 오심을 준비하고 있는 몇 안 되는 신부들(교회)에게, 즉 종말과 심판의 때를 사는 사람 모두에게 미약하나마 용기와 희망을 주는 책이 되었으면 합니다.

책 제목에서처럼 『왜 이 세대인가?』를 주제로 발간된 첫 책이, 지금이 바로 성경이 예언하는 종말의 세대임을 밝힌 글이라면, 저의 두 번째 책 『종말의 타임 테이블』은 종말의 시대를 사는 성도들, 특별히 교회의 휴거 사건 이후에도 이 땅에 남겨져 환난과 핍박을 겪어야 할 분들을 위해 그들이 앞으로 이 땅에서 겪게 될 엄청난 고난에도 믿음이 더욱 견고해지고 끝까지 승리하여 마침내 구원에 이르기를 간절히 바라는 마음에서, 애통한 목자의 심정으로 남기는 글입니다.

지금은 은혜의 시대입니다. 아직은 우리에게 은총과 기회가 있습니다.

하지만 7년 대환난의 시작과 휴거의 사건이 일어날 시간이 얼마 남지 않았다고 생각합니다. 각오하셔야 합니다. 그리고 가능하면 그러한 험난한 여정을 겪지 마시고 그 전에 주님의 신부로 단장하셔서 들림의 축복이라는 복스러운 소망을 이루십시오. 우리가 이 엄청난 재앙을 만나기 전인 지금 바로 이때가, 하나님께서 우리에게 마지막으로 허락하신 회개의 시간이라고 깨달을 수 있기를 바랍니다.

하나님 앞에 깨어 기도하십시오. 이 시험의 때를 면할 수 있게 해 달라고, 이 환난과 심판을 피할 수 있는 축복과 은총을 허락해 달라고 기도하십시오. 기회를 주셨을 때 회개하지 않으면 나중에는 하고 싶어도 마음이 완악해져서 회개하지 못하고 결국 하나님의 진노를 겪고 심판을 받아야 하는 상황까지 가게 됩니다. 무섭고 두렵고 준엄한 심판이 시작되기 전에 회개하십시오. 대재앙이 시작되기 전에 지금이라도 빨리 회개하고 주님을 잘 믿고 하나님 앞에 믿음으로 바로 서서 환난 기간에 이 땅에 남지 말고 이 재앙과 심판에서 구원받는 귀한 은총이 여러분에게 있기를 축원합니다. 7년 대환난이 오기 전인 요한계시록 3장에서 우리의 신앙 여정을 끝낼 수 있기를 다시 한 번 간곡히 부탁합니다. 그러기 위해서는 하루하루 오늘이 내 생애의 마지막 날이 될 수 있다는 사실을 알고 하루를 살아도 믿음 안에서 깨어 말씀을 읽고 기도해야 합니다.

더욱 모이기에 힘쓰시고 시대의 징조와 흐름을 깨닫기 위해 노력하십시오. 영적인 전쟁에서 승리하려면 적을 알고 나를 알아야 합니다. 적을 알고, 나의 믿음을 돌아보십시오. 빌라델비아 교회 성도들처럼 인내의 말씀을 지킴으로 닥쳐올 시험의 때를 면하는 복된 성도들이 되기를 바랍니다. 아무쪼록 요한계시록의 두려운 말씀이 여러분과는 상관없는 이야기가 되기를 바랍니다.

저자인 제가 이 책을 통해 꼭 드리고 싶은 말씀은 "시대를 분별하십시오! 말씀 안에서 징조를 살피십시오!"입니다. 우리는 역사의 마지막 중에서도 마지막 시간을 살고 있습니다. 성경은 예수 그리스도의 다시 오심을 3,000번 이상이나 말하고 있습니다. 지금은 봉인되었던 요한계시록이 열리는 바로 그때입니다. 주님과 주님의 다시 오심을 사모하십시오.

교회가 떠난 후에, 오늘 이 땅에 일어나게 될 7년 대환난의 사건을 통해 하나님을 믿고 섬기는 자든 그렇지 않은 자든 여호와 하나님께서 만물을 주관하시고 참 하나님이 되신다는 사실을 깨닫게 되실 것입니다. 이제라도 말씀을 읽고 믿으십시오. 그리고 이 땅에 남아서 환난을 겪어야 하는 상황이 된다면 그때에 가서라도 하나님을 믿으시고 예수님을 유일한 구원자로 믿고 그 좁은 길을 따라가십시오. 육신의 죽음에 굴복하지 마시고 영생의 기쁨을 허락하시는 구원자 예수 그리스도를 바라보십시오. 할렐루야!

〈이 세대가 가기 전에〉라는 저의 블로그 방문자 중에서 제가 정리해서 올리는 글들(성경의 예언들, 시대의 징조들)이 어떠한 신학적 내용을 기반으로 쓴 것인지에 대하여 간혹 궁금해하시는 분들이 더러 계십니다. 본서를 집필하는 과정에서 미국의 근본주의 신학을 이끌고 있는 '달라스 신학교(Dallas Theological Seminary)'와 '무디 성서학원(Moody Bible Institute)'에서 발간된 논문들, 그리고 마지막 시대와 관련된 신뢰할 만한 몇몇 인터넷 자료들이 크게 도움이 되었음을 이 책을 통해 다시 한 번 밝힙니다.

아울러, 한꺼번에 두 권의 책을 발간하자고 한 저의 다소 무리한 요구에도 선뜻 결단을 내려 주신 예영커뮤니케이션의 (故) 김승태 사장님과 바쁜 일정에도 서둘러 책 작업을 도와주신 유연주 작가님 그리고 이 책이 발간되기까지 그동안 기도와 후원을 아끼지 않으신 여러 성도님께 다시 한 번 감사의 말씀을 드립니다.

요한계시록의 말씀 강해와 관련된 내용에 댓글을 달아 주신 블로그 독자의 글을 중심

으로 극히 일부만 실었습니다. 궁금하신 내용이 있으시거나 더 자세한 내용을 알고 싶

은 분들은 목사님의 네이버 블로그를 방문하셔서 찾아보시기 바랍니다.

편집상 필요한 맞춤법, 띄어쓰기를 제외하고는 블로그에 실린 내용과 느낌을 가급적

그대로 살려 올렸습니다.

(출처: 네이버 〈이 세대가 가기 전에〉 http://blog.naver.com/esedae)

Q. 시기적으로 휴거가 임박한 거 같은데, 왜 이렇게 한국 교회들은 무심할까 요? 기도하는 거 말고는 방법이 없겠죠? (이삭 2012/01/04 12;26)

A. 예레미야가 예루살렘의 멸망을 예언할 때도 대부분의 사람들은 그가 전하
는 하나님의 말씀을 듣기 싫어했습니다. 하지만 그의 예언대로 예루살렘이
멸망하고 바벨론 포로 70년의 환난이 찾아오자, 이스라엘 백성은 그때 비
로소 예레미야를 통해 주셨던 하나님의 말씀을 듣고 회개했습니다. 답답한
마음에 인터넷 사역을 시작한 블로그 게시자인 저의 처지가 예레미야의 처
지와 다르지 않다고 여겨 저의 필명을 예레미야로 사용하게 되었습니다.
하나님께서는 사람들이 저의 말을 듣지 않을 것을 아시면서도 전하라고
하셨습니다. 그 말이 응할 때에 그들 가운데 선지자가 있었다는 사실을 알
게 하라는 것입니다(겔 33:33). 말씀을 맡은 자는 때로는 듣지 않을 걸 알면
서도 전해야 합니다. (예레미야 2012/01/04 13:20)

Q. 신천지는 이단으로 알고 있는데요, 목사님의 새 예루살렘 관련 설교 영상 중에서 27분 17초쯤에 신천지가 이단이 아니라고 말씀하시던데, 그러면 목사님은 신천지가 이단이 아니라고 하시는 말씀인가요? 무슨 말씀인지 설명 부탁합니다. (물음표 2012/01/27 20;41)

A. 신천지는 이단이 맞습니다. 천년왕국 후에 펼쳐질 새 하늘과 새 땅, 신천 신지 새 예루살렘이라는 용어 때문에 우리가 아는 이단, '신천지'를 떠올리면 안 된다는 의미입니다. 여호와 증인이 '파수꾼'이라는 성경의 용어를 자의적으로 사용하여 그 의미를 왜곡시킨 것처럼, 신천지라는 이단이 요한계시록 21장에 등장하는 '신천신지 새 예루살렘'이라는 성경적 용어를 자의적으로 해석하고 사용하면서 본래의 의미를 오해하게끔 만들었다는 뜻입니다. 다만 이러한 성경 전체의 흐름을 생각지 못하고 동영상을 볼 경우, 지적하신 것처럼 오해할 소지가 있기에 새롭게 영상을 편집하여 올립니다. (예레미야 2012/01/27 21:41)

Q. 성경은 본래 사람들에게 신앙심과 평화 그리고 질서를 부여하기 위해 만들어졌겠지만 지금은 다른 목적으로 쓰이고 있으니 안타까운 마음을 감출 수 없도다. (single김군 2012/02/04 01;16)

A. 성경은 본래 우리가 죄인임을 선포하고 이 죄 때문에 찾아온 저주와 심판에서 구원받을 길을 알려 주시기 위해 주신 하나님의 말씀입니다. 죄라는 암 병으로 죽어 가는 인생들을 향해 "괜찮아 잘 될 거야"라는 말을 하기보다는 "회개하지 않으면 심판을 피할 수 없다"고 선언하십니다. 그래서 성경이 역사적으로 가장 사랑받는 책인 동시에 가장 미움을 받았던 책이기

도 합니다. 죄와 심판의 문제를 외면한 채 마음의 평화를 얻겠다는 생각이라면, 성경은 결코 도움이 되지 않을 것입니다. "내가 세상에 화평을 주러 온 줄로 생각지 말라 화평이 아니요 검을 주러 왔노라"(마 10:34). (예레미야 2012/02/05 08:43)

Q. 일곱 인은 지금 시작되었다고 생각하는 분들이 많을 것 같습니다. 고** 목사님의 책을 읽어 보면 백마는 예수 그리스도의 복음 사역, 둘째인 적마는 공산주의의 시작과 인민학살, 세 번째 검은 말은 경제전… 뭐 이렇게 해석하시던데 목사님은 어떻게 생각하십니까? (꿈꾸는 범 2012/04/16 15:52)

A. 잘못된 해석입니다. 환난 전 휴거설의 입장에서 7년 대환난은 교회의 휴거 사건이 있은 뒤 적그리스도가 등장하여 이스라엘과 7년간의 언약으로 시작되는 것이라고 성경에 명시되어 있습니다(단 9:27). 지금 전 세계적으로 겪고 있는 재난이 7년 대환난이라고 착각하지 말아야 합니다. 성경에 묘사된 7년 대환난은 이렇게 시시한 재난이 아님을 아셔야 할 것입니다. (예레미야 2012/04/16 16:32)

Q. 요한계시록 강해를 흥미롭게 보고 있습니다. 위의 글에서 한 가지 궁금한 것이 있어 댓글을 답니다. 요엘 2장 28-32절은 오순절 성령강림을 예언한 말씀이며, 베드로가 이 말씀을 인용한 것은 그리스도인들이 하나님의 예언대로 성령을 받아 땅 끝까지 복음을 전하는 것을 가리키는 말씀 아닌가요? 그렇게 본다면, 9절에 "능히 셀 수 없는 큰 무리"는 7년 대환난 때 구원받은 성도들로 보기보다는 구원받은 모두 하나님의 백성으로 봐야 하지 않을까요? 15-17절도 7년 대환난 때 구원받은 사람들에게만 주시는 약속의 말씀

이 아니라, 모두 구원받은 하나님의 백성에게 주시는 약속의 말씀으로 보는 것이 자연스럽지 않나요? 7장에 등장하는 144,000명을 7년 대환난 때 구원받은 이스라엘 백성으로 보고, "능히 셀 수 없는 큰 무리"는 모두 구원받은 하나님의 백성으로 보아도, 목사님의 강해의 흐름을 방해하지 않는다고 보는데, 목사님의 생각은 어떠신지요? (쉐마 2013/04/22 10;14)

A. 지적하신 대로 요엘의 예언 가운데 앞부분은 일차적으로 오순절 성령 강림을 예언한 사건이 맞습니다. 하지만 이 예언 전체를 오순절 강림 사건으로 해석하기에는 "여호와의 크고 두려운 날"로 묘사되는 후반부 예언의 말씀이 해석되지 않습니다. 따라서 예수님의 초림이 아니라 재림 때에 있을 사건을 예언하고 있다고 보아야 합니다. '예언의 이중성'에 대해서는 알고 계실 줄 압니다. 구약의 예언서의 말씀들 가운데는 한 가지 예언 속에 두 가지 사건이 함께 포함되어 있는 경우들이 많습니다. 예를 들어, 다니엘 11장에 등장하는 "자기 뜻대로 행하는 왕"에 대한 예언은 헬라 왕 안티오쿠스 에피파네스에 대한 예언인 동시에 궁극적으로는 적그리스도에 대한 예언으로 알려져 있습니다.

요엘의 예언도 마찬가지입니다. 이 예언의 말씀이 1차적으로는 오순절 성령 강림을 예언한 말씀이지만, 궁극적으로는 7년 대환난의 기간 동안, 두 증인의 설교를 듣고 회개하여 구원받고 사명을 감당하게 될 이스라엘에 대한 말씀으로 봅니다.

오순절 성령 강림의 사건은 요엘의 예언 전체가 성취된 사건이 아니라 부분적인 성취에 그친 것입니다. 이것이 베드로가 요엘의 말씀 전체가 아니라 앞부분만을 인용한 이유라고 보는 것입니다. (예레미야 2013/05/22 11:45)

Q. 목사님! 7년 대환난 때 하루에 200만 명이 죽는다고 하셨는데… 휴거성도 는 빼셔야 되는 것 아닌가요? (달려자 2012/09/26 22;24)

A. 하루에 200만 명이면 1년이면 약 7억, 7억 명씩 7년 동안 죽는다면 약 50 억, 현재 인구가 70억이니 그래도 20억 명이 남네요. 그런데 20억 명까지 휴거될 수 있을까요? (따라서) 하루에 200만 명 이상 죽는다는 표현이 맞겠 네요! (예레미야 2012/09/26 22:51)

(질문자는 200만 명이라고 했지만, 목사님은 설교 영상에서 하루에 300만 명 이 상이 죽는다고 언급하셨다. 편집자 주)

Q. 목사님 그러면… 남겨지지 않으려면 구체적으로 어떻게 준비해야 하는 건 가요? 지혜로운 다섯 처녀처럼 준비하고 산다는 건 무엇입니까? 매일매 일 주님이 오신다는 믿음 안에서 회개하고 살아야 하는 건가요? (회개하라 2012/10/22 13;19)

A. 회개를 미루지 말아야 합니다. 주님이 오실 때 요구하실 열매와 달란트 를 준비해야 합니다. 성령의 아홉 가지 열매인 인격의 열매와 전도의 열 매, 그리고 주어진 달란트(직분과 재능)에 충성한 증거를 보여드려야 합니 다. 등불(신앙의 외적인 모습)만 들지 말고, 기름(성령충만, 말씀충만)을 예비 하고 믿음을 지키면서 마지막까지 사명을 감당해야 합니다. 창세기에서 는 "에녹이 하나님과 동행하더니 하나님이 그를 데려가시므로 세상에 있 지 아니하였더라(창 5:24)"고 했습니다. 어디로 가든지, 무슨 일을 하든지, 어디에 머물든지 늘 하나님과 동행, 동역, 동거하시기 바랍니다. (예레미야 2012/10/22 13:34)